Becker • Braunert •

GRUNDKURS ARBEITSBUCH
UNTERNEHMEN DEUTSCH

Ernst Klett Sprachen
Stuttgart

Bildquellenverzeichnis

Umschlag: Getty Images, PhotoDisc, Hamburg • Ernst Klett Sprachen GmbH, Stuttgart
S. 4.1-5: Ernst Klett Sprachen GmbH, Stuttgart • S. 6: Fotex (Susa), Hamburg • S. 8: Ernst Klett Sprachen GmbH, Stuttgart • S. 9: Ernst Klett Sprachen GmbH, Stuttgart • S. 12: Ernst Klett Sprachen GmbH, Stuttgart • S. 17.1: MEV, Augsburg • S. 17.2: MEV, Augsburg • S. 17.3: Deutsche Lufthansa AG, Köln • S. 27.1: Bananastock RF, Watlington/Oxon • S. 27.2: Deutsche Lufthansa AG, Köln • S. 32: Ernst Klett Sprachen GmbH, Stuttgart • S. 40: Ernst Klett Sprachen GmbH, Stuttgart • S. 41: GLOBUS Infografik, Hamburg • S. 42: Lexmark Deutschland GmbH, Dietzenbach • S. 44: Corbis (RF/Image Source), Düsseldorf • S. 45: Hertz Autovermietung GmbH, Eschborn • S. 47.1: Konica Minolta GmbH, Hamburg • S. 47.2: Leuwico Büromöbel GmbH, Coburg • S. 48.1: Lexmark Deutschland GmbH, Dietzenbach • S. 48.2: Leuwico Büromöbel GmbH, Coburg • S. 48.3: MEV, Augsburg • S. 48.4: Leuwico Büromöbel GmbH, Coburg • S. 48.5: Ingram Publishing (RF), Tattenhall Chester • S. 48.6: LeuwicoBüromöbel GmbH, Coburg • S. 56: Ernst Klett Sprachen GmbH, Stuttgart • S. 68: Dorint Hotel, Freiburg • S. 75: MEV, Augsburg • S. 77.1: MEV, Augsburg • S. 77.2: Corbis (RF/Image Source), Düsseldorf • S. 77.3: Corbis (RF/Image Source), Düsseldorf • S. 77.4: Corbis (RF/Image Source), Düsseldorf • S. 88.1-3: Fotosearch RF (dynamicgraphics rf) Waukesha, WI • S. 90.1: Getty Images PhotoDisc, Hamburg • S. 90.2: Tourismus & Congress Service Coburg, Coburg • S. 96: Ernst Klett Sprachen GmbH, Stuttgart • S. 99: Bananastock RF, Watlington/Oxon • S. 109: MEV, Augsburg • S. 130: Ernst Klett Sprachen GmbH, Stuttgart

Unternehmen Deutsch
Grundkurs Arbeitsbuch

von Norbert Becker, Jörg Braunert und Wolfram Schlenker

Wir danken Herrn Bernd Zabel vom Goethe-Institut für seine kompetente Beratung.

1. Auflage 1 5 | 2009 2008

Alle Drucke dieser Auflage können nebeneinander benutzt werden,
sie sind untereinander unverändert. Die letzte Zahl bezeichnet das Jahr des Druckes.

© Ernst Klett Sprachen GmbH, Stuttgart 2005.
Alle Rechte vorbehalten.

Das Werk und seine Teile sind urheberrechtlich geschützt. Jede Nutzung in anderen als den gesetzlich zugelassenen Fällen bedarf der vorherigen schriftlichen Einwilligung des Verlages. Hinweis zu § 52 a UrhG: Weder das Werk noch seine Teile dürfen ohne eine solche Einwilligung eingescannt und in ein Netzwerk eingestellt werden. Dies gilt auch für Intranets von Schulen und sonstigen Bildungseinrichtungen.

Nach der neuen Rechtschreibung (Stand: August 2006).

Internet: www.klett-edition-deutsch.de
E-Mail: edition-deutsch@klett.de

Redaktion: Angela Fitz
Herstellung: Katja Schüch
Zeichnungen: Hannes Rall, Stuttgart
Fotos: FotoStudio Leupold, Stuttgart
Satz: Jürgen Rothfuß, Neckarwestheim
Druck: Druckhaus Götz GmbH, Ludwigsburg • Printed in Germany

ISBN-10: 3-12-675741-3
ISBN-13: 978-3-12-675741-6

Inhalt

Kapitel 1	Erster Kontakt	4
Kapitel 2	Besucher kommen	16
Test	Kapitel 1 und 2	28
Kapitel 3	Leute	30
Kapitel 4	Bedarf, Bestellung, Kauf	42
Test	Kapitel 3 und 4	54
Kapitel 5	Im Büro und unterwegs	56
Kapitel 6	Namen, Zahlen, Daten, Fakten	68
Test	Kapitel 5 und 6	80
Kapitel 7	Auf Stellensuche	82
Kapitel 8	Tagesplan, Wochenplan	94
Test	Kapitel 7 und 8	106
Kapitel 9	Rund um den Computer	108
Kapitel 10	Neu im Betrieb	120
Test	Kapitel 9 und 10	132
Lösungen zu den Kapiteln 1 bis 10		134
Lösungen zu den Tests 1 bis 10		152

KAPITEL 1

ERSTER KONTAKT

Guten Tag!

A ▶ 1 Guten Tag! Ich heiße ... Schreiben Sie.

1 _Guten Tag! Ich heiße Anna Bellini. Ich komme aus Neapel._   Anna Bellini → Neapel
2 _____   Nicole Bellac → Grenoble
3 _____   Roberto Prado → Granada
4 _____   Petra Nowak → Graz
5 _____   Dorothea Weinberger → Bern

B ▶ 2 Was ist das: *ein Vorname, ein Familienname, eine Stadt, ein Land?*

1 Berlin ist _eine Stadt_____.   7 Bellini ist _____.
2 Österreich ist _____.   8 Nicole ist _____.
3 Willem ist _____.   9 Brinkmann ist _____.
4 Spanien ist _____.   10 Roberto ist _____.
5 Nowak ist _____.   11 Dresden ist _____.
6 Graz ist _____.   12 Polen ist _____.

C ▶ 3 Schreiben Sie: *Herr – sein, Frau – ihr, ich – mein, Vorname – Familienname.*

1 Das ist _Herr_____ Prado.   _Sein Vorname ist Roberto_____.
2 Das ist _____ Brinkmann. _____.
3 Das ist Anna. _____.
4 Das ist Christian. _____.
5 Das ist Nicole. _____.
6 Das ist _____ de Boor. _____.
7 Das ist _____ Nowak. _____.
8 Das ist _____ Weinberger. _____.
9 Das bin ich. _____.

Erster Kontakt | KAPITEL 1

4 Lang oder kurz? Ergänzen Sie.

1. Das ist _lang._
2. **Winterhalter** — Der Familienname ist ____.
3. **a** — Das *a* in *lang* ist ____.
4. **Rosa** — Der Vorname ist ____.
5. 15 Di / 16 Mi _10–10.15_ / 17 Do — Das ist ____.
6. Annemarie — Der Vorname ist ____.
7. Heym — Der Familienname ist ____.
8. Das ist ____.
9. **o** — Das *o* in *oder* ist ____.
10. 21 Di / 22 Mi / 23 Do — Das ist ____.

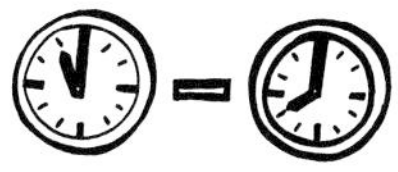

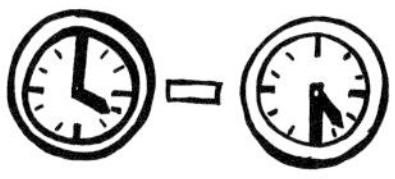

5 Ergänzen Sie.

1. Anna kommt _aus_ Neapel. Das ist ____ Italien. Bellini ist ____ Familienname.
2. Petra ____ aus Graz. Das ____ in Österreich. Nowak ____ ihr Familienname.
3. Nicole kommt aus ____. Das ist in ____. Bellac ist ihr ____.

6 Nationalitätenkennzeichen. Was heißt was?

1. (D) = _Deutschland_
2. (BR) = ____
3. (I) = ____
4. (T) = ____
5. (CDN) = ____
6. (PL) = ____
7. (UKR) = ____
8. (CH) = ____
9. (NL) = ____
10. (A) = ____
11. (TR) = ____
12. Mein Land = ____

7 Kreuzworträtsel. Ergänzen Sie.

Waagrecht:
1. Das sind Herr Waldner ____ Frau Bellac.
2. Herr Brinkmann kommt aus _Deutschland_.

Senkrecht:
1. Mexiko ist eine Stadt und ein ____.
2. Kommt ____ Herr aus Polen?
3. Das ____ in Beruf ist lang.
4. ____ das Herr Prado?
5. Wie ist ____ Vorname?
6. Woher kommt Nicole ____?
7. ____ Prado kommt aus Spanien.
8. Wie ist der ____? Lang oder kurz?
9. Wer ist der Herr ____ Bild 5?
10. Das ____ ich.
11. Wer ____ die Damen auf dem Foto?

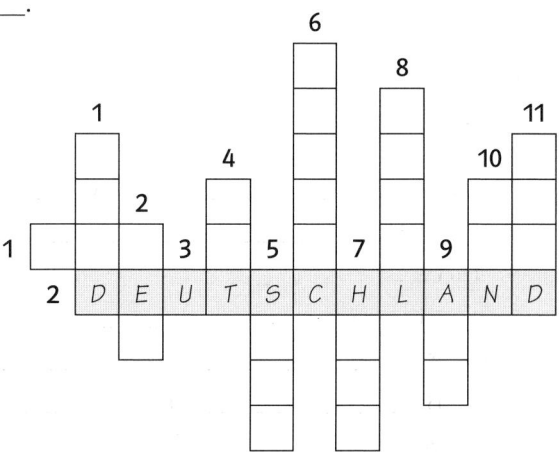

Familie und Beruf

1 Ordnen Sie zu und schreiben Sie ein oder zwei „lange" Wörter.

1 Familien- a) -managerin   Familienname
2 Informatik- b) -kurs   _____, _____
3 Hotel-   c) -übung   _____, _____
4 Marketing- d) -kauffrau   _____, _____
5 Bank-   e) -studentin   _____, _____
6 Industrie- f) -name   _____, _____
7 Sprach-   g) -manager   _____
8 Aussprache- h) -kaufmann   _____
              i) -student

2 *Wer*, *was* oder *das*? Ergänzen Sie.

1 Frau Weinberger sagt: „_Das_ ist Herr Sikora."
2 _Wer_ ist die Dame: Frau Bellac oder Frau Bellini?
3 Ich komme aus Bern. _das_ ist in der Schweiz.
4 _was_ glauben Sie?
5 _Wer_ ist Ingenieur von Beruf?
6 Ist _das_ Herr Sikora?
7 _Was_ ist Herr Sikora von Beruf?
8 _Wer_ kommt aus Polen?

3 Unsere Kinder

a) Ordnen Sie den Dialog. Nummerieren Sie.

[4] Andrea und Tim.
[3] Und wie heißen Ihre Kinder?
[6] Er ist Student. Er studiert Informatik
[7] Und was ist Andrea von Beruf?
[5] Was ist Tim von Beruf?
[2] Ich habe auch zwei Kinder.
[1] Das sind meine Kinder, Tanja und Lars.
[10] Nein, in Leipzig.
[9] Wo wohnt sie? In München?
[8] Bankkauffrau.

b) Schreiben Sie den Dialog.

▸ Das sind meine Kinder, Tanja und Lars.
▸ Ich habe auch zwei Kinder
▸ Und wie heißen Ihre Kinder
▸ Andre und Tim
▸ Was is Tim von Beruf?
▸ Er ist Student. Er studiert Informatik
▸ Und was ist Andre von Beruf?
▸ Bankkauffrau
▸ Wo wohnt sie? In München
▸ Nein, in Leipzig.

4 Fragen und Antworten

a) Antworten Sie mit *Ja, …*

1. Heißen Sie Roberto Prado? ▶ Ja, _ich heiße Roberto Prado._
2. Sind Sie Bankkaufmann von Beruf? ▶ Ja, _____.
3. Haben Sie Kinder? ▶ Ja, _____.
4. Wohnen Sie in München? ▶ Ja, _____.
5. Kommen Sie aus der Schweiz? ▶ Ja, _____.
6. Glauben Sie das? ▶ Ja, _____.

b) Antworten Sie mit *Ach, ….*

1. Ich heiße Roberto Prado. ▶ Ach, _Sie heißen Roberto Prado._
2. Ich bin Bankkaufmann von Beruf. ▶ Ach, _____.
3. Ich habe zwei Kinder. ▶ Ach, _____.
4. Ich wohne in München. ▶ Ach, _____.
5. Ich komme aus der Schweiz. ▶ Ach, _____.
6. Das glaube ich. ▶ Ach, _____.

5 Sprechen und schreiben Sie.

1. el, ä, en, de, e, er — _Länder_
2. es, te, ä, de, te, e — _____
3. we, a, el, de, en, e, er — _____
4. Ludwig, Emil, Dora, Ida, Gustav — _____
5. Samuel, Cäsar, Heinrich, Richard, Emil, Ida, Berta, Emil, Nordpol — _____
6. Kaufmann, Ida, Nordpol, Dora, Emil, Richard — _____
7. fau, e, er, ha, e, i, er, a, te, e, te — _____
8. Nordpol, Otto, Wilhelm, Anton, Kaufmann — _____

6 Fragen Sie nach den fetten Satzteilen: Wer? – Was? – Wie? – Wo? – Woher? – Wie viele?

1. _Was glaubt Frau Sörensen?_ ▶ Frau Sörensen glaubt, **Anna Bellini ist verheiratet**.
2. _____ ▶ **Die drei Ingenieure** kommen aus Spanien.
3. _Wie ist Der Name auf der Liste_ ▶ Der Name auf der Liste ist **falsch**.
4. _____ ▶ Herr de Boor fragt: „**Wo ist Herr Waldner?**"
5. _Woher_ ▶ Roberto Prado schreibt **aus Madrid**.
6. _____ ▶ **Drei** Damen und **zwei** Herren sind nicht da.
7. _____ ▶ Herr Sikora wohnt **in München**.
8. _____ ▶ **Frau Bellini** kommt nicht.
9. _____ ▶ Die Dame heißt **Weinberger**.
10. _____ ▶ Frau Sörensen hat **ein** Kind.
11. _Wo her kommt Die Dame_ ▶ Die Dame kommt **aus Graz**.
12. _____ ▶ Amelia Kalias wohnt **in Griechenland**.

Die Gruppe Allianz

1 Richtig oder falsch? Schreiben Sie.

1. 3 + 2 = 5 ▶ _Ja, das ist richtig: Drei und zwei ist fünf._
2. 4 + 3 = 8 ▶ _____
3. 2 + 4 = 6 ▶ _____
4. 8 + 1 = 5 ▶ _____
5. 5 + 2 = 9 ▶ _____
6. 6 + 5 = 7 ▶ _____
7. 2 + 5 = 7 ▶ _____

2 Gegenteile — opposites.

a) Wie heißt das Gegenteil? Ordnen Sie zu.

1. Einzelarbeit   a) haben
2. richtig   b) Doppelzimmer
3. Dame   c) kurz
4. brauchen   d) Gruppenarbeit
5. lang   e) ledig
6. Einzelzimmer   f) falsch
7. verheiratet   g) oder
8. und   h) Herr

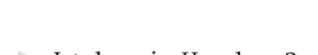

b) Schreiben Sie Sätze mit *Nein, ...* und sprechen Sie.

1. ▶ Ist das Einzelarbeit?
   ▶ _Nein, das ist Gruppenarbeit._
2. ▶ Ist das richtig?
   ▶ _____
3. ▶ Sikora? Ist das eine Dame?
   ▶ _____
4. ▶ Braucht Frau Postleitner ein Zimmer?
   ▶ _____
5. ▶ Ist das *e* in *Herr* lang?
   ▶ _____
6. ▶ Brauchen Sie ein Einzelzimmer?
   ▶ _____
7. ▶ Ist Anna verheiratet?
   ▶ _____
8. ▶ Brauchen wir ein Doppelzimmer und zwei Einzelzimmer?
   ▶ _____

3 Wer wohnt in München? Schreiben Sie.

	in München
Anna	–
Marco	–
Sandra	X
Karl	X
Ulrich	–

1. Anna + Marco: → nicht ..., auch nicht ...
   Anna wohnt nicht in München, Marco wohnt auch nicht in München.
2. Karl + Sandra: → ..., auch ...
   _____
3. Anna + Sandra: → nicht ..., aber ...
   _____
4. Sandra + Marco: → ..., aber ... nicht ...
   _____
5. Ulrich + Anna: → nicht ..., auch nicht ...
   _____

Erster Kontakt | KAPITEL 1

4 Ergänzen Sie ch, sch, sp, st und sprechen Sie.

1 Bernard kommt aus Frankrei_ch_.
2 Er ___udiert in Mün__en.
3 Er i__ ___on zwölf Monate in Deut____land.
4 Seine Aus___ra___e ist noch ni___t gut.
5 Aber er___reibt ___on gut.

5 Sie fragen nach Frau Kerner. Schreiben Sie.

1 hier	in Berlin	▶ Entschuldigung, ist Frau Kerner hier?
Frau Kerner	Herr Jara	▶ Ja, Frau Kerner ist hier.
Frau Bellini		▶ Und Frau Bellini und Herr Jara?
		▶ Frau Bellini ist hier, aber Herr Jara ist in Berlin.
2 aus der Schweiz	aus Italien	▶ Entschuldigung, kommt Frau Kerner aus der Schweiz?
Frau Kerner	Frau Bellini	▶
	Herr Jara	▶
		▶
3 Kinder	keine Kinder	▶ Entschuldigung, hat
	Frau Kerner	▶
	Frau Bellini	▶
	Herr Jara	▶
4 Doppelzimmer	Einzelzimmer	▶ Entschuldigung, braucht
Frau Kerner	Frau Bellini	▶
Herr Jara		▶
		▶

6 Ergänzen Sie. To Complete.

	ich	kommt	auch	Berlin	nicht	
das	hier	Herr	arbeite	Hotel	~~wohne~~	wohne
		wohnen	wohnen			

                     Verb

▶ Ich _wohne_ in Potsdam.
▶ _Wohnen_ Sie _auch_ hier in Potsdam?
▶ Ja, aber ich _arbeite_ in _Berlin_.
▶ _Ich_ arbeite auch _hier_ in Berlin.
▶ _Wohnen_ Sie hier im _Hotel_ Splendide?
▶ Nein, ich _wohne_ _nicht_ hier.
▶ Oh, da _kommt_ Frau Postleitner.
   Frau Postleitner, _das_ ist _Herr_ Hansen.

neun | 9

KAPITEL 1 | Erster Kontakt

Karten, Ausweise, Scheine

A1 1 Nummern, Adressen, Namen, ... Suchen Sie immer zwei und schreiben Sie.

1 Internet-Adressen: _www.mueller-elk.de_ , _____
2 Firmennamen: _____ , _____
3 Vornamen: _____ , _____

4 Familiennamen: _____ , _____   7 Postleitzahlen: _____ , _____
5 Fax-Nummern: _____ , _____   8 Vorwahlen: _____ , _____
6 Telefonnummern: _____ , _____   9 Hausnummern: _____ , _____

A2 2 Zahlen

a) Wo stehen die Zahlen:
0, 2, 5, 7, 11, 30, 50, 82, 93, 120

b) Tragen Sie die fehlenden Zahlen ein: 0, 2, 5, 8, 10, 11, 12, 13, 22, 44, 60, 71, 80, 91, 900

c) Welche Zahlen finden Sie noch?

	1	2	3	4	5	6	7	8	9	10	11	12	13	14	15	16	17
1	E	I	N	H	U	N	D	E	R	T	Z	W	A	N	Z	I	G
2							E		N	S	S		S	E	E		
3							I		Z	I	V	I	U	R			
4				D			N			E		E					
5			S	R			U		E	B	E	B	Z	W	E	I	
6							E										
7	D	R	E	I	U	N	D	N	E	U	N	Z	I	G			
8		B		Z		S		I	N	S		G					
9		D	E	Z	W	E	I	U	N	D	A	C	H	T	Z	I	G
10		R	N		E		E		S	Z	E		N				
11		E	L	F	I		B			W		T		N	U	L	L
12		I	Z	W	A	N	Z		G	A		W	Ö				
13		S							Z	N							
14		S	H		E	G			W	Z				F	Ü	N	F
15		I	N		H		R		I				H				
16		G		F	Ü	N	F	Z	I	G							

B 3 Ergänzen Sie.

Frau	ist	Firma	Herr	Name	aus	und	~~habe~~	guten
	komme		Seminar		Karte			

▶ Was machen Sie hier, Herr Viren?
▷ Ich (1) _habe_ hier ein Seminar.
▶ Ah, ein (2) _____. Ich habe eine Besprechung mit (3) _____ Balzer. Oh, da kommt Frau Balzer. Hallo, Frau Balzer, (4) _____ Tag.
▷ Guten Tag, Herr Lüthi.
▶ Frau Balzer, das (5) _____ Herr Viren.
▷ Guten Tag, (6) _____ Wirner.

▶ Guten Tag, Frau Balzer. Aber mein (7) _____ ist Viren: fau, i, er, e, en. Hier ist meine (8) _____.
▷ Oh, Entschuldigung, Herr Viren.
▶ Herr Viren kommt (9) _____ Finnland. Er ist der Produktmanager von der (10) _____ FinTecno in Finnland.
▶ Ja, ich (11) _____ aus Finnland. Ich wohne (12) _____ arbeite in Tampere.

10 | zehn

Erster Kontakt | **KAPITEL 1**

4 Schreiben Sie „lange" Wörter.

1 Straßen- — Straßenkarte
2 Eintritts- —
3 Führer- —
4 Firmen-   a) -ausweis
5 Stell-
6 Speise-   b) -liste
7 Teilnehmer- +   c) -schein
8 Personal-
9 Visiten-   d) -karte
10 Besucher-
11 Telefon-
12 20-Euro- — 20-Euroschein (Banknote)

5 Antworten Sie.

1 ▸ Ist das meine Zimmernummer?
  ▸ Ja, das ist Ihre Zimmernummer.
  ▸ Nein, ich glaube, das ist meine Zimmernummer.
  ▸ Nein, ich glaube, das ist nicht Ihre Zimmernummer.

2 ▸ Ist das Ihr Taxi?
  ▸ Ja, _____.
  ▸ Nein, _____.
  ▸ Nein, _____.

6 Was passt: a), b), c), d), e) oder f)?

1 ▸ Anna ist schon da. [f]
2 ▸ Wie geht es Ihnen? [ ]
3 ▸ Das ist Herr Viren. [ ]
4 ▸ Hier, meine Karte. [ ]   a) ▸ Vielen Dank!
5 ▸ Die Liste ist falsch. [ ] b) ▸ Wie bitte?
6 ▸ Das ist für Sie. [ ]   c) ▸ Oh, Entschuldigung!
7 ▸ Sie haben Zimmer 376. [ ] d) ▸ Freut mich.
8 ▸ Das sind Herr und Frau Weinberger. [ ] e) ▸ Gut.
9 ▸ Herr Prado kommt auch. [ ] f) ▸ Das freut mich.
10 ▸ Der Herr heißt Ramindanadrativana. [ ]
11 ▸ Wie geht es Herrn und Frau Sikora? [ ]
12 ▸ Moment, das ist meine Eintrittskarte! [ ]

7 Fragen Sie: *Wer? Was? Wie? Wo? Woher? Wie viele?*

1 Herr Viren hat in München ein Seminar.
  Wer hat in München ein Seminar?
  Wo hat Herr Viren ein Seminar?
  Was hat Herr Viren in München?

3 Frau Berger schreibt den Namen *Viren* falsch.

2 Zwei Seminarteilnehmer kommen aus Spanien.
  Wie viele _____
  Wer _____
  Woher _____

4 Das *a* in *Sprache* ist lang.

KAPITEL 1 | Erster Kontakt

Neue Kollegen

A 1 Zwei Antworten passen. Ordnen Sie zu.

1 Wie geht es Ihnen?
2 Das ist Herr Brinkmann.
3 Wie viele Besucher sind schon da?
4 Wie lange arbeiten Sie heute?
5 Was macht er hier?
6 Wo arbeitet Laura?
7 Es ist Zeit für mich.
8 Das freut mich.

a) Bei der Firma HPM.
b) Noch zwei Stunden.
c) Mich auch.
d) Prado, Guten Tag.
e) Es geht.
f) Alle.
g) Er hat einen Termin.
h) Mich nicht.
i) Für mich auch.
j) Sehr gut, danke.
k) Sehr lange.
l) Gut, bis heute Abend.
m) Freut mich.
n) Hier.
o) Ich glaube, sieben.
p) Ich glaube, er hat ein Seminar.

B 2 Wie viele Personen kommen?

a) Setzen Sie die Zahlen ein.

	Wie viele Personen kommen?	Wie viele Personen sind schon da?	Wie viele Personen kommen noch?
1	zwanzig	zwölf	_acht_
2	_achtzen_	fünf	dreizehn
3	vierzehn	_vier_	zehn
4	_fünfzehn_	sechs	neun
5	dreißig	_sechzehn_	vierzehn

b) Schreiben Sie Sätze mit den Zahlen aus Übung a).

1 _Zwanzig Personen kommen. Zwölf Personen sind schon da. Acht kommen noch._
2 _____
3 _____
4 _____
5 _____

C 3 Wie lange insgesamt? Schreiben Sie.

1 8.30–12.00 und 13.30–17.00 Uhr → _Das sind insgesamt sieben Stunden._
2 2001 bis 2003 und 2005 bis 2007 → _____
3 01.02 bis 06.02 und 09.02 bis 10.02 → _____
4 Woche 14 bis 16 und 19 bis 21 → _4 Wochen_
5 9.00–12.00 und 14.00–19.00 → _____
6 1999–2001 und 2003–2005 → _____
7 September bis Dezember → _____
8 1.–18.10. und 24.–30.10. → _____

Erster Kontakt | KAPITEL 1

4 Wie viele Monate, Wochen, Tage, Stunden, Minuten? Schreiben Sie.

1. das Jahr → Monate — *Das Jahr hat zwölf Monate.*
2. der Tag → Stunden
3. die Woche → Tage
4. das Jahr → Wochen
5. die Stunde → Minuten
6. der Monat Dezember → Tage

5 Schreiben Sie den Plural oder den Singular.

1. das Seminar — die Seminare
2. *der Termin* — die Termine
3. die Eintrittskarte — *die Eintrittskarten*
4. das Bild — *die Bilder*
5. *das Land* — die Länder
6. *die Besprechung* — die Besprechungen
7. die Stadt — *die Städte*
8. *das Zimmer* — die Zimmer
9. das Wort — *die Wörter*
10. das Hotel — *die Hotels*
11. *der Kunde / die Kundin* — die Kunden / *die Kundinnen*
12. der Mann — *die Männer*
13. *das Datenblatt* — die Datenblätter *(datasheets)*
14. *die Firma* — die Firmen

6 Kreuzworträtsel. Ergänzen Sie.

Waagrecht:
2 Drei **und** vier ist sieben. • **Wie geht** es Ihnen? 3 Herr Sikora kommt **aus** Polen. 5 Ich **bin** Sekretärin von Beruf. • **Ich** bin Ingenieur von Beruf. • Herr Grün kommt, _____ Frau Grün kommt nicht. • Wie heißen _____? • Frau Weinberger kommt aus _____. 6 Sie _____ „ja". • Der Vorname von Herrn Waldner ist _____. • Das ist Herr Prado. Was ist _____ von Beruf?. • Wie geht es Ihnen? – Danke, _____. Und Ihnen? 7 Kommt sie _____ kommt sie nicht? • Der Vorname von Frau Bellini ist _____. 8 Guten Tag, _____ Name ist Weinberger. 9 Klaus ist noch nicht da, aber Nicole ist _____ da.

Senkrecht:
2 Stadt in der Schweiz: _____ 3 Buchstabierwort für L 5 Was ist _____? 6. Inter City Express: _____ 7 Ich _____ Frau Bellini eine E-Mail. 8 Ist Howard _____ Vorname? 9 Frau Nowak wohnt _____ Graz. 10 _____ geht nicht. 12 Wie ist _____ Vorname? 13 Land in Asien: _____ 14 _____ heißen Sie? • Wie ist Ihr _____? 16 Wie _____ Leute sind da? 17 Ihr Vorname ist Erika, sie kommt aus Dänemark: Frau _____. 19 Wie lange arbeiten Sie schon _____ der Firma Fintecno? 20 Ich _____ eine Besprechung. 21 Ich arbeite _____ zwei Tage bei der Firma FinTecno. 22 Wie geht _____ Ihnen? 23 Ist das _____ Nowak? • Frau Nowak kommt aus _____. 24 Wie heißt der Herr _____ Bild 5?

Row 4 across: S W A S _ S I N D _ S I E _ V O N _ B E R U F ?

WORTSCHATZARBEIT

Wörter-Lernkartei

Eine Wörter-Lernkartei hilft, den Wortschatz zu lernen und zu wiederholen. Und sie gibt einen Überblick über den Lernfortschritt. Das motiviert.
Hier sehen Sie, wie die Arbeit mit so einer Wörter-Lernkartei funktioniert.

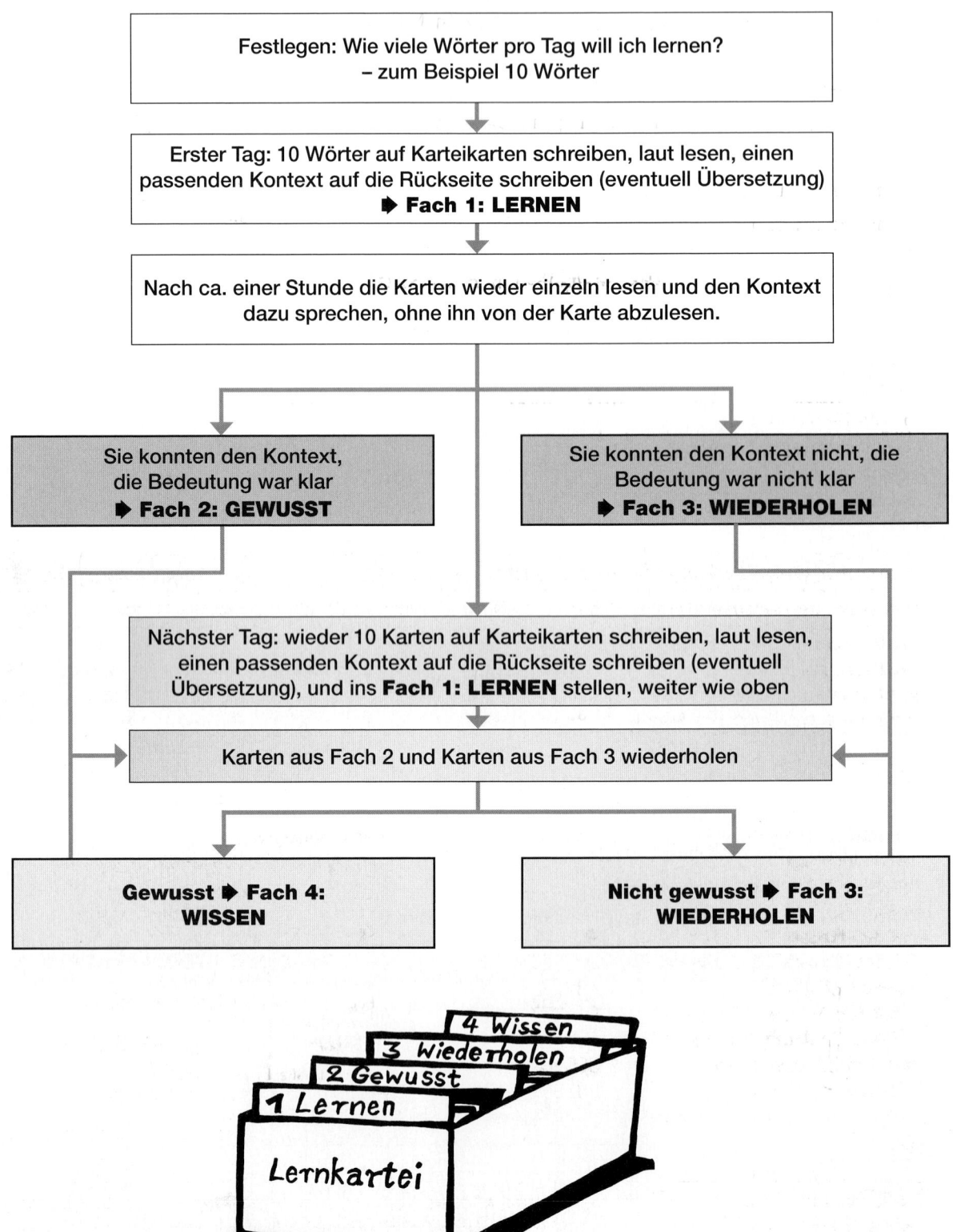

TEXTARBEIT

Anzeigen, Listen, Übersichten, Tabellen

1 Informationen in Form von Zahlen heraussuchen

Bevor Sie einen Text lesen, fragen Sie:
- Was suche ich? Was will ich finden?
- Was verstehe ich?

Lesen sie zuerst: Überschriften, Bilder, Symbole, Zahlen, Namen.

a) Welcher Text passt? Ordnen Sie zu.

1 Sie wollen einen Brief von Hamburg nach Berlin schicken. Text: _C_
2 Sie suchen eine Wohnung. Text: _____
3 Sie brauchen ein Hotelzimmer. Text: _____
4 Sie suchen Informationen zur Firma SeminarPool. Text: _____

b) Welche Informationen enthalten die Texte A, B, C und D?

	Text A	Text B	Text C	Text D
Preis				
Adresse				
Telefonnummer				
Daten, Termine, Zahlen	X			
Namen	X			

A

Name: SeminarPool GmbH – Sitz: Singen am Hohentwiel						Gründungsjahr: 1991	
Unternehmensentwicklung	1997	1998	1999	2000	2001	2002	2003
Mitarbeiterzahl	6	9	15	19	17	20	24
Seminare pro Jahr	68	80	193	275	320	380	390
Seminartage pro Jahr	83	116	325	480	522	570	540
Seminarteilnehmer pro Jahr	880	1240	2300	3100	3780	4290	4310

B

Atlantik, Rheinstr. 29   28845
Bären, Wagnersr. 35   32275
City-Hotel, Hofstr. 14   664538
Classic, Weberstr. 67   781269
Etap-Hotel, Schillerplatz 9   96450
Haus Gisela, Stauferweg 3   39502
Hirsch, Cottastr. 53   48771
Kaiserhof, Kaiserstr. 11   218977
Pension Anna, Schubertstr. 27   763055
Waldhof, Vogelstr. 5   500387
Zeppelin, Steinweg 9   882369

C

Briefe/Postkarten

Standardbrief   0,55 EUR
Mindestmaße: L 140 mm, B 90 mm
Höchstmaße: L 235 mm, B 125 mm, H 5 mm
Gewicht bis 20 g

Kompaktbrief   1,00 EUR
Mindestmaße: L 100 mm, B 70 mm
Höchstmaße: L 235 mm, B 125 mm, H 10 mm
Gewicht bis 50 g

Großbrief   1,44 EUR
Mindestmaße: L 100 mm, B 70 mm
Höchstmaße (B 4): L 353 mm, B 250 mm, H 20 mm
Gewicht bis 500 g

D

3 ZKB, EG, Stuttgart, zentr. Lage, zum 1.4., 520,– € + NK, Tel.: 69911

1-Zi.-App., Kü., Bad, DG, Stuttgart-Nord, ab sofort, 410,– € + inkl. NK, Tel.: 0711/30222

2-Zi-Whg., 56 m², 1. OG, Balk., Garage, Keller, Ludwigsburg, ab 1.6., 490,– € + NK + 2MM Kt., Tel.: 07141/5844

Kapitel 2

Besucher kommen

Wie war die Reise?

A 1 Wie war die Reise? Schreiben Sie.

		pünktlich?	der Zug	das Flugzeug	die Reise
1	Frau Biehler	zu spät *late*	—	Verspätung	nicht so angenehm
2	Herr Jara und seine Kollegen	zu früh	pünktlich	—	kurz
3	Herr Kolb	pünktlich	Verspätung	—	nicht so angenehm
4	Roswitha	zu spät	—	sehr voll	lang
5	Wir	pünktlich	—	nicht sehr voll	angenehm

1 _Frau Biehler kommt zu spät. Das Flugzeug hatte Verspätung. Die Reise war nicht so angenehm._
2 _Herr Jara und seine Kollegen kommen zu früh_
3 _____
4 _____
5 _____

B1 2 *der*, *die* oder *das*? Ordnen Sie zu.

| ~~Zug~~ | Flugzeug | Fahrt | Tag | Land | Stunde | Autobahn | Auto | Seminar |
| Herr | Ausweis | Visitenkarte | Hotel | Termin | Zeit |

der	die	das
der Zug		

B1 3 Ergänzen Sie.

| war | hatte | ~~ist~~ | dauert | habe | kommt | sind | waren | haben |

Glücklicherweise / Leider	Verb		Das freut mich. / Das tut mir leid.
1 ▸ Glücklicherweise	ist	die Liste in Ordnung.	▸ Das freut mich.
2 ▸ _____	_____	Frau Nowak nicht.	▸ _____
3 ▸ _____	_____	erst zwei Besucher da.	▸ _____
4 ▸ _____	_____	der Zug Verspätung.	▸ _____
5 ▸ _____	_____	ich den Ausweis dabei.	▸ _____
6 ▸ _____	_____	wir keine Zeit.	▸ _____
7 ▸ _____	_____	die Besprechung nicht lange.	▸ _____
8 ▸ _____	_____	das Gespräch gestern kurz.	▸ _____
9 ▸ _____	_____	die Teilnehmer pünktlich.	▸ _____

4 Schreiben Sie.

1. a) Sie hatten heute Morgen eine Besprechung.
   b) Um elf Uhr hatten Sie Besuch.
   c) Jetzt haben Sie einen Termin mit Herrn Direktor Reimer.

2. a) Anton Sikora _hatte heute Morgen eine Besprechung._
   b) _____
   c) _Jetzt hatte_ _____

3. a) Ich _____
   b) _____
   c) _____

4. a) Sonja und Lars _____
   b) _____
   c) _____

5 Schreiben Sie wie im Beispiel.

1. Ich hatte eine angenehme Reise. Um fünf Uhr war ich im Hotel. Ich bin eine Stunde zu früh da, aber das ist nicht schlimm. Ich habe jetzt viel Zeit.

2. Wir _____

3. Frau Bill _____

4. Die Besucher _Visitors_ _____

6 ein oder zwei? Schreiben Sie.

1. Ist eine Person da oder _sind zwei Personen da?_
2. Hat Frau Vargas eine Stunde Verspätung oder _____?
3. Haben Sie heute einen Termin oder _____?
4. Dauert die Besprechung eine Stunde oder _____?
5. Hat Herr Müller ein Kind oder _____?
6. Hat Herr Waldner eine Sekretärin oder _____?
7. Braucht die Gruppe „Allianz" noch ein Doppelzimmer oder _____?
8. Hatte Herr Viren gestern eine Besprechung oder _____?
9. Ist das Zimmer für eine Person oder _____?

KAPITEL 2 | Besucher kommen

Herzlich Willkommen!

1 Ergänzen Sie das Gespräch.

Ich habe eine Besprechung mit Frau Däubler bei der Firma Reinhard in Augsburg. Die Fahrt war sehr angenehm. Ich bin pünktlich um 9.00 Uhr da. Aber Frau Däubler hat ein Gespräch mit einem Kunden aus den USA. Das dauert vielleicht noch eine halbe Stunde. Ich trinke einen Kaffee und sehe eine Videopräsentation über die Produkte von der Firma Reinhard.

▶ Guten Tag, Mein Name ist Santoni. Ich habe eine (1) _Besprechung_ mit (2) _____ _____.

▶ Vielen (7) _____.

▶ Grüß Gott, Herr (3) _____. Herzlich (4) _____ bei der Firma (5) _____ hier in (6) _____.

▶ Leider (8) _____ Frau (9) _____ ein (10) _____ mit einem (11) _____. Aber ich frage einmal. Einen Moment bitte. – Wie lange dauert (12) _____ Gespräch (13) _____ Frau Däubler noch? Hier ist (14) _____ _____ für Frau Däubler. Bis 9.30 Uhr, gut. – Also, das (15) _____ mit dem Kunden aus den USA (16) _____ noch (17) _____ halbe (18) _____. Möchten Sie einen (19) _____ oder ein Mineralwasser?

▶ Einen (20) _____ bitte.

▶ Vielleicht (21) _____ Sie die Videopräsentation über die (22) _____ von der (23) _____ Reinhard sehen. Möchten Sie?

▶ (24) _____, gern.

▶ Gut. Dann nehmen (25) _____ bitte hier (26) _____.

▶ (27) _____ Dank.

2 Schreiben Sie das Besuchsprogramm von Frau Reuter in kurzen Worten.

So, Frau Reuter. Also, Sie wohnen im Hotel Excelsior. Ihr Besuchsprogramm beginnt heute um neun Uhr dreißig. Ach so, Herr Kogel möchte Sie auch begrüßen. Es ist jetzt neun Uhr zehn. Er kommt in fünf Minuten. Heute haben wir das Mittagessen in der Kantine. Sie haben heute Vormittag ein Gespräch mit der Konstruktion. Das dauert zwei Stunden. Und dann machen wir eine kleine Führung durch den Betrieb, vielleicht eine Stunde oder so. Für das Mittagessen haben wir 45 Minuten Zeit. Am Nachmittag um 13.15 Uhr kommen die Damen und Herren von der Firma Daubert. Das Gespräch dauert zwei Stunden. Aber um vierzehn Uhr dreißig machen wir alle eine halbe Stunde Kaffeepause. Ich glaube, um 16 Uhr fahren Sie ins Hotel. Dann haben sie am Nachmittag frei, vielleicht machen Sie da eine Stadtbesichtigung oder so. Am Abend um 19 Uhr komme ich ins Hotel, wir gehen dann im Hotelrestaurant essen.

Programm von Frau Reuter	
9.15 – 9.30	_Begrüßung durch Herrn Kogel_
9.30 – 11.30	_____
11.30 – 12.30	_____
12.30 – 13.15	_____
13.15 – 15.45	_____
14.30 – 15.00	_____
16.00	_____
16.00 – 19.00	_____
19.00	_____

Besucher kommen | **KAPITEL 2**

3 Was sagt Frau König?

| Ah, gut! Wie geht es Herrn Kogel? | Oh, das tut mir leid. | ~~Danke, gut.~~ | Das freut mich. |
| Ein Mineralwasser, bitte. | Hier oder da? | | |

▸ Guten Tag, Frau König. Wie war die Reise? ▸ Danke, gut.
▸ Das freut mich. Bitte nehmen Sie Platz. ▸ _____
▸ Hier bitte. Was möchten Sie trinken? ▸ _____
▸ Herr und Frau Weinberger sind schon da. ▸ _____
▸ Herr Kogel kommt gleich. Er möchte Sie begrüßen. ▸ _____
▸ Leider nicht so gut. ▸ _____

4 Wie heißen die Wochentage? Schreiben Sie.

1 x + 1 + 1 ...	2 x − 1 − 1 ...	3 x + 2 + 2 ...	4 x − 2 − 2 ...	5 x + 3 + 3 ...
Montag	Sonntag	Montag	Dienstag	Freitag
Dienstag	Samstag	Mittwoch	Sonntag	Montag
Mittwoch	Freitag	Freitag	Freitag	Donnerstag

5 Wann war was, wann ist was? Schreiben Sie Sätze.

gestern				heute				morgen			
Morgen	Mittag	Nach-mittag	Abend	Morgen	jetzt	Nach-mittag	Abend	früh	Mittag	Nach-mittag	Abend
1	2	3	4	5	6	7	8	9	10	11	12

1 Gestern Morgen — war — ich um sieben Uhr am Arbeitsplatz.
2 Gestern Mittag — waren — Herr Prado und ich bei der Firma FinTecno.
3 Gestern Nachmittag — war — ein Besucher da.
 Der Besucher — hatte — aber keinen Termin.
4 Gestern Abend — war — ich bis acht Uhr in der Firma.
5 Heute Morgen — war — der Besucher schon wieder da.
 Glücklicherweise — war — Herr Kolb da und hatte Zeit für den Besucher.
6 Jetzt — habe — ich eine Stunde Pause.
7 Heute Nachmittag — war — ich nach Köln.
8 Abend — bleibe — ich im Hotel Splendide.
 Ich — habe — im Hotel Splendide ein Einzelzimmer.
9 morgen früh — kommt — Herr Sikora aus Krakau mit dem Flugzeug nach Köln.
10 morgen mittag — ___ — ich mit Herrn Sikora zur KölnMesse.
11 morgen nachmittag — habe — ich mit Herrn Sikora eine Besprechung.
12 morgen abend — habe — ich frei.

neunzehn | 19

KAPITEL 2 | Besucher kommen

Die Leute sind da!

1 Ordnen Sie zu.

a) Kunde, Kunden - Kundin, Kundinnen   b) Gast, Gäste   c) Besucher – Besucherin, Besucherinnen
d) Bankkaufmann, Bankkaufleute – Bankkauffrau, Bankkauffrauen   e) Person, Personen

	1 Frau Berger ist	2 Herr Keim ist	3 Frau Berger, Frau Solms und Frau Dr. Merzrat sind	4 Herr Keim, Herr Rohling und Herr Körber sind	5 Frau Börner, Frau Edel und Herr Karim sind
a)	eine Kundin.	_____.	_____.	_____.	_____.
b)	ein Gast.	_____.	_____.	_____.	_____.
c)	eine Besucherin.	_____.	_____.	_____.	_____.
d)	Bankkauffrau.	_____.	_____.	_____.	_____.
e)	eine Person.	_____.	_____.	_____.	_____.

2 Ergänzen Sie.

ist	vielen	hat	das	um	sie	kein	gut
	eine		mich	auf	~~sind~~		

▶ So, wir (1) _sind_ da. ▶ Aber Frau Sütterlin (2) _____ noch nicht da.
▶ Ja, sie (3) _____ Verspätung. ▶ Kommt (4) _____ noch?
▶ Ja, (5) _____ drei Uhr ist sie da. ▶ Das freut (6) _____.
▶ Sie haben jetzt (7) _____ Führung. ▶ Oh, eine Führung! (8) _____!
▶ Ja. Möchten Sie die Führung   ▶ Auf Deutsch. Geht (10) _____?
   (9) _____ Englisch oder auf Deutsch?
▶ Ja, natürlich, (11) _____ Problem. ▶ (12) _____ Dank.

3 Was sagen die Leute: *Das freut mich!*, *Das tut mir leid.* oder *Das ist nicht so schlimm.*?

1 ▶ Mein Kollege kann leider nicht kommen.   4 ▶ Mein Zimmer ist in Ordnung.
   ▶ Das tut mit leid.   ▶ _____

2 ▶ Meine Kollegin möchte sie auch begrüßen. 5 ▶ Das Abendessen ist erst um 20 Uhr.
   ▶ _____   ▶ _____

3 ▶ Von elf bis halb zwölf bin ich nicht da. 6 ▶ Die Fahrt war nicht angenehm, mein Zug
   Ich habe einen Termin.   war sehr voll.
   ▶ _____   ▶ _____

4 Land und Sprache. Schreiben Sie.

1 Frau Bellac ist Französin. _Sie kommt aus Frankreich und spricht Französisch._
2 Herr Mitsakis ist Grieche. _____
3 Frau Bellini ist Italienerin. _____
4 Frau Nowak ist Österreicherin. _____
5 Herr Sikora ist Pole. _Polen_ _____ _Polnische_
6 Herr Prado ist Spanier. _____

5 Ergänzen Sie die fehlenden Wörter.

	Singular	Plural	Verb
die ...ung, -en	die Besprechung		
		die Anmeldungen	
			wohnen
die ..., -en	die Antwort		
			arbeiten
		die Fahrten	
die ...e, -n	die Reise		
		die Sprachen	
			fragen
der ...,(¨) e			besuchen
		die Berichte	
	der Flug		

6 Was passt? Kreuzen Sie an: a), b) oder c).

▸ Wir sind um 12 Uhr bei Ihnen. Ist das (1) _okay_ ?
▸ Frau Bieler kommt (3) _____ erst um 11 Uhr.
▸ Am Nachmittag ist eine Firmenbesichtigung. Haben Sie (5) _____ ?
▸ Herr Kollo hat (7) _____ ? Ist das ein Problem?

▸ Ja, (2) _____. Wir gehen dann essen.
▸ Das ist nicht (4) _____.
▸ Ja, (6) _____.
▸ Nein, nein, das macht (8) _____.

1 ☐ a) leider   ☒ b) okay   ☐ c) wunderbar
2 ☐ a) prima   ☐ b) glücklicherweise ☐ c) schlimm
3 ☐ a) leider   ☐ b) nichts   ☐ c) super
4 ☐ a) natürlich   ☐ b) prima   ☐ c) schlimm
5 ☐ a) leid   ☐ b) Ordnung   ☐ c) Zeit
6 ☐ a) glücklicherweise ☐ b) natürlich   ☐ c) herzlich
7 ☐ a) Verspätung   ☐ b) Stunden   ☐ c) Zeit
8 ☐ a) gut   ☐ b) nichts   ☐ c) nicht

7 Beginn, Dauer, Ende. Schreiben Sie.

1 Die Besprechung:
  09.00 – 11.00 Uhr
  Die Besprechung beginnt um neun Uhr. Sie dauert zwei Stunden. Sie ist um elf Uhr zu Ende.

2 Das Seminar:
  17. März bis 19. März

3 Die Arbeit:
  Morgen bis Abend

4 Der Messebesuch:
  14.00 – 18.00 Uhr

KAPITEL 2 | Besucher kommen

Wer sind die Leute?

1 *schon, erst, noch, nur noch* – Schreiben Sie die Antworten.

	Wie lange schon?	Wie viele schon?	Wie lange noch?	Wie viele noch?
lange/viel	schon 10 Jahre	schon 120 Personen	noch 10 Jahre	noch 100 Personen
kurz/wenig	erst 1 Tag	erst 3 Personen	nur noch 1 Tag	nur noch 3 Personen

1 ▶ Wie lange studiert Eva schon in Heidelberg?
  ▶ _Schon vier Jahre._ (vier Jahre) ▶ _Erst zwei Monate._ (2 Monate)

2 ▶ Wie viele Besucher sind da?
  ▶ _____ (100) ▶ _____ (3)

3 ▶ Wie lange bleibt Björn noch bei der Firma FinTecno?
  ▶ _____ (viele Jahre) ▶ _____ (1 Woche)

4 ▶ Wie viele Prospekte haben wir noch?
  ▶ _____ (46) ▶ _____ (5)

5 ▶ Wann kommen die chinesischen Kunden?
  ▶ _____ (morgen) ▶ _____ (in 4 Wochen)

6 ▶ Wie viele japanische Kunden sind schon da?
  ▶ _____ (3) ▶ _____ (27)

7 ▶ Wie viele Japaner kommen noch morgen?
  ▶ _____ (32) ▶ _____ (4)

8 ▶ Wie lange bleiben die Japaner noch hier?
  ▶ _____ (3 Wochen) ▶ _____ (3 Tage)

2 Ergänzen Sie die Fragewörter.

a) Frau Weinberger

1 ▶ _Wer_ ist die Dame? ▶ Frau Weinberger.
2 ▶ _____ arbeitet Frau Weinberger? ▶ Bei der Firma Nova.
3 ▶ _____ macht sie da? ▶ Sie arbeitet im Vertrieb.
4 ▶ _____ Jahre arbeitet sie schon bei der Firma Nova? ▶ Insgesamt zehn Jahre.
5 ▶ _____ war sie in Winterthur? ▶ Vier Jahre.
6 ▶ _____ war die Arbeit bei der Firma Nova? ▶ Sehr gut.
7 ▶ _____ ist das Seminar von Frau Weinberger? ▶ Das war schon.

b) Herr Waldner

1 ▶ _Woher_ kommt Herr Waldner? ▶ Aus Berlin.
2 ▶ _____ ist er von Beruf? ▶ Er ist Manager.
3 ▶ Um _____ Uhr ist sein Flug? ▶ Um 21.05 Uhr.
4 ▶ _____ Zeit hat er noch? ▶ Noch gut 30 Minuten.
5 ▶ _____ dauert sein Flug? ▶ Eine Stunde.
6 ▶ _____ ist Herr Waldner in Wien? ▶ Um 22.05 Uhr.
7 ▶ _____ ist mit Herrn Waldner am Flughafen? ▶ Eine Kollegin.

Besucher kommen | KAPITEL 2

3 Wie viel Verspätung hatten Sie? Schreiben Sie.

1. 9.45 → 10.15   Wir _hatten dreißig Minuten Verspätung._
2. 22.10 → 22.25   Ich _____.
3. 12.00 → 14.00   Nicole Bellac _____.
4. 9.00 → 9.45   Roberto und Petra _____.
5. 10.24 → 10.50   Der Zug _____.

4 Wer hat wann wie lange was? Schreiben Sie.

1. eine Besprechung / Frau Martini / hat / den ganzen Vormittag / morgen
   Frau Martini hat morgen den ganzen Vormittag eine Besprechung.
2. von acht bis neun Uhr / die Besucher aus Italien / am 3. März / eine Betriebsführung / haben
   _____
3. haben / heute Nachmittag / zwei Stunden lang / Besuch / wir
   _____
4. Herr Waldner / heute / den ganzen Tag / hat / Besprechungen
   _____
5. eine Führung / Sie / haben / morgen Nachmittag / bis etwa 17 Uhr
   _____
6. hatte / am Montag / einen Messebesuch / die Besuchergruppe aus Prag / von 14 bis 18 Uhr
   _____

5 Komposita

a) Ergänzen Sie die passenden Wörter zu *Telefon* und *Firma*.

| ~~das Gespräch~~   ~~die Besichtigung~~   der Name   die Notiz   der Besuch |
| das Auto   der Kontakt   die Adresse   die Karte   der Mitarbeiter |
| die Nummer   das Interview |

1. das Telefon- _gespräch_   7. die Firmen- _besichtigung_
2. die Telefon- _____   8. der Firmen- _____
3. die Telefon- _____   9. der Firmen- _____
4. die Telefon- _____   10. das Firmen- _____
5. der Telefon- _____   11. die Firmen- _____
6. das Telefon- _____   12. der Firmen- _____

b) Ergänzen Sie die passenden Wörter zu *Zeit* und *Gespräch*.

| ~~Tages~~   ~~Gruppen~~   Urlaubs   Informations   Fahr   Mitarbeiter   Uhr |
| Messe   Arbeits   Flug   Kunden   Pausen |

1. die _Tages_ -zeit   7. das _Gruppen_ -gespräch
2. die _____ -zeit   8. das _____ -gespräch
3. die _____ -zeit   9. das _____ -gespräch
4. die _____ -zeit   10. das _____ -gespräch
5. die _____ -zeit   11. das _____ -gespräch
6. die _____ -zeit   12. das _____ -gespräch

KAPITEL 2 | Besucher kommen

Kate Carlson beginnt ihr Praktikum

1 Was ist wo? Schreiben Sie.

1 Hinten *sind zwei Abteilungen.*
   _____.

2 Vorne _____
   _____
   _____.

3 Vorne rechts _____
   _____
   _____.

4 Vorne links _____
   _____
   _____.

5 Hinten links _____
   _____
   _____.

6 Hinten rechts _____
   _____
   _____.

2 Schreiben Sie Sätze.

		Verb	
1	Wir	fahren	jetzt mit dem Taxi ins Hotel.
	Jetzt	_____	_____.
	Ins Hotel	_____	_____.
	Mit dem Taxi	_____	_____.
2	Kate Carlson	korrigiert	am Donnerstag im Vertrieb Prospekte.
	Am Donnerstag	_____	_____.
	Im Vertrieb	_____	_____.
	Prospekte	_____	_____.
3	Herr Waldner	braucht	morgen ein Doppelzimmer für Familie Weinberger.
	Morgen	_____	_____.
	Ein Doppelzimmer	_____	_____.
	Für Familie Weinberger	_____	_____.
4	Der Zug	war	gestern auf der Fahrt nach Berlin sehr voll.
	Gestern	_____	_____.
	Auf der Fahrt nach Berlin	_____	_____.
	Sehr voll	_____	_____.

24 vierundzwanzig

Besucher kommen | KAPITEL 2

3 *in* + Nomen

a) Ordnen sie zu.

1. Das machen wir
2. Herr Berger geht nach Spanien
3. Herr Börner kommt
4. Der Prospekt ist noch
5. Die Besprechung ist bei Herrn Kolb
6. Mein Auto ist
7. Der Ausweis ist
8. Herr Berger hat ein Seminar

a) in Reparatur.
b) in Raum 14.
c) in Wien.
d) in Urlaub.
e) in Ruhe. — spare time / quiet
f) in Ordnung.
g) in einer Stunde.
h) in Arbeit.

b) Schreiben Sie.

1. *Das machen wir in Ruhe.*
2. _____
3. _____
4. _____
5. _____
6. _____
7. _____
8. _____

4 Das Praktikum von Kate Carlson

a) Schreiben Sie die fehlenden Wörter in die Kästchen.
b) Wie heißt das Lösungswort?

1. P R Ä S E N T A T I O N

1. Am Dienstag hat Kate Carlson eine *Präsentation* in der Produktion.
2. Am Beginn von ihrem Praktikum hat Kate eine _____ mit Herrn Leinemann.
3. In ihrem Praktikum kommt Kate in vier _____.
4. Hier zeichnet und plant man: _____.
5. In der dritten Woche lernt Kate Testen und _____.
6. In der zweiten Woche ist Kate im _____.
7. Kate korrigiert _____ auf Englisch.
8. Jeden Mittag von 12.30 bis 13.30 macht Kate eine _____.
9. Kate macht ihr Praktikum in einer großen _____.
10. Herr Lex arbeitet im _____.
11. Das _____ von Kate im Vertrieb beginnt erst am Donnerstag.
12. Im _____ macht Kate mit Frau Feinbauer Materialanalysen.
13. Bei Herrn Lex schreibt Kate _____.
14. Von Montag bis Mittwoch besucht Frau Galb einen _____.

fünfundzwanzig | 25

WORTSCHATZARBEIT

Wortschatz lernen

Viele Kursteilnehmer lernen Wörter isoliert und parallel zu ihrer Sprache:
beginnen → to begin → commencer → empezar → cominciare

Tun Sie das nicht! Lernen und üben Sie Wörter in Kontexten und Texten.
Ein Sprachspiel hilft Ihnen dabei.

1 Sprachspiel: Sätze bilden

Schreiben Sie einen Satz, z. B.:
Am 10. Juni hat Frau Carlson eine Präsentation im Vertrieb.

Schreiben Sie nun andere Wörter auf Kärtchen, zum Beispiel:

| mit Herrn Maier | einen Termin | mein Kollege | heute Nachmittag | eine Führung | ich | am Montag | bei der Firma Tecnet | um 15 Uhr | in der Konstruktion |

a) Ersetzen Sie das passende Wort.
Partner 1 sagt den Anfangssatz:
Am 10. Juni hat Frau Carlson eine Präsentation im Vertrieb.
Partner 2 zieht eine Karte und ersetzt das passende Wort in dem Satz:
Heute Nachmittag hat Frau Carlson eine Präsentation im Vertrieb.

Dann zieht Partner 1 eine Karte ...

b) Ersetzen Sie das passende Wort.
Herr Direktor Kogel begrüßt Frau Kallmann ganz kurz in seinem Büro.

c) Ersetzen Sie das passende Wort.
In der Firma Rohla bearbeitet Frau Carlson nur Aufträge.

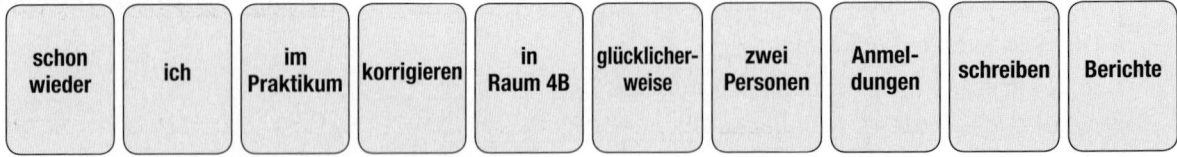

d) Machen Sie aus den Wörtern einen Anfangssatz und starten Sie ein Sprachspiel allein oder zu zweit wie oben.

bearbeiten	drei Mitarbeiterinnen	im Büro	vor dem Mittagessen	Aufträge
korrigieren	eine Kollegin	im Labor	den ganzen Tag	Analysen
schreiben	wir	am Messestand	von 9 bis 11 Uhr	Anmeldungen

Textarbeit

Texte mit Zahlen lesen

Bevor Sie mit dem Lesen beginnen, fragen Sie:
- Welche Fragen habe ich an den Text?
- Welche Informationen suche ich?

Sind Ihre Fragen und Informationswünsche klar? Gut, dann suchen Sie im Text Antworten und Informationen zu Ihren Fragen.

Lesen Sie zuerst, was Sie verstehen:
- Bilder
- Grafiken, Tabellen
- Zahlen, Namen, Daten

Suchen Sie im Text nur, was Sie verstehen.

Diese Fragen helfen Ihnen beim Lesen:
- Wie heißt das Thema?
- Was weiß ich schon über das Thema?
- Was erwarte ich zum Thema?
- Was zeigen die Abbildungen?

1 Informationen in Form von Zahlen heraussuchen

a) Welche Berufe zeigen die Abbildungen?

b) Lesen Sie den Text und ergänzen Sie die Tabelle. Benutzen Sie dazu den Text.

Gleiches Geld für gleiche Arbeit?

Gleiche Löhne für gleiche Arbeit sind bei Mann und Frau offiziell vorgeschrieben. Aber in der Praxis ist es oft nicht so. Frauen bekommen im Durchschnitt 19% weniger. Von Beruf zu Beruf variieren die Zahlen sehr. So verdient ein männlicher Informatiker durchschnittlich 54 591 € im Jahr, seine weibliche Kollegin dagegen nur 49 687 €, also 9% weniger. Ein weiblicher Marketingleiter verdient sogar 20% weniger, nämlich 55 820 €, ihr männlicher Kollege aber 69 813 €. Eine Service-Mitarbeiterin im Tourismus verdient im Durchschnitt

⌀ Verdienst pro Jahr

	männlich	weiblich	Unterschied
alle Berufe	26 299	22 100	
Informatiker			
Marketingleiter			
Tourismus Service-Personal	33 651	24 284	28%
Bürokraft	33 032	26 696	19%
Laborkraft	35 631	28 355	20%
Verkäufer/Kundenberater	31 541	24 292	23%

c) Ergänzen Sie den Text. Benutzen Sie dazu die Grafik.

Eine Service-Mitarbeiterin im Tourismus verdient im Durchschnitt 24.284 €. Eine männlicher Service-Mitarbeiter verdient 33.651 €. Das ist ein Unterschied von 28%. Eine männliche Bürokraft _____

d) Sie verstehen jetzt folgende Wörter. Machen Sie Sätze und lernen Sie diese Wörter in Kontexten.

- die Bürokraft
- der Durchschnitt
- durchschnittlich
- gleich
- der Lohn
- männlich
- offiziell
- variieren
- verdienen
- der Verdienst
- vorgeschrieben
- weiblich

Frauen verdienen im Durchschnitt weniger als Männer.

TEST

Name: _____

1 Lesen

Was ist richtig [r]? Was ist falsch [f]?

> **SIE** möchten moderne Bürotechnik besichtigen.
> **WIR** möchten Sie in der Zeit vom 25.10. bis 30.10. auf der BüroTec in Köln begrüßen.
>
> 2 000 Firmen zeigen auf 250 000 Quadratmetern ihre neuen Produkte. Unternehmen aus 30 Ländern präsentieren an ihren Ständen Büroausstattung, Informations- und Kommunikationstechnik. Sie finden kompetente Gesprächspartner bei Präsentationen, in Seminaren und auf internationalen Kongressen rund um das Thema Büro und Büroorganisation. Besuchen Sie uns von Donnerstag bis Dienstag täglich von 9.00 Uhr bis 18.30 Uhr.
>
> **Unser Service:**
> - Anreise mit dem Zug: Reisen Sie 30 % billiger mit dem Messeticket
> - Anreise mit dem Flugzeug: Airport-Transfer-Service zu den Flughäfen Köln/Bonn und Düsseldorf
> - Hotel-Bus-Sonder-Service
>
> Willkommen in Köln

1 Die BüroTec ist eine Messe. _____ [r]
2 Die BüroTec dauert zehn Tage. _____ ☐
3 Die Besuchszeit dauert jeden Tag 9 Stunden und 30 Minuten. _____ ☐
4 Es gibt Seminare auf der BüroTec. _____ ☐
5 Nur deutsche Firmen kommen zur BüroTec. _____ ☐
6 Zur BüroTec kommen 2000 Besucher. _____ ☐
7 Am Samstag ist keine Messe. _____ ☐
8 Man kann mit dem Zug zur BüroTec fahren. _____ ☐

2 Schreiben

Eine E-Mail. Schreiben Sie.

> am Vormittag   besuchen   brauche ich Prospekte   ~~am Dienstag~~
> die Firma besichtigen   von 14.00 bis 16.00 Uhr Zeit   ein Gespräch im Vertrieb

Sehr geehrter Herr Fischer,

(1) _am Dienstag_ komme ich in Ihre Firma. (2) _____
habe ich (3) _____. Am Nachmittag möchte ich Sie
(4) _____ und (5) _____. Haben Sie
(6) _____? Und dann (7) _____.
Wo bekomme ich die?
Mit freundlichen Grüßen
S. Kremnik

3 Hören

Hören Sie den Dialog im Lehrbuch S. 26, Aufgabe A, und ergänzen Sie.

Frau König hat um 9.00 Uhr einen (1) _Termin_ mit Herrn Kallmann. Herr
Kallmann kommt (2) _____. Er fragt Frau König: „Wie war die
(3) _____?" Ihr Zug war pünktlich, aber sehr (4) _____.
Jetzt möchte sie ein (5) _____. Sie bekommt von Herrn Kallmann das
(6) _____ für ihren Besuch. Gleich kommt auch Herr Direktor Kogel. Er
möchte Frau König (7) _____.

KAPITEL 1 UND 2

Name: _____

4 Wortschatz

Was ist richtig? Kreuzen Sie an: a), b) oder c).

▷ Guten Morgen, Frau Carlson. Nehmen Sie bitte (1) _____. Wie (2) _____ es Ihnen?

▶ Danke, gut.

▷ Das (3) _____ mich. Frau Carlson, es (4) _____ da ein Problem mit Ihrem Programm. Frau Galb ist nächste Woche nicht im Büro. Sie (5) _____. Sie bleiben also noch (6) _____ Tage bei Herrn Sauer im Büro. Er weiß schon (7) _____. Bitte entschuldigen Sie, aber …

▶ Ach, das (8) _____, das ist nicht schlimm. Die Arbeit im Labor ist sehr interessant.

▷ Wie (9) _____ dauert denn Ihr Praktikum noch?

▶ Noch drei Wochen. Dann ist es (10) _____ Ende und ich fahre wieder zurück in die USA.

▷ Das (11) _____ mir leid. Alles Gute für die letzten drei Wochen.

	a)	b)	c)	
1	☒ Platz	☐ Sitzplatz	☐ Zeit	
2	☐ freut	☐ geht	☐ ist	1
3	☐ besucht	☐ freut	☐ hört	1
4	☐ hat	☐ ist	☐ gibt	1
5	☐ hat frei	☐ ist frei	☐ macht Ruhe	1
6	☐ lange	☐ einige	☐ wenig	1
7	☐ Bescheid	☐ Information	☐ Nachricht	1
8	☐ geht nicht	☐ macht kein Problem	☐ macht nichts	1
9	☐ lange	☐ sehr	☐ viel	1
10	☐ am	☐ auf	☐ zu	1
11	☐ braucht	☐ ist	☐ tut	1

☐ 10

5 Redeintentionen

a) Wie heißen die Fragen?

1 ▷ _Wie heißen Sie_____ ? ▶ Ich heiße Luise Stratmann.
2 ▷ _____ ? ▶ Robert. — 1,5
3 ▷ _____ ? ▶ Aus der Schweiz. — 1,5
4 ▷ _____ ? ▶ In Luzern. — 1,5
5 ▷ _____ ? ▶ Nein, ich bin ledig. — 1,5
6 ▷ _____ ? ▶ Hotelkaufmann. — 1,5
7 ▷ _____ ? ▶ Danke, gut. Und Ihnen? — 1,5

☐ 9

b) Was passt? Ordnen Sie zu.

1 Dauert das Gespräch schon lange?	a) Bitte buchstabieren Sie das.	1 _f)_	
2 Der Flug war sehr angenehm.	b) Ja, das ist richtig.	2 _____	1
3 Es geht mir nicht gut.	c) Leider nicht.	3 _____	1
4 Haben Sie Zimmer 12?	d) Das freut mich.	4 _____	1
5 Ich heiße Czypiorska.	e) Das tut mir leid.	5 _____	1
6 Ist Frau Sörensen schon da?	f) Nein, erst 10 Minuten.	6 _____	1
7 Sie kommen sehr spät!	g) Entschuldigung, die Autobahn war sehr voll.	7 _____	1

☐ 6

☐ 50

Kapitel 3

Leute

Meine Familie

1 Die Familie von Frau Maier

a) Wer sagt was: der Personalleiter (P) oder Frau Maier (M)?
b) Ordnen Sie den Dialog. Nummerieren Sie.

- [P][ ] Aber Sie haben ein Kind, nicht wahr?
- [ ][ ] Sie ist schon vierzehn Jahre alt.
- [ ][1] Ich habe jetzt einige Fragen. Sie sind also verheiratet.
- [ ][ ] Wie alt ist Ihre Tochter?
- [ ][ ] Nein, ich bin geschieden.
- [ ][ ] Ja, eine Tochter.

2 Familie Dörken

a) Lesen Sie und ergänzen Sie die Namen.

Elvira Vayhinger ist die Großmutter von Mareike Dörken. Robert Vayhinger war ihr Mann. Sie hat zwei Töchter. Ihre Tochter Theresa ist nicht verheiratet. Ihre Tochter Ulla ist mit Jürgen Dörken verheiratet. Herr und Frau Dörken haben auch zwei Kinder: Thorsten und Mareike. Theresa ist ihre Tante.

[____] + [____] Vayhinger

[____] Vayhinger   Ulla + [____] Dörken

[____] Mareike

b) Wer ist wer? Benutzen Sie die Informationen aus Übung a).

1 Elvira Vayhinger ist   _die Großmutter_   von Thorsten Dörken.
                          _____   von Ulla Dörken.
                          _____   von Jürgen Dörken.

2 Theresa Vayhinger ist   _____   von Ulla Dörken.
                          _____   von Robert Vayhinger.
                          _____   von Mareike.

3 Jürgen Dörken ist   _____   von Thorsten.
                          _____   von Ulla Dörken.
                          _____   von Elvira Vayhinger.

4 Thorsten Dörken ist   _____   von Ulla Dörken.
                          _____   von Elvira Vayhinger.
                          _____   von Mareike.

c) Ergänzen Sie *haben, sein* oder *heißen*. Wer spricht in 1, wer in 2?

1 Ich _____ verheiratet und _____ zwei Kinder. Wir _____ auch eine Großmutter zu Hause, meine Schwiegermutter. Sie _____ Elvira Vayhinger und _____ schon 76. Mein Schwiegervater _____ schon tot. – Hier spricht _____.

2 Ich war verheiratet und _____ zwei Kinder. Ich _____ auch zwei Enkel. Meine Tochter, mein Schwiegersohn, meine Enkel und ich wohnen zusammen. – Hier spricht _____.

d) Was sagt Mareike? Schreiben Sie.

Ich heiße Mareike. Meine Mutter _____

3 kein- oder nicht?

1. eine Großmutter → _keine Großmutter_
2. haben → _nicht haben_
3. verheiratet → _____
4. Besucher → _____
5. geschieden → _____
6. groß → _____
7. arbeiten → _____
8. gern → _____
9. eine Familie → _____
10. ein Bild → _____
11. Töchter → _____
12. zwei Enkel → _____
13. ledig → _____
14. ein Bruder → _____

4 mein(e), Ihr(e), ihr(e)? Ergänzen Sie.

1. Die Personalleiterin und Frau Müller: „Hier ist _mein_ Büro. Bitte nehmen Sie Platz. Wo arbeitet _Ihr_ Mann? Wie alt sind _Ihre_ Kinder? Wie ist _Ihre_ Adresse?"
2. Herr Müller: „_Mein_ Name ist Bernd Müller. _Meine_ Frau heißt Helga. _Meine_ zwei Kinder sind neun und zwölf Jahre alt. _Mein_ Sohn heißt Erik und _meine_ Tochter Sonja."
3. Frau Pleisteiner: „Ich habe zwei Kinder. _Meine_ Tochter ist schon verheiratet. Sie, _ihr_ Mann und _ihre_ Tochter wohnen hier in Frankfurt. _Meine_ Enkelin ist sehr nett."

5 Antworten Sie. Benutzen Sie die Informationen aus Übung 2a).

1. Ist Jürgen der Mann von Theresa? — _Nein. Er ist der Mann von Ulla._
2. Hat Theresa Vayhinger einen Bruder? _____
3. Ist Theresa verheiratet? _____
4. Heißt der Vater von Theresa Thorsten? _____
5. Ist Elvira Vayhinger die Mutter von Jürgen? _____
6. Hat Mareike einen Onkel? _____
7. Hat Thorsten Geschwister? _____

6 Frau Müller und Frau Maier.

a) Ergänzen Sie die Informationen aus dem Lehrbuch, S. 38, Aufgabe A und B.

	Frau Müller	Frau Maier
Beruf		
Familienstand	verheiratet	
Familiengröße	(Erik, 9 J., Sonja, 12 J.)	2 Personen: Frau Maier und eine Tochter (Lea, 14 J.)

b) Ergänzen Sie den Text zu Frau Maier.

Frau Maier ist _____ von Beruf. Sie arbeitet gern. Sie ist _____ und hat nur eine kleine Familie: nur sie und ihre _____. Ihre _____ heißt Lea und ist schon groß. Sie ist schon _____ alt.

c) Schreiben Sie einen Text über Frau Müller.

Frau Müller _____

KAPITEL 3 | Leute

Auf einem Seminar

1 Ordnen Sie die Wörter zu. Schreiben Sie die Nomen mit Artikel.

~~Kaffee~~   groß   Saft   Rock   gelb   Tee   ~~schwarz~~   Hemd   schlank
nett   Wasser   ~~interessant~~   grün   sehr alt   ~~klein~~   Jacke   blau
Bier   ziemlich dick   lustig   Bluse   jung   weiß   Wein   langweilig
rot   ~~Pullover~~   angenehm   Hose   nicht interessant

Wie? (Figur + Alter)	Wie? (Charakter)	Wie? (Farbe)	Was? (Kleidung)	Was? (Getränk)
klein	interessant	schwarz	der Pullover	der Kaffee

2 Die Gruppe Allianz in der Hotelbar

a) Ergänzen Sie die Wörter. Benutzen Sie das Bild im Lehrbuch, S. 40.

Nr. 8: Der Herr _sitzt_ hinten rechts und _____ Wein. Er ist nicht _____ und ziemlich jung. Sein Jackett ist _____.

Nr. 4: Der Herr steht in der Mitte _____ und _____. Er ist sehr _____. Er ist nicht _____. Sein _____ ist gelb.

Nr. 3: Frau Postleitner sitzt hinten _____. Sie trinkt _____ und _____ Zeitung. Sie ist _____ und _____. Ihr Rock ist _____.

b) Schreiben Sie auch über andere Personen auf dem Bild.

Nr. 5: _Der Herr sitzt hinten in der Mitte und trinkt_ _____

Nr. 2: _Die Dame sitzt_ _____

Nr. 1: _____

3 Wie heißt der Infinitiv?

1 er sitzt → _sitzen_
2 sie trinkt → _____
3 er isst → _____
4 sie ist → _____
5 er heißt → _____
6 sie arbeitet → _____
7 sie steht → _____
8 er hat → _____
9 sie liest → _____
10 er begrüßt → _____
11 sie sieht → _____
12 er spricht → _____

32 zweiunddreißig

Leute | **KAPITEL 3**

4 Was ist richtig?

1. der Anzug
2. das Hemd
3. das Jackett
4. die Bluse
5. der Pullover
6. das Wasser
7. das Bier
8. der Tee
9. die Cola
10. der Kaffee

1 Das ist kein Anzug. Das ist ein Jackett.
2 _____
3 _____
4 _____
5 _____
6 _____
7 _____
8 _____
9 _____
10 _____

5 Was schreibt Frau Postleitner? Was ist richtig [r]? Was ist falsch [f]?

> Lieber Gerd,
> ich habe einen Moment Zeit, sitze in der Hotelbar und möchte dir zeigen, wo ich bin. Auf der Karte kannst du sehen, wie das Hotel aussieht. Es ist super – und fast leer! Erst nächste Woche gibt es hier viele Seminare. Das Essen ist auch gut. Hoffentlich werde ich nicht dick! Die Bahnfahrt hierher war nicht so angenehm: Der Zug war sehr voll. Aber er war wenigstens pünktlich.
> Das Seminar ist prima. Der Trainer ist sehr nett und das Training immer interessant. Die Teilnehmer sind auch o.k. Außer mir gibt es noch zwei Frauen. Mit einer habe ich gestern Abend beim Abendessen lange geredet. Sie kommt aus Berlin und ist sehr lustig und interessant. Ich erzähle dir am Telefon mehr von ihr. Rufst du mich an? Immer nach neun Uhr. Meine Nummer im Zimmer ist 0619/34829.
>
> Alles Liebe! Deine Heidi

1 Frau Postleitner schreibt in ihrem Zimmer. _____ [f]
2 Sie schreibt einen Brief. _____ ☐
3 Das Hotel ist gut. _____ ☐
4 Aber das Hotel ist voll. Es gibt viele Seminare. _____ ☐
5 Die Zugfahrt war sehr angenehm. _____ ☐
6 Im Seminar sind insgesamt zwei Frauen. _____ ☐
7 Eine Frau kommt aus Berlin. _____ ☐
8 Die Mobiltelefonnummer von Frau Postleitner ist 0619/34829. _____ ☐

KAPITEL 3 | Leute

6 Was passt nicht? Markieren Sie.

1 interessant – (grün) – nett – lustig
2 rechts – in der Mitte – ziemlich – hinten
3 groß – schlank – alt – klein
4 der Pullover – die Bluse – die Jacke – die Brille
5 fragen – sprechen – stehen – telefonieren
6 gelb – rot – schön – weiß
7 Zeitung – Wasser – Saft – Weißwein
8 Frau – Herr – Dame – Enkel
9 Hotel – Gruppe – Seminar – Teilnehmer

7 Ordnen Sie den Dialog. Nummerieren Sie.

☐ Ja, in Deutschland geht das.
☐ Guten Tag, Herr Paias. Aber mein Name ist nicht Züblin. Ich heiße Kern.
☐ Das macht nichts! Mein Mann heißt Züblin. Unsere Familiennamen sind verschieden.
☐ Oh, das tut mir leid. Mein Kollege sagt, Sie sind Frau Züblin. Entschuldigung.
☐ Das ist interessant! Geht das?
[1] Guten Tag, Frau Züblin. Mein Name ist Paias. Ich bin auch Seminarteilnehmer.

Eine Verabredung

1 Lesen Sie die E-Mails im Lehrbuch, S. 42, und ergänzen Sie.

anstrengend	antwortet	kennt	lernt	macht	schreibt	fragt
	~~Pause~~	Restaurant	Wörter	Zeit		

Kate hat (1) _Pause_ und (2) _____ eine E-Mail an Christian. Kate (3) _____ ein Praktikum und (4) _____ Deutsch. Das ist (5) _____. Sie ist schon drei Wochen im Deutschkurs und (6) _____ schon viele (7) _____. Sie (8) _____ Christian: „Essen wir am Freitagabend zusammen im (9) _____?" Christian (10) _____ gleich. Aber er hat keine (11) _____.

2 Schreiben Sie die Sätze richtig.

1 christianhatabfreitageinseminarerhaterstnächstewochezeit
   Christian hat _____

2 katelerntersdreiwochendeutschsiesprichtnichtsehrgutabersieschreibtnichtschlecht
   _____

3 Fragen Sie bitte.

1 ▶ _Hast du viel Arbeit?_ ▶ Ja, ich habe viel Arbeit.
2 ▶ _____ ▶ Ja, ich bin im Stress.
3 ▶ _____ ▶ Ja, ich bin morgen da.
4 ▶ _____ ▶ Nein, ich mache erst um acht Uhr Feierabend.
5 ▶ _____ ▶ Ja, leider arbeite ich am Abend noch.
6 ▶ _____ ▶ Nein, morgen Abend esse ich nicht im Restaurant.
7 ▶ _____ ▶ Ja, ich habe nächste Woche Zeit.

Leute | **KAPITEL 3**

4 *du* und *Sie*. Schreiben Sie.

1 Wie lange bist du schon in Deutschland? → Wie lange sind Sie schon in Deutschland?
2 Trinken Sie oft Tee? →
3 Wie viele Kinder habt ihr? →
4 Sprechen Sie Englisch? →
5 Wie lange lernen Sie schon Deutsch? →
6 Esst ihr oft im Restaurant? →
7 Kochen Sie gern? →
8 Kommen Sie morgen? →
9 Wann habt ihr Mittagspause? →

5 *du* oder *ihr*? Schreiben Sie.

1 Frau Carlson und Herr Holsten, haben Sie jetzt Zeit? → Kate und Thorsten, *habt ihr jetzt Zeit?*
2 Frau Müller, sind Sie technische Zeichnerin von Beruf? → Helga, _____.
3 Herr Paias und Herr Zwertschke, arbeiten Sie bei Technet? → Carlos und Gerd, _____.
4 Herr Paias, wann bekommen Sie die Information? → Carlos, _____.
5 Frau Gül und Herr Gül, wie lange bleiben Sie in der Schweiz? → Sophie und Idris, _____.
6 Herr Würth, fahren Sie oft nach Österreich? → Franz, _____.
7 Herr Paias, wann schreiben Sie den Brief? → Carlos, _____.
8 Herr Zwertschke, sprechen Sie Portugiesisch? → Gerd, _____.
9 Frau Funk und Herr Blank, wo studieren Sie? → Anne und Peter, _____.

6 *mein, dein, sein, ihr*

a) Ordnen Sie den Dialog. Nummerieren Sie.

[3] Noch fünfzehn Minuten. Trinken wir einen Kaffee?
[4] Ja, gern. Ist dein Deutschkurs immer noch anstrengend?
[7] Ja, aber es ist sehr gut. Und mein Deutschlehrer ist nett. Sein Unterricht ist interessant.
[2] Ja, jetzt habe ich Zeit. Wie lang ist deine Pause?
[1] Guten Tag, Christian. Ist dein Seminar zu Ende?
[6] Das ist aber dick!
[5] Ziemlich. – Ich habe mein Deutschbuch hier. Schau mal.
[8] Prima!

b) Ergänzen Sie die Possessivartikel in der Tabelle.

	der Kurs m	die Pause f	das Buch n
ich		meine	
du	dein		
er		seine	sein
sie	ihr	ihre	ihr

fünfunddreißig | 35

KAPITEL 3 | Leute

7 Was passt? Kreuzen Sie an.

1. ☐ Mein ☒ Meine Reise war angenehm.
2. ☐ Wie ist ☒ dein ☐ deine Seminar?
3. ☐ Wie ist ☒ euer ☐ eure Unterricht?
4. ☒ Unser ☒ Unsere Kurs ist interessant und ☐ unser ☒ unsere Lehrerin ist sehr nett.
5. ☐ Ihr ☒ Ihre Bluse ist rot und ☒ ihr ☐ ihre Rock ist blau.
6. ☒ Sein ☐ Seine Jackett ist grau, ☐ sein ☒ seine Hose ist schwarz.

8 mein-, dein-, ihr- oder sein-? Ergänzen Sie den Dialog.

▸ Hier auf dem Foto ist (1) _meine_ Familie.
▸ Oh, (2) _deine_ Familie ist groß!
▸ Ja, (3) _meine_ Geschwister (siblings) sind schon verheiratet und (4) _meine_ Schwester hat schon zwei Kinder. Das hier sind (5) _ihre_ Kinder. Und das ist (6) _ihr_ Mann.
▸ Ist das (7) _dein_ Bruder?
▸ Richtig. Und das ist (8) _seine_ Frau.
▸ Wie alt sind (9) _deine_ Geschwister?
▸ 31 und 27. Hier, das sind (10) _meine_ Eltern.
▸ Und der Mann da hinten?
▸ Das ist (11) _mein_ Onkel Paul. Und das ist (12) _mein_ Haus.

Freizeit und Hobbys

1 Schreiben Sie Sätze.

~~Frau Maier~~	hören	am Abend	manchmal	Zeitung
Sie	treiben	am Wochenende	oft	Bilder
Lea	lesen	in der Freizeit	gern	Sport
Frau Müller	~~zeichnen~~	zu Hause	immer	Musik

1 _Frau Maier zeichnet_
2 _____
3 _____
4 _____

2 Wie heißt das Gegenteil? Schreiben Sie.

1 nie ≠ immer
2 unfreundlich ≠ freundlich
3 ledig ≠ _____
4 langweilig ≠ _____
5 hinten ≠ vorne
6 jung ≠ _____
7 richtig ≠ falsch
8 neu ≠ alt

9 rechts ≠ links
10 ungern ≠ gern
11 klein ≠ gross (heißt)
12 dienstlich ≠ privat
13 viel ≠ wenig
14 schlecht ≠ gut
15 schlank ≠ dick
16 selten ≠ oft

36 sechsunddreißig

Leute | **KAPITEL 3**

B **3 Lesen Sie im Lehrbuch, S. 44, noch einmal den Dialog und antworten Sie.**

1 ▶ Joggt Frau Maier oft? ▶ _Nein. Sie joggt nur manchmal._
2 ▶ Wann joggt der Mann von Frau Müller? ▶ _____
3 ▶ Joggt Frau Müller auch? ▶ _____
4 ▶ Hört Frau Maier Musik? ▶ _____
5 ▶ Wann liest Frau Maier Zeitung? ▶ _____
6 ▶ Welches Hobby hat Frau Maier? ▶ _____

D **4 Fragen Sie bitte.**

1 ▶ _Wandert ihr gern?_ ▶ Nein. Wir wandern nicht gern.
2 ▶ _____ ▶ Ja, Musik höre ich gern.
3 ▶ _____ ▶ Ich kaufe am Samstag ein. — *einkaufen*
4 ▶ _____ ▶ Ja, am Wochenende schlafe ich sehr lange.
5 ▶ _____ ▶ Am Abend lese ich immer Zeitung.
6 ▶ _Jogt ihr oft_ ▶ Nein, wir joggen nur selten.
7 ▶ _Treibt ihr Sport_ ▶ Nein, wir treiben keinen Sport.
8 ▶ _Zeichnest du gern_ ▶ Ja, ich zeichne gern.

D **5 Die Hobbys von Thomas und Andrea.**

a) Ergänzen Sie die Verben.

Thomas: (1) _Hast_ du kein Hobby? (haben)

Andrea: Ich (2) _____ wenig Zeit. Am Abend (3) _____ ich immer müde. (haben, sein)

Thomas: Und was (4) _____ du am Wochenende? (machen)

Andrea: Ich (5) _____ lange, putze, lese usw. (schlafen) *etc.*

Thomas: Nein, das (6) _sind_ keine Hobbys. Was (7) _____ du denn? (sein, lesen)

Andrea: Ich (8) _____ oft Zeitung. Und welche Hobbys (9) _____ du? (lesen, haben)

Thomas: Ich (10) _____ viel Sport. (treiben)

Andrea: Was denn? (11) _____ du oder (12) _____ du Fahrrad? (joggen, fahren)

Thomas: Ich (13) _____ gern. Und du, (14) _____ du keinen Sport? (joggen, treiben)

Andrea: Nein.

b) Schreiben Sie.

Andrea hat wenig Zeit. Sie ist am Abend   _Thomas_ _____
_____. Am Wochenende_   _Er_ _____
_____   _____

Sie liest _____   _____

Sie treibt _____   _____

D **6 Wie heißen die Hobbys? Ergänzen Sie die Verben.**

1 ins Konzert _gehen_
2 Bilder _____
3 am Computer _____
4 Spaziergänge _____
5 ins Kino _____

KAPITEL 3 | Leute

7 Welches Hobby hast du?

a) Ergänzen Sie die Endungen.
b) Antworten Sie.

☺ (sehr) oft / (sehr) gern   😐 (nur) manchmal / nicht sehr gern   ☹ nie / nicht gern

1 ▸ Hör_st_ du gern Musik? ▸ ☺   _Ja, ich höre sehr gern Musik._
2 ▸ Zeichn_est_ du manchmal? ▸ ☹
3 ▸ Geh_en_ Sie oft ins Konzert? ▸ 😐
4 ▸ Lies_t_ du Bücher? ▸ ☺
5 ▸ Spiel_st_ du gern Tennis? ▸ ☹
6 ▸ Mach_____ Sie oft Gartenarbeit? ▸ ☺
7 ▸ Fähr_____ du gern Rad? ▸ 😐
8 ▸ Sing_st_ du manchmal? ▸ ☹

8 Komposita

a) Welche Teile haben die Wörter? Haben sie den Artikel *der*, *die* oder *das*?

1 _der_ Französischkurs → _das Französisch, der Kurs_
2 _das_ Bewerbungsgespräch → _die_ _das_
3 _der_ Familienname → _die_ _der_
4 _das_ Arbeitsbuch → _die_ _das_
5 _die_ Büroarbeit → _das_ _die_
6 _das_ Wochenende → _die_ _das_
7 _der_ Klassenraum → _die_ _der_
8 _die_ Ehefrau → _die_ _die_
       'wife'

b) *der*, *die* oder *das*? Bilden Sie Komposita.

| Tennis | ~~Personal~~ | Buch | Tee | schwarz | ~~Leiter~~ | Hotel | Bier | deutsch |
| Zeit | Teilnehmer | groß | Bar | Spiel | weiß | Seminar | Mutter | frei |

1 _das Personal, der Leiter_ → _der Personalleiter_
2 _Das Tennisspiel_ →
3 _Das Deutschbuch_ →
4 _Der Schwarztee_ →
5 _Das Die Hotelbar_ →
6 _Das Weißbier_ →
7 _Die Freizeit_ →
8 _Der Seminarteilnehmer_ →
9 _Die Großmutter_ →

An der Pforte

1 Füllen Sie das Formular aus.

Wirtschaftssprachendienst GmbH · Max-Eyth-Straße 54 · 68305 Mannheim

INTENSIVKURS
Deutsch für den Beruf

Grundkurs 1 (Anfänger) vom 05.04. bis 30.04.
Montag bis Freitag, 8.30 Uhr bis 12.45 Uhr

Familienname: _____
Vorname(n): _____
Straße: _____
Postleitzahl (PLZ): _____ Ort: _____
Telefon: _____
Fax: _____
E-Mail: _____
Alter: _____
Beruf: _____
Familienstand: _____

2 Ich habe einen Termin.

a) Ergänzen Sie.

haben   warten   buchstabieren   ~~habe~~   dauert   zeigen   kennen   kommen

1 Ich _habe_ einen Termin in der Personalabteilung.
2 _____ Sie Ihren Familiennamen!
3 _____ Sie auch aus Tuttlingen?
4 Um wie viel Uhr _____ Sie einen Termin?
5 _____ Sie bitte einen Moment!
6 Wie lange _____ der Termin?
7 _____ Sie bitte Ihren Pass!
8 _____ Sie den Personalleiter?

b) Schreiben die Sätze aus Übung a) in die Tabelle.

		Verb	
1	_Ich_	_habe_	_einen Termin in der Personalabteilung._
2			
3			
4			
5			
6			
7			
8			

WORTSCHATZARBEIT

Arbeit mit dem Wörterbuch

1 Ein Wörterbuch benutzen: Ordnen Sie die Wörter wie im Wörterbuch.

Achtung: Wo steht *u*, wo *ü*? Wo steht *ß*, wo *s*?

für	Frucht	Fuß	Freizeit	fuhr	Frühstück	furchtbar	früh
		~~fahren~~	Funktion		Führerschein	Fusion	

fahren, _____

_____

2 Benutzen Sie die Wörterbuchseite rechts.

a) Finden und markieren Sie die langen und kurzen Vokale.

~~Funktion~~	~~füreinander~~	furchtbar
für	funktionieren	fürchten
Fusion	Funker	Fuß	Furcht

kurz	lang
füreinander	Funktion

b) Wie heißen der Artikel und der Plural?

Artikel	Nomen	Plural
die	Fusion	die Fusionen
	Furcht	
	Funktion	
	Fuß	
	Fürsorge	
	Funker	

c) Welche Wörter gehören zu folgenden Nomen?

1 die Furcht → *furchtlos, fürchten, ...*
2 die Funktion → _____
3 die Fusion → _____
4 die Fürsorge → _____

d) Wie trennt man folgende Wörter?

1 Funktion → *Funk-ti-on*
2 furchtbar → _____
3 funktionieren → _____
4 Fusion → _____
5 fürchterlich → _____

[jdm] etw akk senden, telegrafieren *Er funkte die Nachricht ins Hauptquartier.* II. *itr* senden, telegrafieren *Er funkte Tag und Nacht.;* **es hat [bei jdm] gefunkt** *(umg)* jd hat nach längerer Zeit etw verstanden *Na, hat es endlich gefunkt?;* **es hat [zwischen zwei Personen] gefunkt** *(umg)* zwei Personen haben sich ineinander verliebt *Kaum hatten die beiden sich gesehen, da hat es auch schon gefunkt.*

Fun·ker(in) <-s, -> *der* jd, der ein Funkgerät bedient *Der ~ sollte die Nachricht ins Hauptquartier senden.*

Funk·ti·on [fʊŋkˈtsi̯oːn] <-, -en> *die* **1.** regelmäßige Arbeit einer Maschine, Tätigkeit *etw außer ~ setzen* **2.** Amt, Stellung, Aufgabe *eine ~ übernehmen* **3.** Sinn, Zweck *Welche ~ hat dieses Wort?* **Wobi:** funktional

funk·ti·o·nie·ren [fʊŋktsi̯oˈniːrən] <funktioniert, funktionierte, funktioniert> *itr* **1.** gehen, laufen (z. B. ein technisches Gerät) *Wie funktioniert diese Kaffeemaschine?* **2.** gelingen, gut gehen *Die Zusammenarbeit zwischen uns funktioniert gut.*

• **für** [fyːɐ̯] *präp* **1.** +akk verwendet, um das Ziel oder den Zweck anzugeben *~ bessere Arbeitsbedingungen kämpfen, Die Blumen sind ~ dich.* **2.** +akk verwendet, um einen Grund anzugeben *sich ~ seine Verspätung entschuldigen* **3.** +akk verwendet, um auszudrücken, dass man etw Bestimmtes glaubt oder meint *jdn ~ tot halten, etw ~ sinnvoll halten/erachten* **4.** +akk verwendet, um eine Zeitspanne anzugeben *~ einige Wochen verreisen* **5.** +akk verwendet, um eine Wiederholung auszudrücken *Tag ~ Tag, Wort ~ Wort* **6.** statt *Dann komme ich ~ ihn.* **7.** verwendet, um einen Gegensatz auszudrücken *F~ sein Alter ist er schon sehr groß.* **8.** im Tausch gegen *das Auto ~ 500 Euro bekommen*

Furcht [fʊrçt] <-> *kein pl die* Angst; Gefühl, das man vor einer drohenden Gefahr hat *~ haben* **Wobi:** furchtlos

• **furcht·bar** <furchtbarer, furchtbarst-> *adj* (≈fürchterlich) schrecklich, sehr schlimm *ein ~es Unglück*

• **fürch·ten** [ˈfʏrçtn̩] <fürchtete, gefürchtet> I. *tr* [K] *jd fürchtet jdn/etw akk* Angst vor jdm/etw haben *die Strafe des Vaters ~;* [K] *jd fürchtet etw akk* das Gefühl haben, dass etw Bestimmtes (meist Negatives) geschieht *Ich fürchte, ich habe mich erkältet.* II. *itr* Angst haben, das man etw verliert *um sein Leben ~* III. *refl* [K] *jd fürchtet sich akk [vor jdm/etw dat]* Angst empfinden (vor jdm/etw) *sich vor der Dunkelheit ~*

fürch·ter·lich <fürchterlicher, fürchterlichst-> *adj* schrecklich, furchtbar *ein ~er Abend*

für·ei·nan·der [fyːɐ̯ʔaɪˈnandɐ] *adv* einer für den anderen *Die beiden waren ~ bestimmt.*

Für·sor·ge [ˈfyːɐ̯zɔrgə] <-> *kein pl die* **1.** Betreuung, Pflege *Ihre ~ für die Kranken war vorbildlich.* **2.** Sozialhilfe *Er hatte keine Arbeit und lebte von der ~.* **Wobi:** fürsorglich

Fu·si·on [fuˈzi̯oːn] <-, -en> *die* **1.** PHYS CHEM Verschmelzung unterschiedlicher Substanzen zu einer neuen *die ~ der Atomkerne* **2.** Zusammenschluss mehrerer Unternehmen *Die ~ der beiden Firmen erregte Aufsehen.* **Wobi:** fusionieren

• **Fuß** [fuːs] <-es, Füße> *der* **1.** ANAT Teil des Beines, auf dem man steht und mit dem man läuft *einen ~ nach dem anderen aufsetzen* **2.**

TEXTARBEIT

Schaubilder

1 Schaubilder lesen

Schaubilder oder Grafiken sind einfach. Sie verstehen ein paar Wörter nicht? Das macht nichts!

- Lesen Sie die Überschrift im Schaubild: *Freizeitvergnügen in Deutschland*. Sie verstehen *-vergnügen* nicht. Das ist nicht wichtig. Sie kennen jetzt das Thema: Freizeit.
- Was zeigt das Bild? Auch das Bild zeigt Freizeit: ein Mann hört Musik.

Freizeitvergnügen in Deutschland
Beliebteste Freizeitbeschäftigungen in %
Mehrfachnennungen Stand 2002

Musik hören	41
Fernsehen	36
Tageszeitung lesen	31
gut essen gehen	27
Treffen mit Freunden	24
Auto fahren	20
Bücher lesen	19
Zeitschriften lesen	18
Rad fahren	16
Gartenarbeit	14
Ausgehen (Bar, Disco)	13
Sport treiben	12

Quelle: Verbraucheranalyse Bauer, Axel Springer Verlag

Freizeitbeschäftigungen

Musik hören – das ist die beliebteste Freizeitbeschäftigung der Deutschen. Schon vor zehn Jahren war das so. Platz zwei auf der Hobby-Hitliste nimmt das Fernsehen ein. 36 Prozent der Befragten sitzen am liebsten vor der Flimmerkiste. 1992 waren es erst 32 Prozent. Aber auch die Tageszeitungen kommen gut weg. Mit einem Anteil von 31 Prozent liegt das Lesen aktueller Nachrichten auf Platz drei der liebsten Freizeitbeschäftigungen. Veränderungen innerhalb des letzten Jahrzehnts gab es vor allem bei zwei der genannten Aktivitäten: Beliebter wurde zum einen das Treffen mit Freunden (1992: 20 Prozent, 2002: 24 Prozent), zum anderen das Ausgehen. Gingen 1992 knapp 11 Prozent der Deutschen gerne in Kneipen, Kinos oder Discos, ist es heute für 13 Prozent die liebste Freizeitbeschäftigung.

a) Warum zeigt das Bild *Musik hören*? Warum zeigt es nicht *Rad fahren* oder *Gartenarbeit*?

b) Sie können alle wichtigen Informationen im Schaubild verstehen. Beantworten Sie folgende Fragen.

1 Wie viel Prozent gehen gern ins Restaurant? _____ %
2 Wie viel Prozent sind gern bei Freunden? _____ %
3 Wie viel Prozent gehen gern tanzen oder in eine Bar? _____ %

c) Sie können auch den Text bei dem Schaubild benutzen. Der Text ist schwierig, aber: Sie können Informationen finden! Im Schaubild gibt es Zahlen von 2002. Im Text gibt es auch Zahlen von 1992. Finden Sie mehr Zahlen in Text und Schaubild.

	1992	2002
1 Fernsehen		36 %
2 in Kinos, Kneipen oder Diskos gehen		
3 mit Freunden zusammen sein		
4 Zeitung lesen		

KAPITEL 4

BEDARF, BESTELLUNG, KAUF

Wir brauchen einen Drucker

1 Ergänzen Sie der, das, die – einen, ein, eine.

1 _der_ Besucherstuhl: Wir bestellen _einen_ Besucherstuhl.
2 _____ Bildschirm: Wir brauchen _____ Bildschirm.
3 _____ CD: Ich habe noch _____ CD.
4 _____ Fahrschein: Ich möchte _____ Fahrschein.
5 _____ Faxgerät: Wir bestellen _____ Faxgerät.
6 _____ Laptop: Ich habe _____ Laptop.
7 _____ Prospekt: Ich nehme auch _____ Prospekt.
8 _____ Regal: Bestellst du _____ Regal?

2 Am Telefon

a) Ordnen Sie den Dialog. Nummerieren Sie.

☐ Natürlich. Möchten Sie einen Prospekt?
☒ 1 Bürodiscount Hermes, Walter, guten Tag.
☐ Ja, gern. Danke, auf Wiederhören.
☐ Guten Tag, Frau Walter. Hier spricht Heilmann, Firma Alsco. Ich brauche ein Faxgerät. Ich möchte ein Gerät bestellen.

b) Schreiben Sie einen Dialog.

> Nein, wir haben noch viel Papier. Aber vielen Dank für das Angebot.   Auf Wiederhören.
> ~~Krone GmbH, Einkauf. Sie sprechen mit Thomas Graf.~~   Alles klar, Herr Graf. Auf Wiederhören.
> Guten Tag. Hier ist Walter, Bürodiscount Hermes. Wir haben billiges Kopierpapier. Brauchen Sie Kopierpapier?

▸ _Krone GmbH, Einkauf. Sie sprechen mit Thomas Graf._
▸ _____
▸ _____
▸ _____
▸ _____

3 Bedarf oder kein Bedarf: nicht haben = brauchen – haben = nicht brauchen

brauche	brauche keine	habe keinen	brauche
~~brauche keine ... mehr~~		habe ich keine mehr	

1 Ich habe schon Disketten, ich _brauche keine_ Disketten _mehr_.
2 Ich habe noch Kugelschreiber, ich _____ Kugelschreiber.
3 Gestern hatte ich noch Briefumschläge, aber jetzt _____.
4 Haben Sie noch CDs? – Ja, aber ich _____ noch 20 Stück.
5 Ich habe einen Drucker, aber ich _____ Scanner. Den brauche ich auch.
6 Ich habe kein Papier mehr, ich _____ Papier.

42 zweiundvierzig

Bedarf, Bestellung, Kauf | **KAPITEL 4**

4 Komposita

a) Was passt? Ordnen Sie zu.

1 Besprechung	a) Bahn	*das Besprechungszimmer*
2 Auto	b) Besichtigung	_____
3 Besuch	c) Buch	_____
4 Bewerbung	d) Ende	_____
5 Bild	e) Essen	_____
6 Brief	f) Gespräch	_____
7 Drucker	g) Zimmer	_____
8 Familie	h) Patrone	_____
9 Firma	i) Plan	_____
10 Kasse	j) Programm	_____
11 Mittag	k) Gespräch	_____
12 Kunde	l) Material	_____
13 Praktikum	m) Umschlag	_____
14 Woche	n) Name	_____
15 Information	o) Schirm	_____

b) Komposita mit *-s-*, *-(e)n-*, *–*. Tragen Sie die Wörter aus Übung a) ein.

–s–	–(e)n–	–
das Besprechungszimmer	*der Familienname*	*die Autobahn*

5 Mengenangaben

a) Ordnen Sie zu.

fünf Rollen 20 cm 250 Stück 500 Gramm sechs Pack
zwei Kilo zwölf Meter 14 Stühle

1 Anzahl: *fünf Rollen,* _____
2 Gewicht: _____
3 Länge: _____

b) Ergänzen Sie.

Stücke *Rollen zu 12 Meter* Pakete zu 500 Blatt Packung zu 1000 Gramm
Pack zu 20 Stück Stück

1 Wie viel Kabel? Zwölf Meter? – Ja, eine *Rolle zu 12 Meter.*
2 Wie viele Disketten? 200? – Ja, zehn _____
3 Wie viel Papier? 6000 Blatt? – Ja, zwölf _____
4 Wie viel Kaffee? Ein Kilo? – Ja, eine _____
5 Wie viele Ordner? Fünf? – Ja, fünf _____
6 Wie viel Kuchen? Zwei Mal? – Ja, zwei _____

KAPITEL 4 | Bedarf, Bestellung, Kauf

D1 6 Bilden Sie die Pluralformen und ordnen Sie zu.

~~der Scanner~~	~~der Bestellschein~~	der Bildschirm	~~die Diskette~~	der Besucher
das Faxgerät	der Ordner	~~der Plan~~	der Kugelschreiber	die Lampe
die Stadt	das Paket	die Patrone	der Umschlag	das Regal
die Rolle	der Lehrer	der Stuhl	die Kreditkarte	der Pass

-er / ⸚er	– / -e	-e / -en	a, u / ä, ü ...-e
die Scanner	die Bestellscheine	die Disketten	die Pläne

D2 7 Bedarf, kein Bedarf. Ergänzen Sie.

Bedarf

▸ Brauchen wir noch Druckerpatronen?
▸ Ja, wir haben _keine mehr_ ,
   wir _____ .
▸ Und wie viele _____ ?
▸ Wir brauchen zwanzig _____ .

Kein Bedarf

▸ Brauchen wir noch Kugelschreiber?
▸ Nein, wir brauchen _____ ,
   wir haben _____ .
▸ Und wie viele haben _____ ?
▸ _____ hundert _____ .

Ich möchte einen Wagen mieten

A1 1 Sehen Sie sich die Bilder 1 bis 6 im Lehrbuch, S. 54, an. Welches Bild passt zu welcher Aussage?

1 Ich möchte einen Wagen mieten.   Bild: _4_
2 Für die Besprechung brauchen wir den Konferenzraum.   Bild: ___
3 Ich hätte gern einen Fahrschein.   Bild: ___
4 Mein Name ist Waldner. Ich möchte mit Herrn Kallmann sprechen.   Bild: ___
5 Ich suche Frau Zeiser. Ist sie hier?   Bild: ___
6 Ich brauche 500 Euro in 10-Euro-Scheinen.   Bild: ___

A2 2 Am Besucherempfang

a) Wer sagt was: der Besucher (B) oder die Dame am Besucherempfang (D)?
b) Ordnen Sie den Dialog. Nummerieren Sie.

B		Ja, gern.
		Herrn Michael oder Herrn Günter Kallmann?
	1	Sie wünschen, bitte?
		Aha, Michael Kallmann. Würden Sie bitte schon mal den Besucherschein ausfüllen?
		Guten Tag, mein Name ist Waldner. Ich möchte Herrn Kallmann sprechen.
		Herrn Kallmann aus dem Marketing. Wir haben einen Termin um 11.30 Uhr.
		Moment, ich melde Sie an.
		Danke sehr.

Bedarf, Bestellung, Kauf | KAPITEL 4

3 Beim Autoverleih – Im Hotel.

a) Ergänzen Sie.

habe	~~mieten~~	möchten	brauche
	hätte		möchte

▸ Ich möchte ein Auto _mieten_.
▸ Ich _hätte_ es gern sofort.
▸ Ich _habe_ hier einen Mercedes C.
▸ Ich _brauche_ aber einen Polo oder Golf.
▸ Wie lange _möchten_ Sie ihn haben?
▸ Ich _brauche_ ihn bis Freitag. Geht das?
▸ Ja, das geht.

b) Schreiben Sie einen Dialog.

▸ Ich _möchte_ ein Zimmer.
▸ Ich _hätte es_ gern sofort.
▸ _habe_ ein Doppelzimmer.
▸ _brauche_ ein Einzelzimmer.
▸ _Wie lang möchten Sie es_ haben?
▸ _Ich brauch es_ von heute auf morgen. _Geht das_?
▸ Ja, das geht.

4 hätte, würde, möchte

a) Ergänzen Sie die passende Form.

hätt-

Ich (1) _hätte_ gern einen Kaffee. Elisabeth, (2) _hättest_ du auch gern einen Kaffee? Wo ist Peter? (3) _hätte_ er auch gern einen Kaffee? Elisabeth und Peter, was trinkt ihr? (4) _Hättet_ ihr auch gern einen Kaffee? Nein, wir (5) _hätten_ gern Tee. Also, ich (6) _hätte_ gern einen Kaffee, die Dame und der Herr (7) _hätten_ gern Tee.

würd-

Anna, (1) _würdest_ du gern ein Praktikum in Deutschland machen? Ich (2) _würde_ gern ein Praktikum in Deutschland machen. Elisabeth und Peter, (3) _würdet_ ihr gern ein Praktikum in Österreich machen? Ja, wir (4) _würden_ unser Praktikum gern in Österreich machen. Elisabeth und Peter (5) _würde_ gern ihr Praktikum in Österreich machen.

möcht-

Ich möchte nach Hamburg fahren. Elisabeth (1) _möchte_ auch nach Hamburg fahren. Peter, (2) _____ du hier bleiben? Nein, ich (3) _____ mit Anna nach München fahren. Also, Elisabeth und ich, wir (4) _möchten_ nach Hamburg. Peter und Anna, ihr (5) _möchtet_ nach München.

b) Ergänzen Sie.

1 ihn besuchen – ~~einen Termin~~ *-hen*
  Sie hätten gern _einen Termin_ bei Herrn Kallmann? Wann möchten Sie _besuchen_?

2 ein Faxgerät – das Gerät sofort bestellen:
  Anruf von Frau Braun: Sie braucht _ein Faxgerät_ und möchte _____.

3 eine Auskunft – nach Hamburg fahren:
  Ich möchte _____ und hätte gern _____.

4 gern ein Mineralwasser – gern Kaffee trinken:
  Hättest du _____ oder würdest du _gern Kaffee trinken_?

KAPITEL 4 | Bedarf, Bestellung, Kauf

5 Berufe. Tragen Sie die weibliche Form und die Pluralformen ein.

der	die	Plural
1 der Sekretär	die Sekretärin	die Sekretäre / die Sekretärinnen
2 der Praktikant		
3 der Student		
4 der Kunde		
5 der Mitarbeiter		
6 der Lehrer		
7 der Informatiker		
8 der Ingenieur		
9 der Industriekaufmann		
10 der Geschäftsmann		

6 Besuch: Herr Sommer – sein Mitarbeiter – die Sekretärin

a) Herr Sommer notiert … und informiert seinen Mitarbeiter. Ordnen Sie zu.

– Besuch Fa. Clapton Ltd.
– Frau Julie Henderson/
  Einkauf Clapton informieren
– Termin: Mittwoch
– Prospekte auf Englisch!

1 Bitte rufen Sie
2 Ich würde sie
3 Ich möchte
4 Ich brauche
5 Vielen

a) am Mittwoch fahren.
b) Dank!
c) Frau Henderson an.
d) gern besuchen.
e) unsere Prospekte auf Englisch.

b) Was sagt der Mitarbeiter der Sekretärin? Schauen Sie in Übung a) und schreiben Sie.

Herr Sommer möchte _Frau Hendersen besuchen_.
Er _____ fahren.
Er _____ auf Englisch.
Bitte _____. Vielen _____!

Das Angebot

1 Schreiben und sprechen Sie.

a) Welch- ist/hat …? Beantworten Sie die Fragen. Benutzen Sie die Angaben im Lehrbuch, S. 56.

Die Kopiergeräte
1 Welches hat einen Zoom? Der Multifunktionskopierer oder der Tischkopierer?
  Der Multifunktionskopierer
2 Welches ist klein und handlich? _____
3 Welches kostet 498 €? _____

Die Laptops
4 Welcher hat eine 20 GB Festplatte? Der zu 1699 € oder der zu 1998 €? _____
5 Welcher ist teuer? _____

Die Kameras
6 Welche kostet 519 €? Die Spiegelreflexkamera oder die Digitalkamera? _____
7 Welche hat einen Direktanschluss an den PC? _____

46 | sechsundvierzig

Bedarf, Bestellung, Kauf | KAPITEL 4

b) Welch- ...? Schreiben und sprechen Sie wie im Beispiel.
1. Laptop: der zu 1699 € – billig, aber zu klein – der zu 1998 €
2. Kopiergerät: der Tischkopierer – klein und handlich – der Tischkopierer
3. Kamera: die Digitalkamera – praktisch und billig – die Digitalkamera
4. Laptop: der zu 1998 € – schnell, aber sehr teuer – der zu 1699 €

▸ Ich hätte gern einen/eine/ein ...
▸ Wie findest du den/die/das ...?
▸ Den/Die/Das finde ich (nicht) ...
▸ Welchen/Welche/Welches ... nimmst du?
▸ Ich nehme den/die/das ...

Beispiel:
▸ Ich hätte gern einen Laptop.
▸ Wie findest du den zu 1699 €?
▸ Den finde ich billig, aber zu klein.
▸ Welchen Laptop nimmst du?
▸ Ich nehme den zu 1998 €.

B2 2 Wie ist ...?

a) Was passt nicht zum Adjektiv? Markieren Sie.
1. bequem: (der Service) – das Auto – der Stuhl – die Wohnung
2. modern: das Kopiergerät – die Kaffeemaschine – das Kind – die Kamera
3. breit: der Schreibtisch – die Straße – der Bildschirm – der Mitarbeiter
4. elegant: das Büro – der Rock – die Musik – das Auto
5. billig: der Preis – das Papier – der Bürostuhl – der Laptop
6. freundlich: der Verkäufer – die Großmutter – die Reise – Herr Müller
7. interessant: Frankfurt – das Seminar – der Mitarbeiter – der Kaffee
8. pünktlich: der Fahrschein – das Flugzeug – der Kollege – die Ankunft
9. schön: Frau Bellini – die Bestellnummer – das Haus – die Lampe
10. praktisch: der Drucker – der Tee – die Hose – das Regal

b) Wie heißt das Gegenteil? Schreiben Sie.

1. angenehm   ≠ _unangenehm_
2. billig   ≠ _____
3. früh   ≠ _____
4. schwierig ≠ _____
5. modern   ≠ _____
6. unpünktlich ≠ _____
7. praktisch ≠ _____
8. schwarz   ≠ _____
9. elegant   ≠ _____
10. nett   ≠ _____
11. bequem   ≠ _____
12. lang   ≠ _____

c) Ergänzen Sie.

1. billig: Der Drucker ist _billig_, der ist teuer. Welch_en_ nehmen Sie? – Ich nehme den _billigen_.
2. praktisch: Das Gerät ist _____, aber nicht schön. Das Gerät in unpraktisch, aber sehr schön. Welch___ nehmen Sie? – Ich nehme das _____.
3. modern: Die Digitalkamera ist _____, die Spiegelreflexkamera ist nicht so _____. Welch___ hätten Sie gern? – Ich möchte die _____ Digitalkamera.
4. groß: Das Regal ist klein, das Regal ist _____. Welch___ möchten Sie? – Ich nehme das _____.
5. schön: Die Lampe ist praktisch, die Lampe ist _____. Welch___ nehmen Sie – Ich nehme die _____ Lampe.
6. spät: Ein Termin ist früh am Vormittag, ein Termin ist _____ am Nachmittag. Welch___ möchten Sie? – Ich nehme den _____.

KAPITEL 4 | Bedarf, Bestellung, Kauf

3 Preise. Schreiben Sie.

1 Kopiergerät: 685,90 €   *Ein Kopiergerät zum Preis von sechshundertfünfundachtzig Euro neunzig.*
2 Bildschirm: 547,– € _____
3 Druckerpatrone: 27,60 € _____
4 Lampe: 34,99 € _____
5 Regal: 56,88 € _____
6 Fahrschein: 120,– € _____

4 Ein- ... zu ... Euro – Schreiben Sie Dialoge wie im Beispiel.

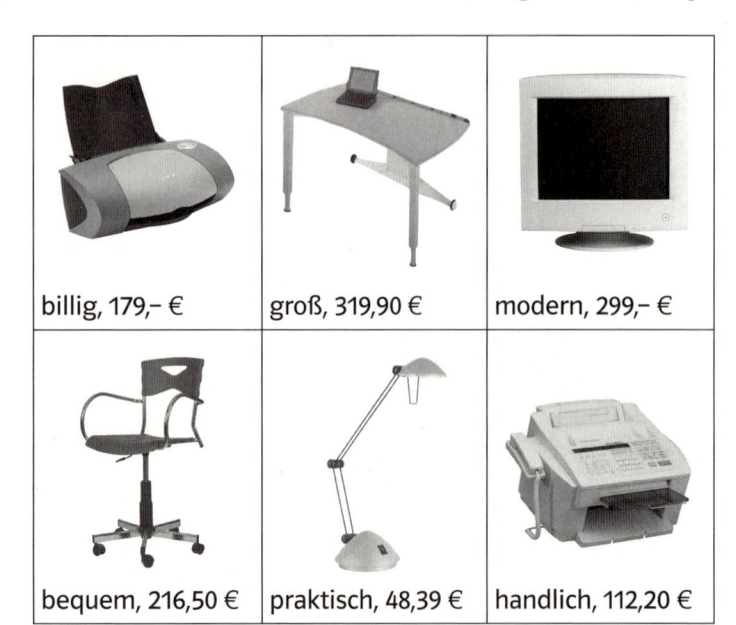

billig, 179,– €	groß, 319,90 €	modern, 299,– €
bequem, 216,50 €	praktisch, 48,39 €	handlich, 112,20 €

▶ Der Drucker hier ist billig.
▶ Welcher?
▶ Der zu 179 Euro. Wie findest du den?
▶ Gut. Ich nehme den billigen Drucker zu 179 Euro.

▶ _____
▶ _____
▶ _____
▶ _____

▶ _____
▶ _____
▶ _____
▶ _____

Im Tagungshotel

1 Lebensmittel

a) Finden Sie noch 14 Wörter.

K	G	R	T	R	A	U	B	E	G	M	A
A	R	H	E	B	A	N	A	N	E	M	Q
E	A	J	E	I	M	U	E	S	L	I	W
S	U	F	J	O	G	U	R	T	I	L	U
E	B	R	O	E	T	C	H	E	N	C	R
W	R	S	A	P	F	E	L	X	C	H	S
J	O	R	A	N	G	E	N	S	A	F	T
O	T	S	C	H	I	N	K	E	N	U	V
B	U	W	E	I	S	S	B	R	O	T	J

b) Ordnen Sie zu. Ergänzen Sie den Artikel.

Obst	Aufschnitt	Brot	Getränke	Anderes
_____	*der Käse*	_____	_____	_____
_____	_____	_____	_____	_____
_____	_____	_____	_____	_____

Bedarf, Bestellung, Kauf | KAPITEL 4

2 Schreiben Sie Dialoge.

Was	nimmst	du?	Kaffee oder	Tee?	▶	Ich nehme	einen ...	Hier,	ein ...	für dich.
	nehmt	ihr?	Brot oder	Brötchen?		Wir nehmen	eine ...		eine ...	für Sie.
	nehmen	Sie?	Äpfel oder	Bananen?			ein ...			für euch.
			Saft oder	Wasser?						
			Wurst oder	Käse?						
			Milch oder	Jogurt?						

3 Duzen und Siezen

a) Schreiben Sie den Brief links an Herrn Christian Bachmann.

> Lieber Christian,
> was machst du jetzt? Wie geht es dir? Besuchst du in diesem Jahr die Messe in Hannover? Oder bleibst du in Wien und arbeitest? Bitte schreib mir mal. Oder besuch mich in München.
> Viele Grüße
> Deine Elisabeth

Lieber Herr Bachmann,
was machen Sie _____
_____
_____
_____
_____
_____

b) Schreiben Sie den Brief rechts an Ihre Freundin Elisabeth.

Liebe Elisabeth,
ich höre, du _____
_____
_____
_____
_____

> Liebe Frau Siebert,
> ich höre, Sie kommen bald nach Wien. Wann und wie lange sind Sie hier? Bitte rufen Sie mich an. Sie haben noch einige Informationsunterlagen. Die brauche ich schnell. Bitte bringen Sie sie mit. Das ist nicht so teuer wie mit der Post. Möchten Sie hier auch Ihre Wiener Kollegen sehen?
> Mit freundlichen Grüßen
> Christian Bachmann

4 Ja, mach das! Bilden Sie Sätze im Imperativ.

1 ▶ Mit Frau Müller sprechen? ▶ Ja, Roberto, _sprich mit Frau Müller_ _____.
2 ▶ Um 16 Uhr kommen? ▶ Ja, Dorothea, _____.
3 ▶ Einen Kaffee nehmen? ▶ Ja, Nicole, _____.
4 ▶ Das Buch lesen? ▶ Ja, Christian, _____.

5 ▶ Mit Frau Müller sprechen? ▶ Ja, Herr Prado, sprechen Sie mit Frau Müller _____.
6 ▶ Um 16 Uhr kommen? ▶ Ja, Frau Weinberger, _____.
7 ▶ Einen Kaffee nehmen? ▶ Ja, Frau Bellac, _____.
8 ▶ Das Buch lesen? ▶ Ja, Herr Waldner, _____.

5 Ergänzen Sie: mich, dich, Sie, ihn, uns, euch.

Wo ist denn Jens? Ich habe hier ein Glas Organensaft für (1) _ihn_. Ach, Jens, da bist du ja. Hier, ein Glas Orangensaft für (2) _____. Für (3) _____? Danke. Hier, Hans und Rita, der Kuchen ist für (4) _____. Für (5) _____? Danke. Herr Müller, der Brief ist für (6) _____. Für (7) _____? Nein, hier, lesen Sie: „Frau Müller". Der Brief ist für (8) _____.

KAPITEL 4 | Bedarf, Bestellung, Kauf

Accusative.

C1 6 Schreiben Sie Dialoge mit *wofür/für wen*.

1 Auto → Dienstreise morgen   2 Computer → meine Frau   3 Orangensaft → mich
4 Lampe → Schreibtisch   5 Zimmer → Herrn und Frau Waldner   6 Papier → Kopierer
7 CD → Roberto   8 Informationsmaterial → Geschäftsleute   9 E-Mail → Sekretärin

1 ▶ <u>Wofür ist das Auto?</u>   4 ▶ _____   7 ▶ _____
  ▶ <u>Für die Dienstreise morgen.</u>   ▶ _____   ▶ _____
  ▶ <u>Aha, dafür.</u>   ▶ _____   ▶ _____

2 ▶ <u>Für wen ist der Computer?</u>   5 ▶ _____   8 ▶ _____
  ▶ <u>Für meine Frau.</u>   ▶ _____   ▶ _____
  ▶ <u>Aha, für sie.</u>   ▶ _____   ▶ _____

3 ▶ _____   6 ▶ _____   9 ▶ _____
  ▶ _____   ▶ _____   ▶ _____
  ▶ _____   ▶ _____   ▶ _____

Die Dienstreise

A1 1 Kleidung. Ordnen sie zu und ergänzen Sie den Artikel.

| Anzug | Hose | Jacke | ~~Jeans~~ | Kleid | Kostüm | Pullover |
| Rock | | Schuhe | | Socken | | |

1 <u>die Jeans</u>   2 _____   3 _____   4 _____   5 _____

6 _____   7 _____   8 _____   9 _____   10 _____

B 2 Komposita. Schreiben Sie.

1 ein Kleid für den Abend   – <u>das Abendkleid</u>   6 _____ – die Winterjacke
2 _____   – der Herrenmantel   7 Schuhe für das Haus – _____
3 eine Hose für die Dame   – _____   8 _____ – das Freizeithemd
4 _____   – die Arbeitskleidung   9 Schuhe für den Sport – _____
5 eine Bluse für den Sommer   – _____   10 ein Kostüm für die Reise – _____

50 | fünfzig

Bedarf, Bestellung, Kauf KAPITEL 4

3 Wir packen den Koffer. Schreiben Sie.

1 Ich habe ein Kundengespräch. _Dafür brauche ich einen eleganten Anzug._
2 Ich mache Fitness-Training. _Dafür_ _____.
3 Meine Frau plant einen Opernbesuch. _____.
4 Wir wandern am Wochenende. _____.
5 Herr Massler macht eine Dienstreise. _____.

> Sportschuhe – leicht
> Koffer – groß
> ~~Anzug – elegant~~
> Pullover – warm
> Kleid – dunkel

4 Fragewörter

a) Welche Stichwörter passen zu welchem Fragewort?

> für Frau Wiese   ~~ein Auto~~   drei Stunden   interessant   am 3. August   Herrn Müller
> das zu 30 Euro   bis Mittwoch   aus Genf   bei der Firma DonauEnergie   sechs Stück
> für die Konferenz   nicht so viel   das Kopiergerät   Herr Walz   ~~den roten~~   500 Gramm
> der Ordner   dich   heute   für uns   die gelbe Bluse   Anna   für das Frühstück   eine Woche
> zwölf Euro   vier Rollen   in Italien   ich   um 10.00 Uhr   15 Jahre   vom Bahnhof   neu

1 Was? _ein Auto,_
2 Wer? _Wer ist das – Anna_
3 Wen? _Wen treffen Sie am Bahnhof – ich treffe Herrn Müller_
4 Für wen? _Für wen kaufen Sie ein Rock – für Frau …_
5 Wofür? _____
6 Wann? _____
7 Wie? _____
8 Wie alt? _____
9 Wie lange? _____
10 Welch-? _den roten,_
11 Wie viel? _____
12 Wie viele? _____
13 Wo? _____
14 Woher? _____

b) Schreiben Sie Fragen und Antworten wie im Beispiel.

Was möchten Sie? – Ich möchte gern ein Auto.
Welchen Pullover möchten Sie? – Ich möchte den roten.

5 Schreiben und sprechen Sie Dialoge.

Stichwörter	Beispiel		Ebenso	
Was	PC	▶ Ich hätte gern einen PC.	Bluse	Papier
Für wen		▶ Für wen brauchen Sie ihn?		
	meinen Sohn	▶ Für meinen Sohn.	meine Frau	die Kollegen im Vertrieb
Wofür		▶ Wofür braucht er ihn?		
	Schule	▶ Für die Schule.	Sommer	Kopiergerät und Drucker
Welche-	20/30 GB	▶ Der hier hat 20 GB, der hat 30.	blau/rot	weiß/grau
	20 GB	▶ Ich nehme den mit 20 GB.	rot	weiß
Preis / Menge	899 Euro	▶ Gut, den zu 899 Euro.	48,50 Euro	10 Pack zu 500 Blatt

WORTSCHATZARBEIT

Vokabelheft anlegen

1 Vokabelheft organisieren

Die Ordnung im Vokabelheft:
- nach Lektionen
- nach Wortarten
- nach Themen

Wort	typischer Kontext	Ihre Sprache
Brot, das, -e (Artikel, Plural)	Wir essen **Brot** zum Frühstück.	_____
Mutter, die ⸚er	meine **Mutter** und mein Vater	_____
bestellen WAS (Ergänzung(en))	Wir **bestellen** Papier.	_____
sprechen, spricht WORÜBER (unregelmäßige Verben: 3. Pers.)	Über welches Thema **sprichst** du?	_____
lesen, liest WAS	Sie **liest** ein Buch.	_____

2 Wörterlisten nach Wortarten

Tragen Sie ein: Verben mit Ergänzungen in der 2. oder 3. Person Singular.

nehmen bleiben stehen
besuchen sprechen
möchten heißen
brauchen kommen
korrigieren kosten
fahren finden lesen

Wort	typischer Kontext	Ihre Sprache
nehmen WAS	Nimmst du Kaffee oder Tee?	_____
_____	_____	_____
_____	_____	_____

Ergänzungen:
WAS – WIE – WOHER – WIE VIEL – WO – WIE LANGE – WOHIN – WEN – WORÜBER

3 Wörterlisten nach Themen

a) Machen Sie Wörterlisten nach Themen: Essen – Zeit – Bürogeräte.

Wort	typischer Kontext	Ihre Sprache
Zeit:		
Stunde, die -n	Wir bleiben zwei Stunden hier.	_____
Monat, der, -e	_____	_____

Hier sind einige Wörter:

Stunde Frühstück
Kopiergerät 12 Uhr
Obst Drucker
Nachmittag
Abendessen
Bildschirm Monat
Faxgerät

b) Tragen Sie weitere passende Wörter ein. Denken Sie bei den Nomen an Artikel und Plural. Schreiben Sie einen typischen Kontext.

TEXTARBEIT

Selektives Lesen

1 Einen Text nach Informationen durchsuchen

a) Sie sind ein Mitarbeiter von der Firma Bürodiscount Hermes. Welche Informationen im Brief sind für Sie wichtig:
- Was will der Kunde?
- Was müssen Sie machen?

Sehen Sie sich den Brief eine Minute an.

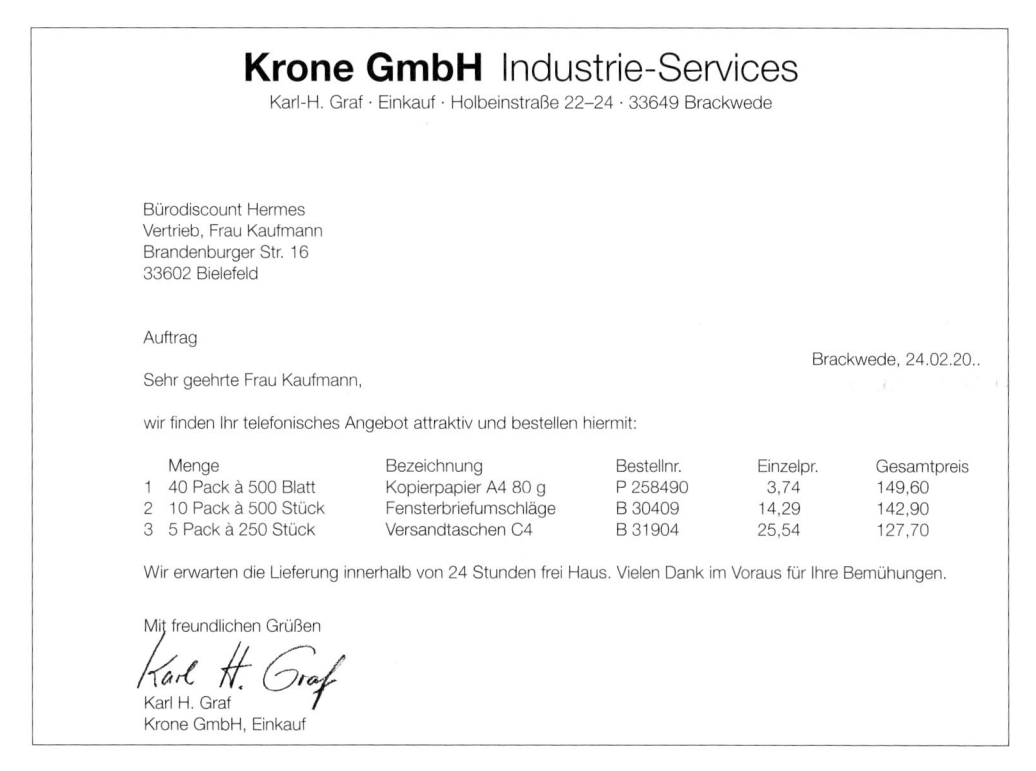

Krone GmbH Industrie-Services

Karl-H. Graf · Einkauf · Holbeinstraße 22–24 · 33649 Brackwede

Bürodiscount Hermes
Vertrieb, Frau Kaufmann
Brandenburger Str. 16
33602 Bielefeld

Auftrag

Brackwede, 24.02.20..

Sehr geehrte Frau Kaufmann,

wir finden Ihr telefonisches Angebot attraktiv und bestellen hiermit:

	Menge	Bezeichnung	Bestellnr.	Einzelpr.	Gesamtpreis
1	40 Pack à 500 Blatt	Kopierpapier A4 80 g	P 258490	3,74	149,60
2	10 Pack à 500 Stück	Fensterbriefumschläge	B 30409	14,29	142,90
3	5 Pack à 250 Stück	Versandtaschen C4	B 31904	25,54	127,70

Wir erwarten die Lieferung innerhalb von 24 Stunden frei Haus. Vielen Dank im Voraus für Ihre Bemühungen.

Mit freundlichen Grüßen

Karl H. Graf

Karl H. Graf
Krone GmbH, Einkauf

---

b) Beantworten Sie folgende Fragen:
1. Ist das ein Angebot, eine Bestellung oder eine Anfrage?
2. Wie viele verschiedene Bürobedarfsartikel kommen vor?
3. Wann sollen die Bürobedarfsartikel bei der Krone GmbH ankommen?

c) E-Mail: Sehen Sie sich die E-Mail eine Minute an. Was möchte Herr Graf? Korrigieren Sie das Schreiben von Herrn Graf nach Ihren Wünschen und den Angaben von Frau Kaufmann.

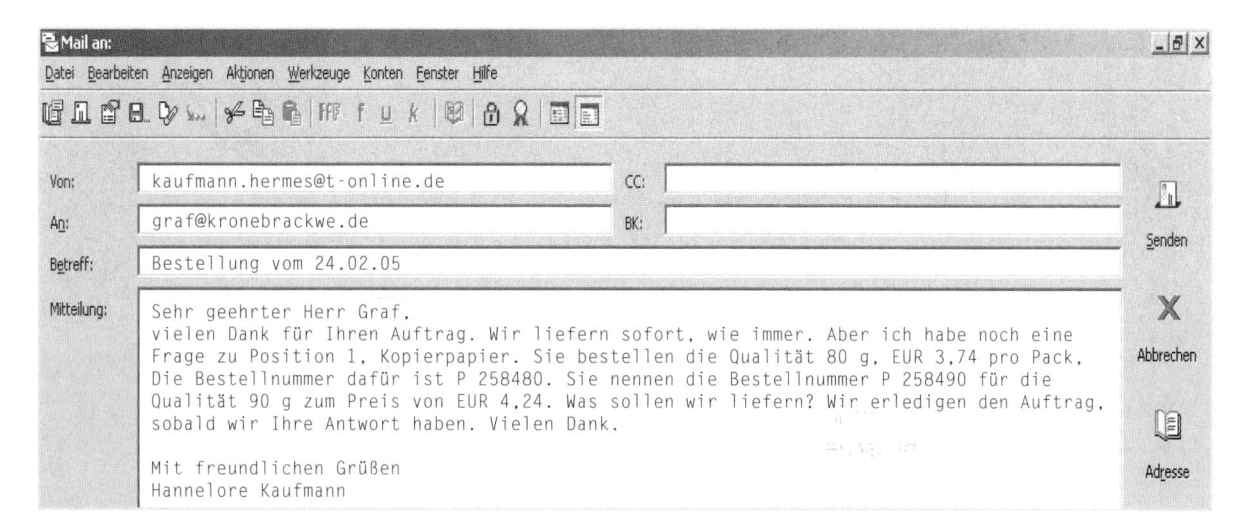

Mail an:

Datei Bearbeiten Anzeigen Aktionen Werkzeuge Konten Fenster Hilfe

Von: kaufmann.hermes@t-online.de
An: graf@kronebrackwe.de
CC:
BK:
Betreff: Bestellung vom 24.02.05

Mitteilung:

Sehr geehrter Herr Graf,
vielen Dank für Ihren Auftrag. Wir liefern sofort, wie immer. Aber ich habe noch eine Frage zu Position 1, Kopierpapier. Sie bestellen die Qualität 80 g, EUR 3,74 pro Pack. Die Bestellnummer dafür ist P 258480. Sie nennen die Bestellnummer P 258490 für die Qualität 90 g zum Preis von EUR 4,24. Was sollen wir liefern? Wir erledigen den Auftrag, sobald wir Ihre Antwort haben. Vielen Dank.

Mit freundlichen Grüßen
Hannelore Kaufmann

TEST

Name: _____

1 Lesen

Was steht im Text? Kreuzen Sie an: a), b) oder c).

> Sehr geehrte Damen und Herren,
>
> für unsere diesjährige Tagung vom 12. bis 17.04.05 möchte ich wieder die Zimmer für unsere Gruppe buchen. Wir brauchen fünf Doppelzimmer und zehn Einzelzimmer, alle mit Dusche und WC, zum Preis von EUR 90,- /120,-. Ich komme schon einen Tag vor Tagungsbeginn.
>
> Wir würden gern alle Mahlzeiten (Frühstück, Mittag- und Abendessen) bei Ihnen einnehmen. An den Vormittagen und an den Nachmittagen (10.00 Uhr und 16.00 Uhr) hätten wir gern einen kleinen Imbiss (Brötchen, Gebäck) mit Kaffee, Tee und Kaltgetränken. Und dann haben wir noch einen Wunsch: Würden Sie uns bitte wieder den schönen Tagungsraum 105 (mit Beamer, Overheadprojektor, Pinnwand und Flipchart) reservieren? Den hatten wir schon im Vorjahr.
>
> Am Tagungsende kommen mein Mann und meine zwei Kinder. Wir wollen noch fünf Tage Ferien bei Ihnen machen. Ich nehme schon bei meiner Ankunft ein Doppelzimmer, brauche also noch ein Zimmer für die Kinder ab dem 17.04.
>
> Haben Sie vielen Dank für Ihre Mühe.
>
> Mit freundlichen Grüßen
> Edith Weiß

1 Der Brief geht an:
 ☐ a) eine Seminarfirma   ☒ b) ein Hotel   ☐ c) Weiß man nicht.
2 Anzahl der Teilnehmer:
 ☐ a) 15   ☐ b) 19   ☐ c) Weiß man nicht.
3 Frau Weiß kommt:
 ☒ a) am 11. April   ☐ b) am 17. April   ☐ c) Weiß man nicht.
4 Die Tagung war:
 ☐ a) nur 2004 in dem Hotel   ☐ b) auch 2003 in dem Hotel   ☒ c) Weiß man nicht.
5 Die Teilnehmer essen:
 ☒ a) im Hotel   ☐ b) nicht im Hotel   ☐ c) Weiß man nicht.
6 Für die Pausen braucht man:
 ☒ a) etwas zu essen   ☐ b) nichts zu essen   ☐ c) Weiß man nicht.
7 Die Gruppe braucht:
 ☐ a) einen Laptop   ☒ b) einen Beamer   ☐ c) Weiß man nicht.
8 Tagungsraum:
 ☐ a) 2005 einen anderen   ☒ b) 2005 keinen anderen   ☐ c) Weiß man nicht.
9 Frau Weiß ist:
 ☒ a) verheiratet   ☐ b) ledig   ☐ c) Weiß man nicht.
10 Frau Weiß hat:
 ☐ a) zwei Söhne   ☒ b) einen Sohn, eine Tochter   ☒ c) Weiß man nicht.
11 Frau Weiß bestellt noch:
 ☒ a) ein Doppelzimmer   ☐ b) ein Einzelzimmer   ☐ c) Weiß man nicht.

2 Wortschatz   *Opposite*

a) Wie heißt das Gegenteil? Schreiben Sie.

1 schwarz ≠ weiß	6 lang ≠ kurz
2 interessant ≠ _____	7 neu ≠ alt
3 nett ≠ unfreundlich	8 dick ≠ dünn
4 jung ≠ alt	9 groß ≠ klein
5 schlecht ≠ gut	10 viel ≠ wenig

Kapitel 3 und 4

Name: _____

b) Angaben. Was passt? Ordnen Sie zu.

1 Anzahl
2 Größe
3 Bezeichnung
4 Gewicht
5 Bestellnummer
6 Einzelpreis
7 Menge

a) Schreibtisch
b) eine Rolle
c) EUR 384,–
d) 3 Stück
e) 160 cm x 80 cm
f) 724-118-W
g) 100 Gramm

1 _d)_
2 ____
3 ____
4 ____
5 ____
6 ____
7 ____

3 Schreiben

Ergänzen Sie den Brief an die Firma Schneider.

| Bestellung | ~~Angebot~~ | Größe | Schreibtische | Bestellnummer |
| Einzelpreis | Büro |

Sehr geehrte Damen und Herren,

vielen Dank für Ihr (1) _Angebot_ vom 30.03. Wir möchten zwei (2) _____;
(3) _____ 165 x 90 cm zum (4) _____ von 198 EUR
bestellen. (5) _____: DG 43895-X. Bitte bringen Sie die
(6) _____ in unser (7) _____ in der Lessingstraße 8.

Mit freundlichen Grüßen

4 Redeintentionen

Wie heißen die Fragen? Schreiben Sie.

1 ▸ _Was ist dein Hobby?_ ▸ Mein Hobby ist Rad fahren.
2 ▸ Gehen sie oft ins Konzert ▸ Nein, ich gehe selten ins Konzert.
3 ▸ _____ ▸ Ja, ich höre gern Musik.
4 ▸ _____ ▸ Am Wochenende wandere ich.
5 ▸ _____ ▸ Nein, ich tanze nicht gern.

5 Grammatik

a) Seminarteilnehmer. Ergänzen Sie die Verben in der passenden Form.

(1) _Siehst_ (sehen) du den Herrn da hinten? Der Herr, das ist Christian Waldner.
Er (2) _spricht_ (sprechen) mit Frau Weinberger. Da vorne ist Herr Prado. Er
(3) _isst_ (essen) ein Brötchen und (4) _liest_ (lesen) einen Brief.
Komm, trinken wir etwas. (5) _nimmst_ (nehmen) du Tee oder Kaffee?

b) Ergänzen Sie dies-, ein-, kein-, mein-, welch- in der passenden Form.

1 Nein Danke, wir brauchen _keine_ Ordner.
2 _Welche_ Lampe möchten Sie? – Ich nehme _diese_.
3 _Mein_ Computer ist kaputt, ich brauche _einen_ neuen.
4 Kauf bitte Papier, wir haben _kein_ Papier mehr.
5 Frau Nowak bestellt _einen_ Schreibtisch für das Büro.

fünfundfünfzig 55

Kapitel 5

Im Büro und unterwegs

Das Praktikantenbüro

1 Wer ist wo? Was ist wo? Schreiben Sie.

in der Mitte auf dem Tisch ~~hinten am Büfett~~   hinten links
hinten rechts   hinten in der Mitte
vorne am Tisch zwischen der Dame
vorne links und dem Herrn vorne rechts

liegt   sitzen   ~~stehen~~
steht   steht   steht   steht

	Verb	
1 Fünf Personen	_stehen_	_hinten am Büfett._
2 Zwei Damen und zwei Herren		.
3 Der Herr im dunklen Anzug		.
4 Der große Mann		.
5 Ein Brötchen		.
6 Das Obst		.
7 Der Orangensaft		.

2 Wo steht was? Wo liegt was?

a) Ordnen Sie zu.

1 Die Basketballschuhe stehen — E hinter dem Terminkalender.
2 Die Aktenordner liegen — T rechts neben den Aktenordnern.
3 Das Telefon steht — I links neben der Zeitung.
4 Die Kugelschreiber liegen — B vorne unter dem Tisch.
5 Der Papierkorb steht — T rechts hinter den Kugelschreibern.
6 Der Terminkalender liegt — F vor dem Klebeband.
7 Die Bücher liegen — S hinten unter dem Tisch.
8 Die Tasse steht — I zwischen der Tasse und dem Telefon.
9 Die Zeitung liegt — L auf dem Tisch links neben dem Terminkalender.

b) Wie heißt das Lösungswort?

B								

Im Büro und unterwegs | **KAPITEL 5**

3 Wo sitzen die Leute?

a) Wer sitzt wo? Nummerieren Sie.

1 Karel   4 Rudi   7 Bernhard
2 Isabel 5 Mario   8 Frank
3 Hans   6 Dorothea 9 Nicole

Karel sitzt genau in der Mitte, zwischen Isabel und Hans und hinter Rudi.

Mario sitzt hinten links neben Dorothea und hinter Isabel.

Hans sitzt in der Mitte rechts hinter Bernhard und vor Frank.

b) Wer sitzt wo? Schreiben Sie.

1 Wo sitzt Dorothea?
   Dorothea sitzt zwischen Mario und Frank, hinter Karel.

2 Wo sitzt Frank?
   _____

3 Wo sitzt Isabel?
   _____

4 Wo sitzt Nicole?
   _____

4 Einige Wörter sind am falschen Platz. Schreiben Sie den Text richtig.

Kommen Sie, ich zeige Ihnen mein **Telefon**. Also, hier steht mein Schreibtisch. An dem anderen **Büro** arbeitet mein **Computer**. Aber jetzt ist er **in Ruhe**. Er ist **im Besprechungsraum**. Hier auf meinem Schreibtisch steht mein **Kollege** und natürlich mein **Schreibtisch**. Ich schreibe sehr viele **Telefongespräche**. Mein Kollege nicht. Er führt den ganzen Tag **E-Mails**. Manchmal möchte ich **im Urlaub** arbeiten. Das mache ich **in Griechenland**.

Kommen Sie, ich zeige Ihnen mein Büro.
_____
_____
_____
_____
_____
_____
_____

5 Frau Ballauf sitzt genau in der Mitte.

1 *Frau Ballauf hat ihr Büro genau in der Mitte. Das Büro liegt unter dem Konferenzraum, rechts neben dem Materialraum, links neben dem Besprechungszimmer und über der Kantine.*

2 *Rechts neben dem Büro von Frau Ballauf liegt* _____
_____

3 *Der Materialraum* _____
_____

4 *Unter dem Konferenzraum* _____
_____

siebenundfünfzig | **57**

Entschuldigung, wie komme ich von hier zum …?

1 Ergänzen Sie *von, von der, vom, zum, zur, nach*.

1 Steinstraße → Haltestelle   *Von der* Steinstraße kommt man ganz einfach _____ Haltestelle.
2 Hotel → Firma Physmat   Wie fahre ich _____ Hotel _____ Firma Physmat?
3 Frankfurt → Mainz   Und wie komme ich _____ Frankfurt _____ Mainz?
4 Kantine → Vertrieb   Wir gehen am besten _____ Kantine gleich _____ Vertrieb.
5 hier oben → Kantine   Sie brauchen _____ hier oben _____ Kantine ungefähr fünf Minuten.
6 Vertrieb → Auskunft   _____ Vertrieb gehe ich _____ Auskunft.
7 Firma Physmat → Basel   Herr Wegener braucht _____ Firma Physmat _____ Basel zwei Stunden.
8 Haltestelle → Messe   _____ Haltestelle _____ Messe sind es zehn Minuten zu Fuß.

2 Morgen haben Sie ein großes Programm. Ergänzen Sie die Präpositionen.

8.30 Uhr	Konstruktion	Um 8.30 Uhr Gespräch *in der Konstruktion*
10.00 Uhr	Raum 16	Um 10.00 Uhr Besprechung _____
11.00 Uhr	Frau Kötter	Um 11.00 Uhr Termin _____
12.00 Uhr	Hotel Splendide	Um 12.00 Uhr Mittagessen _____
13.00 Uhr	Firma Physmat	Um 13 Uhr Firmenbesichtigung _____
15.00 Uhr	Konstruktion	Um 15.00 Uhr Besuch _____
15.30 Uhr	Vertrieb	Um 15.30 Uhr Gespräch _____
17.00 Uhr	Direktor	Um 17.00 Uhr Empfang _____
21.30 Uhr	Hannover	Um 21.30 Uhr Abfahrt _____

3 Von der Firma Physmat zur Stadtmitte sind es dreizehn Minuten zu Fuß. Schreiben Sie.

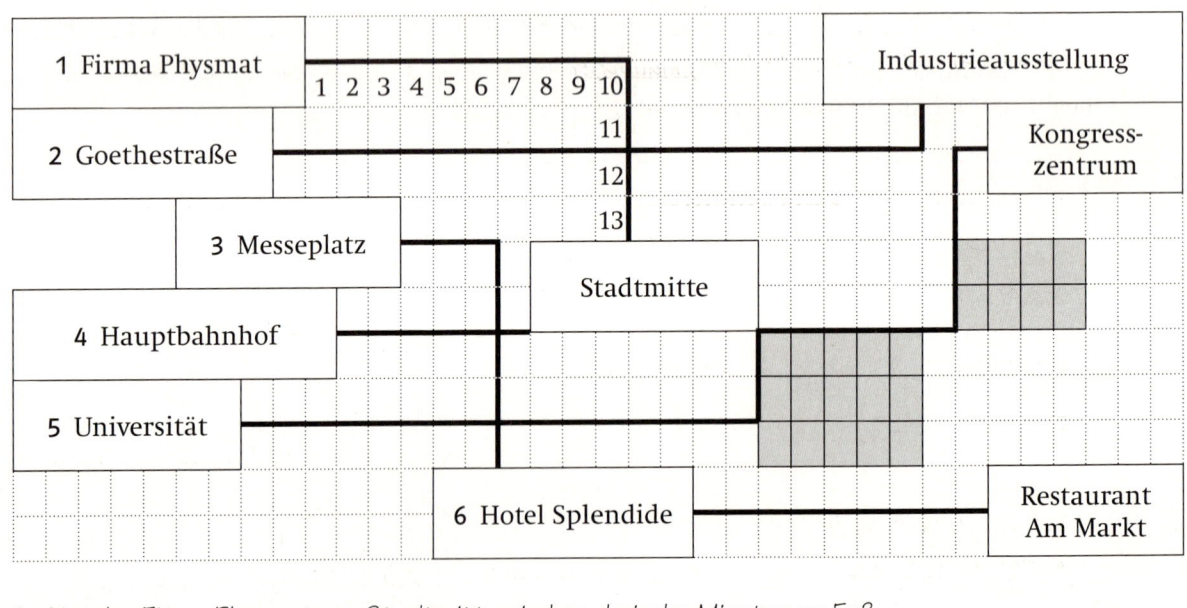

1 *Von der Firma Physmat zur Stadtmitte sind es dreizehn Minuten zu Fuß.*
2 _____
3 _____
4 _____
5 _____
6 _____

4 Sind die Verben trennbar oder nicht trennbar? Schreiben Sie.

	Verb		Vorsilbe	
1	Füllen	Sie bitte das Formular	aus	! (ausfüllen)
2	Beantworten	Sie bitte alle Fragen	_____	! (beantworten)
3	_____	Sie bitte am Bahnhof	_____	! (umsteigen)
4	_____	Sie bitte Herrn Bremer	_____	! (anrufen)
5	_____	Sie bitte das Programm	_____	! (erklären)
6	_____	Sie bitte Ihre Adresse ins Formular	_____	! (eintragen)
7	_____	Sie bitte das Datenblatt A	_____	! (benutzen)
8	_____	Sie bitte die Verben	_____	! (unterstreichen)

5 Wie komme ich von ... zu ...? Schreiben Sie.

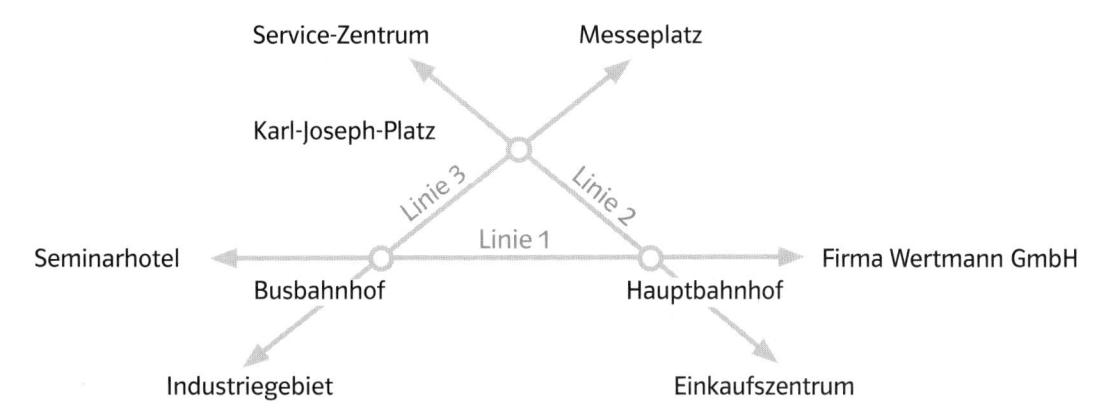

1 Wie komme ich vom Service-Zentrum zum Busbahnhof?
   Fahren Sie mit dem Bus, Linie 2, in Richtung Einkaufszentrum. Am Karl-Joseph-Platz steigen Sie in die Linie 3 um und fahren in Richtung Industriegebiet. Am Busbahnhof steigen Sie aus.

2 Wie komme ich vom Industriegebiet zum Hauptbahnhof?
   _____
   _____

3 Wie komme ich von der Firma Wertmann GmbH zum Messeplatz?
   _____
   _____

4 Wie komme ich vom Messeplatz zum Seminarhotel?
   _____
   _____

6 Wo wohnt ...? Schreiben Sie.

1 Anita Nahl wohnt im *ersten Stock links.*
2 Familie Fischer wohnt im _____.
3 Michael Horch wohnt im _____.
4 Doris Lipp wohnt im _____.
5 Professor Albers wohnt im _____.
6 Peter Miel wohnt im _____.
7 Eva und Friedrich Kuhn wohnen im _____.

KAPITEL 5 | Im Büro und unterwegs

Und was machen wir mit ...?

A **1 Was sieht man auf dem Bild. Was ist richtig [r]? Was ist falsch [f]?**

1 vier Aktenordner _____ [f]
2 einen Laptop _____ ☐
3 eine Tasche _____ ☐
4 drei Basketballschuhe _____ ☐
5 eine Tasse _____ ☐
6 einen Scanner _____ ☐
7 eine Uhr _____ ☐
8 Notizzettel _____ ☐
9 ein Papierkorb _____ ☐
10 zwei Bürostühle _____ ☐
11 ein Bild _____ ☐
12 ein Regal _____ ☐

B1 **2 Wo ist was? Schreiben Sie.**

1 Die Schreibtischlampe					unter		Ordnern.
2 Der Terminkalender	steht	in		rechts	über	dem	Uhr.
3 Das Bild	stehen	auf	dem Boden	links	vor	der	Papierkorb.
4 Die Tasche	liegt	an	dem Schreibtisch	in der Mitte	hinter	den	Laptop.
5 Die Aktenordner	hängt	über	dem Regal		neben		Schreibtisch.
6 Der Bürostuhl	hängen	unter			zwischen		Ordnern und
7 Der Prospekt							der Tasse.
8 Die Notizzettel							
9 Die Baskettballschuhe							

1 *Die Schreibtischlampe steht auf dem Schreibtisch rechts hinter dem Laptop.*
2 _____
3 _____
4 _____
5 _____
6 _____
7 _____
8 _____
9 _____

B3 **3 Machen Sie Ordnung. Schreiben Sie.**

1 der Notizzettel: Laptop → Pinnwand
  ▶ *Der Notizzettel liegt auf dem Laptop.*
  ▶ *Hängen Sie ihn bitte an die Pinnwand!*

2 der Regenschirm: Fenster → Garderobe
  ▶ _____
  ▶ _____

3 die Basketballschuhe: Boden → Schrank
  ▶ _____
  ▶ _____

4 Terminkalender: Stuhl → Schreibtisch
  ▶ _____
  ▶ _____

5 Tassen: Tisch → Regal
  ▶ _____
  ▶ _____

4 Was kommt wohin? Schreiben Sie.

| Garderobe | Regal | ~~Tisch~~ | Aktenordner | Wand | blaue Tonne | Schrank | Ecke |

1 Das Telefon kommt _auf den Tisch_.
2 Das Bild kommt _____.
3 Die Bücher kommen _____.
4 Der Mantel kommt _____.
5 Das Altpapier kommt _____.
6 Der Papierkorb kommt _____.
7 Der Anzug kommt _____.
8 Der Brief kommt _____.

5 Was ist wo auf dem Schreibtisch?

1 Was steht vor dem Schreibtisch? — _ein Stuhl_
2 Was steht auf dem Boden rechts neben dem Schreibtisch? — _____
3 Was steht auf dem Boden unter dem Schreibtisch? — _____
4 Was hängt an der Wand hinter dem Schreibtisch? — _____
5 Was steht auf dem Schreibtisch links neben dem Bildschirm? — _____
6 Was liegt auf dem Schreibtisch zwischen dem Bildschirm und dem Telefon? — _____
7 Was liegt auf dem Schreibtisch ganz vorne rechts? — _____
8 Was steht auf dem Schreibtisch hinten in der Mitte hinter dem Bildschirm? — _____

6 Ergänzen Sie.

| am | am | am | ~~auf der~~ | auf der | auf die | bei | bei der | bei der | im |
| im | im | in den | in der | in der | in der | in die | in die | ins | zum |

1 Frau Postleitner steht nicht _auf der_ Teilnehmerliste. Frau Nowak steht _____ Liste. Aber sie kommt nicht. Die Dame _____ Empfang schreibt Frau Postleiter _____ Liste.

2 Herr Mitsakis arbeitet _____ Firma HPM. Um 13 Uhr trifft er Frau Schröder _____ Restaurant. Frau Schröder und er haben am Nachmittag einen Termin _____ HPM, _____ Konstruktion.

3 Herr Waldner steigt _____ Beethovenstraße _____ U-Bahn ein und fährt _____ Flughafen. Er trifft Frau Gumpert _____ Flughafen. Frau Gumpert möchte _____ Automaten einen Kaffee trinken. Aber es ist schon zu spät.

4 Herr Leinemann geht mit Frau Carlson _____ Besprechungszimmer. Dann machen sie eine kurze Betriebsbesichtigung. Zuerst gehen sie _____ Konstruktionsabteilung. Frau Carlson macht _____ Konstruktionsabteilung vom 23. bis 27. Juni ein Praktikum.

5 Ich lerne schon drei Wochen Deutsch, ich gehe jeden Tag _____ Deutschkurs. Am Vormittag arbeite ich hier _____ Büro. Am Nachmittag bin ich _____ Sprachkurs.

KAPITEL 5 | Im Büro und unterwegs

Unterwegs zur Firma Rohla

1 Herr Ortman auf dem Weg zu seinem Termin bei der Firma FinTecno

Herr Ortman ist auf dem Weg zur Firma FinTecno. Vor ihm fährt ein Bus. Es ist schon etwas spät. Vor der Ringallee biegt Herr Ortman rechts und dann sofort links ab. Die Kölner Straße ist aber leider gesperrt. Er fährt in Richtung Messe bis zur Kaiserstraße weiter. Da gibt es einen kleinen Stau. Also biegt er rechts ab. Dann fährt er links in Richtung Industrie-Park und kommt noch pünktlich zu seinem Termin bei FinTecno.

1 Wohin möchte Herr Ortman?
 Herr Ortman möchte zur Firma FinTecno.
2 In welche Richtung biegt er vor der Ringallee ab?
 _____
3 Warum fährt er nicht durch die Kölner Straße?
 _____
4 Warum bleibt er nicht auf der Kaiserstraße?
 _____
5 Wie viele Minuten kommt Herr Ortmann zu spät?
 _____

2 Ergänzen Sie.

| abgebogen | abgebogen | gefahren | gegeben | gekommen |
| | genommen | gesperrt | ~~hatte~~ | |

Herr Molnar _hatte_ um 8.15 Uhr einen Termin mit Frau Delio. Aber die Kanalstraße war heute Morgen _____ und auf der Siemensallee hat es einen Stau _gegeben_. Nach dem Hauptbahnhof ist er links _abgebogen_. Dann ist er zum Hotel Karat _gekommen_. Dann ist er in Richtung Stadtmitte _gefahren_. Nach der Messe ist er in die erste Straße rechts _abgebogen_ und schließlich hat er die zweite Straße rechts _____.

3 Was hat Silvia gemacht? Schreiben Sie.

1 den Bus nehmen – zu Fuß gehen — _Hat Sylvia den Bus genommen oder ist sie zu Fuß gegangen?_
2 die Prospekte korrigieren – nach Hause gehen — _Hat Sylvia_
3 am Wochenende arbeiten – in Urlaub fahren
4 „ja" sagen – „nein" sagen
5 rechts abbiegen – geradeaus fahren — _abgebogen_
6 Peter besuchen – ins Kino gehen
7 aussteigen – weiterfahren
8 anrufen – eine Mail schreiben
9 bleiben – abreisen
10 zum Seminar kommen – fehlen

4 Ergänzen Sie die Präpositionen.

Herr Molnar hat um 8.15 Uhr einen Termin mit Frau Delio. Herr Molnar geht _ins_ Besprechungszimmer. Aber Frau Delio ist nicht da. Vor wenigen Minuten ist sie _____ den Vertrieb _____ Herrn Berger gegangen. Aber _____ Vertrieb ist sie nicht mehr. Sie ist _____ Labor gegangen. Herr Koriander hat sie _____ Labor gesehen. _____ Labor ist sie _____ die EDV gegangen und dann _____ die Auftragsabwicklung. Aber _____ der Auftragsabwicklung war sie nicht lange. Herr Bilewski sagt, sie ist _____ der Kantine _____ Rezeption gegangen. Frau Delio war auch _____ der Rezeption. Aber von dort ist sie _____ das Besprechungszimmer 3 B gegangen. Dort hat sie einen Termin mit Herrn Molnar.

Im Büro und unterwegs | KAPITEL 5

5 Kurze Antworten auf kurze Fragen. Ergänzen Sie.

Wo?				Woher?			Wohin?		
bei	am im in	an der im in der		aus dem vom von	aus dem vom von	von von zu	in den nach zu	in die nach zur	ins nach
	in	zu							

	Wo?		Woher?		Wohin?
1	in	Köln	von	Hamburg	nach	Zürich
2	___	Kino	___	Büro	___	Hotel
3	___	Herrn Weber	___	Herrn Lado	___	Frau Kallmann
4	___	Garderobe	___	Stuhl	___	Schrank
5	___	Mitte	___	hinten	___	vorn
6	___	Bahnhof	___	Flughafen	___	Messe
7	___	dritten Stock	___	Labor	___	Kantine
8	___	Hause	___	Hause	___	Hause

6 Was macht Irina? Was hat Irina gemacht? Schreiben Sie.

1 Am Marktplatz in die Linie 3 einsteigen
2 Bis zur Sandstraße fahren
3 Dort aussteigen
4 Zehn Minuten warten
5 Den Bus, Linie 17, nehmen
6 In Richtung Kliniken fahren

a) Schreiben Sie Sätze im Imperativ.

1 *Irina, steig bitte am Marktplatz in die Linie 3 ein.*
2 *Fahre* _____
3 _____
4 _____
5 _____
6 _____

b) Schreiben Sie Sätze als Reihenfolge.

1 *Irina, zuerst steigst du am Marktplatz in die Linie 3 ein.*
2 *Dann* _____
3 _____
4 _____
5 _____
6 _____

c) Schreiben Sie Fragen im Perfekt.

1 *Irina, bist du am Marktplatz in die Linie 3 eingestiegen?*
2 *Bist* _____
3 _____
4 _____
5 _____
6 _____

dreiundsechzig | 63

KAPITEL 5 | Im Büro und unterwegs

Vor der Messe

1 Was wollen die Leute? Bis wann müssen sie warten? Wann können sie ...?

a) Schreiben Sie die Dialoge im Präsens.

1 **Dr. med. A. Berger Mo-Fr 10-12 Uhr**
▶ Ich möchte zu Herrn Dr. Berger.
▶ Ah, Sie wollen zu Herrn Dr. Berger. Da müssen Sie bis zehn Uhr warten. Um zehn Uhr können Sie zu Herrn Dr. Berger.

2 **Zug nach München Abfahrt: 11.45**
▶ _____
▶ Ah, du willst nach München fahren. Da _____

3 **Peter Reisert um 9.15 Uhr zurück**
▶ _____
▶ Ah, ihr wollt Herrn Reisert sprechen. Da _____

4 **Zimmer ab 14.00 Uhr frei**
▶ _____
▶ Um 14 Uhr kann Frau Postleitner in ihr Zimmer.

b) Schreiben Sie die Sätze im Präteritum.

1 **Dr. med. A. Berger Mo-Fr 10-12 Uhr**
Ich wollte zu Herrn Dr. Berger. Aber ich musste bis zehn Uhr warten.
Ich konnte erst um zehn Uhr zu Herrn Dr. Berger.

2 **Zug nach München Abfahrt: 11.45**
Ich _____

3 **Peter Reisert: um 9.15 Uhr zurück**
Wir _____

4 **Zimmer ab 14.00 Uhr frei**
Frau Postleitner _____

2 Vera wollte zu Fuß nach Hause gehen. Aber ... Denn ... Also ... Schreiben Sie.

1 Vera: vom Bahnhof nach Hause gehen – zwei schwere Koffer – Taxi nehmen
Vera wollte vom Bahnhof zu Fuß nach Hause gehen.
Sie konnte aber nicht vom Bahnhof zu Fuß nach Hause gehen.
Denn sie hatte zwei schwere Koffer. Sie musste also ein Taxi nehmen.

2 Wir: durch die Kaiserstraße fahren – gesperrt – die Ringstraße nehmen
_____

3 Ich: einen Computer kaufen – nicht genug Geld – mit dem Kauf warten
_____

4 die Mitarbeiter: den Beamer benutzen – Beamer nicht frei – ohne Beamer vortragen
_____

Im Büro und unterwegs | **KAPITEL 5**

3 Was passt zusammen? Ordnen Sie zu.

a) Der Tisch

1 Auf dem Tisch — sitzt — eine Lampe.
2 An dem Tisch — steht — ein Zettel.
3 Unter dem Tisch — liegt — eine Dame.
4 Über dem Tisch — hängt — ein anderer Tisch.
5 Neben dem Tisch — ist — Unordnung.

b) Das Regal

1 Neben dem Regal — steht — ein Papierkorb.
2 Vor dem Regal — liegt — Peter.
3 Unter dem Regal — ist — Büromaterial.
4 Am Regal — hängt — ein Tisch.
5 Auf dem Regal — sitzt — ein Zettel.

4 Wie ist es richtig und in Ordnung?

a) Was passt? Ordnen Sie zu.

1 Die Notizzettel — hängt — auf dem Schreibtisch.
2 Der Übersichtsplan — hängen — im Regal.
3 Das Telefon — liegt — an der Pinnwand.
4 Die Jacken — liegen — in der Schublade.
5 Die Diskette — steht — neben dem Telefonbuch.
6 Die Aktenordner — stehen — an der Garderobe.

b) So muss es sein. Schreiben Sie.

Was?	muss/müssen	Wo?	Infinitiv
1 Die Notizzettel	müssen	neben dem Telefon	liegen.
2			
3			
4			
5			
6			

c) Aber so ist es nicht. Fragen Sie: *Hast du ...?*

Der Übersichtsplan liegt auf dem Boden. Das Telefon steht in der Ecke. Die Jacken hängen an den Stühlen. Die Notizzettel liegen in der Schublade. Die Diskette liegt unter dem Telefonbuch. Die Aktenordner stehen auf dem Schreibtisch.
Eine Kollegin fragt Sie: Hast du das gemacht? Hast du ...?

haben	Wer?	Was wohin?	Partizip Perfekt
1 Hast	du	den Übersichtsplan auf den Boden	gelegt?
2			
3			
4			
5			
6			

d) Aber sie haben Ordnung gemacht. Berichten Sie!

Was?	haben	Wer wohin?	Partizip Perfekt
1 Den Übersichtsplan	habe	ich an die Pinnwand	gehängt.
2			
3			
4			
5			
6			

WORTSCHATZARBEIT

Wortschatz ordnen

Wenn Sie Wortschatz lernen wollen, hilft es, ihn nach Oberbegriffen zu ordnen. Überlegen Sie immer, zu welchem Oberbegriff ein Wort passt und ergänzen Sie die Liste.

1 Wörtern Oberbegriffe zuordnen

a) Welches Wort ist der Oberbegriff? Welches Wort passt nicht?

1 der Pförtner der Beruf
   die Hotelkauffrau
   der Tourist
   der Informatiker
   die Maschinenbau-
   ingenieurin

   Oberbegriff: _der Beruf_
   Passt nicht: _der Tourist_

6 die Ecke
   der erste Stock
   die Besprechung
   der Bahnhof
   der Ort   die Straße

   Oberbegriff: _____
   Passt nicht: _____

2 das Kopierpapier
   die E-Mail
   das Büromaterial
   das Papier
   die Druckerpatrone
   der Aktenordner

   Oberbegriff: _____
   Passt nicht: _____

7 das Hotel   der Bahnhof
   die Stadthalle
   das Gebäude
   die Haltestelle
   der Supermarkt

   Oberbegriff: _____
   Passt nicht: _____

3 das Sekretariat
   der Arbeitsraum
   das Büro   das Labor
   das Besprechungszimmer
   der Parkplatz

   Oberbegriff: _____
   Passt nicht: _____

8 die Milch
   das Müsli   der Kaffee
   das Mineralwasser
   der Apfelsaft
   das Getränk

   Oberbegriff: _____
   Passt nicht: _____

4 das Hemd
   der Koffer   der Rock
   das Kleidungsstück
   die Hose   der Anzug

   Oberbegriff: _____
   Passt nicht: _____

9 die Möbel   der Stuhl
   das Regal
   der Aktenschrank
   der Tisch   der Papierkorb

   Oberbegriff: _____
   Passt nicht: _____

5 das Brot   der Apfel
   das Obst   die Banane
   die Trauben   der Apfel
   die Orange

   Oberbegriff: _____
   Passt nicht: _____

10 der Laptop   die Tür
   der Projektor
   die Digitalkamera
   der Drucker   das Gerät

   Oberbegriff: _____
   Passt nicht: _____

b) Ordnen Sie die Wörter den Oberbegriffen zu.

der Abend   der Juli   erklären   die Adresse   der Mai   eintragen   der Brief
der Name   telefonieren   ausfüllen   der Morgen   der Lexikonartikel
der Dezember   die Nacht   der Prospekt   vortragen   der Termin   abschreiben
der Nachmittag   die Zahl   der Oktober   die E-Mail   notieren   erzählen

Monat	Tageszeit	Daten	Text	schreiben	sprechen
	der Abend				

Textarbeit

Text ↔ Übersicht/Tabelle/Grafik

1 Textformen: Volltext oder Übersicht

Informationen bekommt man manchmal in Form von Texten, manchmal in Form von Übersichten/Tabellen/Grafiken. Beide Darstellungsweisen haben Vorteile und Nachteile:

	Vorteile	Nachteile
Text	• Man kann den Text mehrmals lesen und kann sich Zeit nehmen. • Die Darstellungsmethode ist einfach.	• Wichtige und unwichtige Informationen kommen vor. • Das Lesen kostet oft viel Zeit.
Tabelle/ Übersicht/ Grafik	• Es kommen nur wichtige Wörter (Stichwörter) vor. • Es kommen auch nicht-sprachliche (grafische, symbolische) Zeichen vor. • Das Lesen kostet wenig Zeit.	• Man muss alle Stichwörter verstehen. • Man muss die Darstellung durchschauen. • Wenn man über die Informationen sprechen will, muss man ganze Sätze bilden. Das ist oft schwer.

a) Vergleichen Sie den Volltext mit der tabellarischen Übersicht.

Text	Übersicht/Grafik/Tabelle
Kate Carlson ist schon drei Wochen im Deutschkurs. Vormittags arbeitet sie im Büro. Am Nachmittag ist sie im Deutschkurs. Das ist anstrengend für sie, aber es ist auch interessant. Die Kollegen sind alle nett. Sie sprechen gut Englisch. Aber sie sagen nicht *du*. Sie benutzen immer die Familiennamen. Kate schreibt Christian eine E-Mail: Sie möchte morgen mit ihm in einem Restaurant zu Abend essen. Die Frage ist: Hat Christian Zeit?	Kate Carlson: Deutschkurs: → heute: 3 Wochen Am Vormittag: Büro Am Nachmittag: Deutschkurs Das ist: anstrengend, aber interessant Kollegen: nett, sprechen gut Englisch sagen Familiennamen, nicht *du* Mail an Christian: Morgen zusammen im Restaurant Abend essen?

b) Beim Lesen kann es manchmal helfen, die Informationen aus einem Text in einer Übersicht zu ordnen. Schreiben Sie eine Übersicht.

> Am Wochenende besucht Familie Krüger die Touristik-Messe. Am Vormittag geht Herr Krüger zu einem Vortrag über China, er muss in zwei Wochen nach Peking. Frau Krüger fragt nach Städtereisen in Europa mit Theater- und Ausstellungsbesuchen. Claudia hat im Moment das Thema Australien in der Schule und besucht eine Ausstellung über Australien. Am Nachmittag besucht Familie Krüger die Amerika-Halle, denn sie möchte eine große Reise durch die USA machen.

Wer?	Wann?	Wo?	Warum?
Familie Krüger	*am Wochenende*	*Touristik-Messe*	–
	am Nachmittag		
Herr Krüger			
Frau Krüger			
Claudia			

c) Manchmal hilft es, zuerst eine Übersicht mit Stichwörtern zu schreiben und erst dann den Text. Schreiben Sie anhand der Stichwörter einen Brief an Frau Weis.

Brief
An wen: Frau Weis, Vertriebsleiterin bei Tecnet
Warum: Besuch bei der Firma Tecnet
Wann: Montag, 2. Mai, von 10–16 Uhr
Bitte: Besprechung vom neuen Computerprogramm
Terminvorschlag: um 15 Uhr, bei Frau Weis

6.04.20..

Sehr geehrte Frau Weis,

KAPITEL 6

NAMEN, ZAHLEN, DATEN, FAKTEN

Das Mercedes-Benz-Kundencenter Bremen

1 Das Dorint Hotel *An den Thermen* in Freiburg

DORINT HOTEL
An den Thermen · Freiburg

An den Heilquellen 8
79111 Freiburg-Süd

Tel.: +49 (0) 761 - 49080
Fax.: +49 (0) 761 - 4908100

Entfernung zum Flughafen Basel: 65 km
ca. Zeit per Taxi: 45 Min
ca. Kosten per Taxi: 75,– EUR
ca. Zeit per Zug: 120 Min
Entfernung zur Stadtmitte: 6 km
Entfernung zur Messe: 5 km

Basel, EuroAirport Freiburg (Brsg) Hbf	ab 10:47 an 11:54	1.07	BUS, ICE
Basel, EuroAirport, Freiburg (Brsg) Hbf	ab 11:30 an 12:25	0.55	BUS, ICE
Basel, EuroAirport Freiburg (Brsg) Hbf	ab 11:47 an 12:54	1.07	BUS, ICE

a) Antworten Sie.

1 Postleitzahl? _79111_
2 Vorwahl? _____
3 Faxnummer? _____
4 Straße, Hausnummer? _____
5 Entfernung zur Stadtmitte? _____
6 Entfernung zum Fughafen Basel? _____
7 Entfernung zur Messe? _____
8 Autobahnausfahrt? _____
9 Taxikosten Basel – Dorint Hotel? _____
10 Fahrtdauer vom Dorint Hotel nach Basel mit dem Taxi? _____
11 Die Angabe *Zeit per Zug: 120 Min.* ist falsch. Wie muss es richtig heißen? _____
12 Liegt das Dorint Hotel in Fahrtrichtung Basel-Karlsruhe rechts oder links von der Autobahn? _____

b) Ergänzen Sie.

| in | in | mit | ~~vom~~ | von | von | zum |

Die Fahrt _vom_ Dorint Hotel _____ Flughafen Basel _____ dem Taxi dauert 45 Minuten.
Das Dorint Hotel liegt _____ Fahrtrichtung Karlsruhe-Basel links _____ der Autobahn _____ der Straße „An den Heilquellen" nicht weit _____ der Messe.

2 Ergänzen Sie.

| mit dem/der ... fahren | den/das/die ... nehmen |
| mit einem/einer ... fahren | einen/ein/eine ... nehmen |

1 _mit dem_ Fahrrad fahren   4 _____ Straßenbahn nehmen   7 _____ Bus fahren
2 _das_ Auto nehmen   5 _____ Regionalbahn fahren   8 _____ ICE nehmen
3 _____ Taxi nehmen   6 _____ Flugzeug nehmen   9 _____ U-Bahn fahren

Namen, Zahlen, Daten, Fakten | **KAPITEL 6**

3 Wie heißt das Gegenteil? Ordnen Sie zu.

1 selten — d) oft
2 genau — f) ungefähr
3 hier — e) dort
4 spät — g) früh
5 alles — a) nichts
6 hin — c) zurück
7 schnell — b) langsam

4 Ich nehme lieber … Schreiben Sie.

1 ▸ *Fahren Sie doch mit dem Bus!*
  ▸ *Ach nein, ich nehme lieber ein Taxi.*

2 ▸ _____
  ▸ _____

3 ▸ _____
  ▸ _____

4 ▸ _____
  ▸ _____

5 ▸ _____
  ▸ _____

6 ▸ _____
  ▸ _____

5 Zum Mercedes-Benz Kundencenter Bremen

> So kommen Sie zum Kundenzentrum:
> Am Bremer Kreuz nehmen Sie die A 27 in Richtung Bremerhaven.
> Die A 27 verlassen Sie an der Ausfahrt Sebaldsbrück.
> Auf der Osterholzer Heerstraße fahren Sie in Richtung Zentrum.
> Nach circa 3,5 Kilometern biegen Sie rechts in die Herrmann-Koenen-Straße ein.

a) Schreiben Sie die Sätze mit *müssen*.

1 Am Bremer Kreuz | *müssen* | *Sie die A 27 in Richtung Bremerhaven* | *nehmen.*
2 Die A 27 | _____ | _____ | _____ .
3 Auf der Osterholzer Heerstraße | _____ | _____ | _____ .
4 Nach circa 3,5 Kilometern | _____ | _____ | _____ .

b) So hat es Herr Milewski gemacht. Schreiben Sie die Sätze im Perfekt.

1 *Am Bremer Kreuz* | *habe* | *ich die A 27 in Richtung Bremerhaven* | *genommen.*
2 _____ | _____ | _____ | _____
3 _____ | _____ | _____ | _____
4 _____ | _____ | _____ | _____

neunundsechzig | 69

KAPITEL 6 | Namen, Zahlen, Daten, Fakten

Chrono.data GmbH & Co. KG

A1 **1 Was ist was? Ordnen Sie zu und schreiben Sie.**

der Schreibtisch	der Versand	Warmgetränke
die Haltestelle	das Datenblatt	Verkehrsmittel
der Drucker	das Klebeband	Büromaterialien
die Tabelle	das Fahrrad	Büromöbel
der Kaffee	die Mitteilung	Betriebsbereiche
die Montage	der Parkplatz	Kleidungsstücke
der Aktenordner	der Tee	Arbeitsgeräte
die U-Bahn	der Mantel	Informationen
der Pullover	das Regal	Übersichten
die Telefonnotiz	der Computer	Verkehrseinrichtungen

(+ ... = ...)

1 *Der Schreibtisch und das Regal sind Büromöbel.*
2 ___
3 ___
4 ___
5 ___
6 ___
7 ___
8 ___
9 ___
10 ___

B4 **2 Schreiben Sie Sätze mit können, dürfen und müssen.**

1 von 12.00 bis 13.00 Uhr / zu Mittag / Sie / in der Kantine / essen / können

	Modalverb		Infinitiv
Von 12.00 bis 13.00 Uhr	können	Sie in der Kantine zu Mittag	essen.
Sie			.
Zu Mittag			.
In der Kantine			.

2 hier / das Handy / Du / nicht / leider / benutzen / dürfen

	Modalverb		Infinitiv
Hier			
Das Handy			
Du			
Leider			

3 in der Produktion / in der Regel / man / einen Arbeitsmantel / tragen / müssen

	Modalverb		Infinitiv
In der Regel			
Man			
Einen Arbeitsmantel			
In der Produktion			

Namen, Zahlen, Daten, Fakten | **KAPITEL 6**

3 Eine Betriebsführung. Was ist möglich, nötig, verboten?

Guten Tag, meine Damen und Herren, und herzlich willkommen. Sie sind hier bei der Firma Chrono.data. Haben Sie auf dem Besucherparkplatz Parkplätze gefunden? Ja? Das ist gut. Dann zeige ich Ihnen jetzt alles, aber bitte machen Sie hier keine Fotos. Und jetzt bekommen Sie Ihre Schutzbrillen. Das ist leider nötig. Und wie sehen Sie damit? Gut? Und Lesen geht auch? Prima! Tragen Sie bitte die Schutzbrille über Ihrer normalen Brille! Ja, natürlich, das ist nötig. Und bitte keine Handys mitnehmen. Sie wissen ja, unsere Elektronik. Wir fahren jetzt mit dem Aufzug in den siebten Stock. Pro Fahrt immer nur sechs Personen. Die anderen warten bitte einen Moment. Das geht schnell. Bitte sehr!

		Modalverb		Infinitiv
1	Auf dem Besucherparkplatz	können	die Leute	parken.
2	Die Leute	dürfen	hier keine Fotos	machen.
3	Leider	müssen	die Leute Schutzbrillen	tragen.
4	Die Leute	können	mit den Schutzbrillen gut	sehen.
5	Mit den Schutzbrillen	können	die Leute auch	lesen.
6	Die Leute	können	die Schutzbrille über ihrer normalen Brille	tragen.
7	Ihre Handys	dürfen	die Leute nicht	benutzen.
8	Im Aufzug	dürfen	immer nur sechs Personen	fahren.
9	Die anderen	müssen	einen Moment	warten.

4 Was muss man, kann man, darf man (nicht)? Schreiben Sie.

a) Bitte Besucherschein ausfüllen!
b) Firmenausweis an der Jacke tragen.
c) Rauchen verboten.
d) Parken nur auf den Besucherparkplätzen.

1 Eine Besucherin fragt Sie:
  a) Jetzt sofort?
  b) Auch in die Tasche tun?
  c) Im ganzen Werk nicht?
  d) Auf der Straße auch?

  a) Muss man den Besucherschein jetzt sofort ausfüllen?
  b) Kann man den Firmenausweis auch _____
  c) Darf man im _____
  d) Darf man auch auf _____

2 Sie antworten ihr:
  a) Ja, Sie müssen _____
  b) Nein, _____
  c) _____
  d) _____

3 Sie antworten einem Kollegen:
  a) Ja, du musst _____
  b) _____
  c) _____
  d) _____

4 Sie antworten zwei Kollegen:
  a) Ja, ihr müsst _____
  b) _____
  c) _____
  d) _____

5 Die beiden Kollegen wiederholen:
  a) Also, wir müssen _____
  b) _____
  c) _____
  d) _____

KAPITEL 6 | Namen, Zahlen, Daten, Fakten

Die Arbeitsorganisation in der Rückware

A1 **1** Der Urlaubsplan für das 1. Halbjahr. Wer hat wann Urlaub?

Mitarbeiter	Januar	Februar	März	April	Mai	Juni
Thea Rendle				7.–11.		
Amina Gök		15.–26.				
Mischa Kramnik						2.–13.
Rosa Ünsal			16.–27.			
Akile Morina					12.–30.	

1 Thea Rendle _hat in der Zeit vom siebten bis elften April Urlaub._
2 Amina Gök _____.
3 Mischa Kramnik _____.
4 Rosa Ünsal _____.
5 Akile Morina _____.

A1 **2** Wie viele Stunden hat das Team gearbeitet?

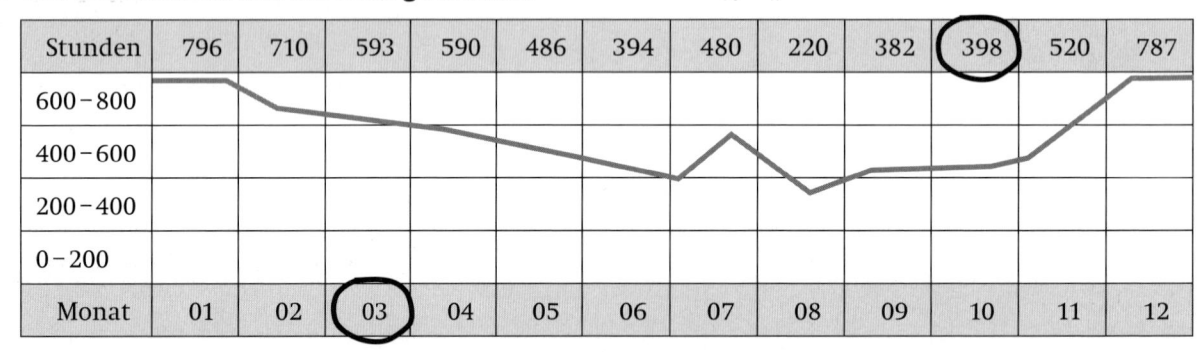

Stunden	796	710	593	590	486	394	480	220	382	(398)	520	787
600–800												
400–600												
200–400												
0–200												
Monat	01	02	(03)	04	05	06	07	08	09	10	11	12

1 (03) _Im März hat das Team fünfhundertdreiundneunzig Stunden gearbeitet._
2 (398) _Dreihundertachtundneunzig_ _____
3 (12) _____
4 (520) _____
5 (01) _____
6 (710) _____

B2 **3** Der Arbeitsplan. Wann machen wir was?

1
morgen = Do = 7.8.
5 P: P1–4 → morgen
P5 → übermorgen

Morgen ist Donnerstag, der siebte August. Wir haben fünf Paletten Rückware. Die Paletten eins bis vier können wir morgen machen. Aber Palette fünf müssen wir übermorgen machen.

2
morgen = Mo = 4.3.
12 P: P1–4, P10–12 → übermorgen
P5–9 → morgen

3
morgen = Freitag = 14.9.
6 P: P2, P4, P6 → morgen
P1, P3 → am Montag
P5 → am Dienstag

Namen, Zahlen, Daten, Fakten | **KAPITEL 6**

4 Das ist verboten. Das dürfen oder müssen Sie tun.

1 Herr Fiebich hat sein Auto auf den Mitarbeiterparkplatz gestellt. (nur auf dem Besucherparkplatz parken)
   Sie dürfen Ihr Auto nicht auf den Mitarbeiterparkplatz stellen. Sie dürfen nur auf dem Besucherparkplatz parken.

2 Petra hat im Labor geraucht. (nur in der Kantine rauchen)
   Du

3 Frau Pahr hat alleine einen Auftrag geschrieben. (vorher mit dem Chef sprechen)

4 Tom und Mischa sind zu spät aus der Mittagspause gekommen. (pünktlich kommen)

5 Herr Koller ist um 15 Uhr nach Hause gegangen. (erst um 16 Uhr nach Hause gehen)

6 Frau Nagel hat in der Produktionshalle fotografiert. (nur im Empfangsbereich fotografieren)

5 Die Arbeitswoche vom 12. bis 16. September. Wer kann was wann machen?

Aufgaben	Robert Fiebich	Doris Bernried	Hella Klein	Tom Moriner
am Messestand Besucher beraten	Mo, 12. + Di, 13.09.		Do, 15.09.	
Vertriebsdaten eingeben		Mi, 14.09.	Fr, 16.09.	
Kundenbesuche machen		Mo, 12.09.		Mo, 12.–Mi, 14.09.
am neuen Prospekt arbeiten	Do, 15. + Fr, 16.09.		Di, 13. + Mi, 14.09.	Fr, 16.09.
Urlaub		Do, 15. + Fr, 16.09.		

1 ▸ Herr Fiebich, können Sie bitte am Dienstag die Vertriebsdaten eingeben?
   ▸ *Am Dienstag kann ich die Vertriebsdaten leider nicht eingeben. Da muss ich am Messestand Besucher beraten. Aber ich kann die Vertriebsdaten am Mittwoch eingeben.*

2 ▸ Frau Bernried, können Sie bitte am Donnerstag am neuen Prospekt arbeiten?
   ▸ *Am Donnerstag*

3 ▸ Frau Klein, können Sie bitte am Dienstag Kundenbesuche machen?
   ▸

4 ▸ Herr Moriner, können Sie bitte am Montag am Messestand Besucher beraten?
   ▸

KAPITEL 6 | Namen, Zahlen, Daten, Fakten

Drucker und Regale

1 Wie muss der neue Drucker sein? Wie darf der neue Drucker nicht sein?

▸ Gestern hatte ich zweimal Papierstau. Mal geht der Drucker, mal geht er nicht. Man weiß das nie.
▸ Ja, aber er ist schön leicht. Man kann ihn gut mitnehmen. Das ist praktisch.
▸ Wir haben ihn aber schon drei oder vier Jahre. Und die Druckerpatronen sind viel zu teuer.
▸ Gut, aber der neue muss so leicht sein wie der alte. Und so klein. Aber er darf nicht so langsam sein wie der alte. Und zuverlässig muss er sein.

1 Der alte Drucker ist unzuverlässig.
   Der neue Drucker muss zuverlässig sein. Er darf nicht unzuverlässig sein.

2 Der alte Drucker ist leicht.
   Der neue Drucker muss auch

3 Der alte Drucker ist praktisch.

4 Die Druckerpatronen für den alten Drucker sind teuer.

5 Der alte Drucker ist langsam.

6 Der alte Drucker ist klein.

2 Was ist richtig [r]? Was ist falsch [f]?

Papier, DIN A4				
Bestellnummer	**Papierstärke**	**Blatt/Papier**	**EUR/Pack ab 1 Pack**	**EUR/Pack ab 10 Pack**
55 7084-17	80 g/qm	500	6,99	5,99
55 7092-17	90 g/qm	500	8,59	7,59
55 7100-17	100 g/qm	500	8,99	7,99
55 7118-17	120 g/qm	250	5,99	4,99
55 7126-17	160 g/qm	250	8,99	7,99

1 Ein Blatt Papier aus 10 Pack ist billiger als ein Blatt Papier aus 1 Pack. ___ [r]
2 Papiere mit einem Gewicht von mehr als 100 g/qm gibt es nur im Pack zu 250 Blatt. ___ [ ]
3 1000 Blatt Papier mit der Bestellnummer 55 7084-17 kosten weniger als 500 Blatt Papier mit der Bestellnummer 55 7118-17. ___ [ ]
4 9 Pack sind immer teurer als zehn Pack. ___ [ ]
5 Das Papier mit der Bestellnummer 55 7100-17 ist leichter als das Papier mit der Bestellnummer 55 7118-17. ___ [ ]
6 1 Pack mit einem Gewicht von 160 g/qm ist teurer als 1 Pack mit einem Gewicht von 120 g/qm. ___ [ ]
7 Ab 10 Pack kostet ein Pack einen Euro weniger. ___ [ ]
8 Das Papier mit der Bestellnummer 55 7092-17 ist billiger als das Papier mit der Bestellnummer 55 7118-17. ___ [ ]
9 90g-Papier ist teurer als 100g-Papier. ___ [ ]
10 Es gibt fünf Papiergewichte. ___ [ ]
11 Das Papier mit der Bestell-Nummer 55 7084-17 ist halb so schwer wie das Papier mit der Bestellnummer 55 7126-17. ___ [ ]
12 Das Papier mit der Bestell-Nummer 55 7084-17 kostet weniger als halb so viel wie das Papier mit der Bestellnummer 55 7126-17. ___ [ ]
13 Acht Pack von allen Papieren sind billiger als zehn Pack. ___ [ ]
14 Das 160 g-Papier kostet genauso viel wie das 100 g-Papier. ___ [ ]

3 Eine Angabe passt nicht. Markieren Sie.

1 Gewichtsangabe: 25 kg – leicht – 120 Gramm – (viele)
2 Längenangabe: weit – hoch – 25 cm – 3 Meter
3 Zeitdauerangabe: 8 Uhr – von 8 bis 11 – den ganzen Tag – ein paar Stunden
4 Mengenangabe: viel – 10 Stück – groß – 4 Flaschen
5 Terminangabe: um 10.00 – spät – in 3 Stunden – morgen um 13 Uhr
6 Preisangabe: 9,95 € – teuer – 120,00 $ – gut
7 Geschwindigkeitsangabe: 40 km – 10 Blatt/Min. – 80 km/h – langsam
8 Richtungsangabe: in die Poststraße – geradeaus – am Bahnhof – nach oben
9 Altersangabe: neu – erst 10 Jahre – noch 10 Jahre – 4 Monate
10 Größenangabe: klein – 7 x 8 x 16 cm – so groß wie ich – schwer
11 Ortsangabe: hier – nach Berlin – in der Kantine – bei Peter
12 Angabe zur Person: nett – viel Arbeit – Martin – Italiener

4 Peter und Susanne, Britta und Gaby: alt – jung, groß – klein, dick – schlank.

1 Peter ist _älter, größer und dicker als Susanne._
2 Susanne ist _jünger,_____.
3 Peter ist nicht so _____.
4 Susanne ist _älter und_ _____.
5 Britta ist genauso _____.
6 Gaby und Britta sind gleich _____.

5 Berlin, Köln, Leipzig, Hamburg. Wie weit ist es?

Berlin – Hamburg	291 km
Berlin – Köln	575 km
Berlin – Leipzig	189 km
Hamburg – Köln	430 km
Hamburg – Leipzig	430 km
Köln – Leipzig	493 km
Berlin – Hamburg	291 km

1 Von Berlin nach Hamburg _ist es nicht so weit wie von Berlin nach Köln._
2 Von Berlin nach Köln _ist es weiter als von Berlin nach Leipzig._
3 Von Berlin nach Leipzig _____.
4 Von Hamburg nach Köln _____.
5 Von Hamburg nach Leipzig _____.
6 Von Köln nach Leipzig _____.

6 *sehr*, *so* oder *zu*? Ergänzen Sie.

1 Sie kommen leider _zu_____ spät.
2 Das ist _____ nett von Ihnen.
3 Was, 11 Uhr! Ist es schon _____ spät?
4 Ihr Plan ist _____ schlecht.
5 Was? Den finden Sie schlecht? _____ schlecht ist der gar nicht.
6 Den Anzug nehme ich nicht. Er ist _____ groß.
7 Der Anzug ist _____ teuer. Aber ich nehme ihn.
8 Der blaue Anzug ist nicht _____ teuer wie der schwarze.
9 Das dauert alles viel _____ lange.
10 Das ist aber _____ unfreundlich von ihm.

Kapitel 6 | Namen, Zahlen, Daten, Fakten

Was für ein Typ bin ich?

1 Wie heißt das passende Adjektiv?

1 die Ordnung — ordentlich
2 die Exklusivität — _____
3 die Wichtigkeit — _____
4 die Flexibilität — _____
5 die Gleichheit — _____
6 die Wirtschaftlichkeit — _____
7 die Hilfsbereitschaft — _____
8 die Bequemlichkeit — _____
9 die Möglichkeit — _____
10 die Schönheit — _____
11 die Genauigkeit — _____
12 die Pünktlichkeit — _____
13 die Zuverlässigkeit — _____
14 die Vorsicht — _____
15 die Kälte — _____
16 die Gemütlichkeit — _____
17 die Sparsamkeit — _____
18 die Klarheit — _____
19 die Freundlichkeit — _____
20 die Perfektion — _____

2 Ihre neue Planung ist wirklich gut. Schreiben Sie.

1 Die neue Planung
   Ihre neue Planung ist wirklich gut. Ich glaube, wir nehmen keine andere. Mit einer anderen Planung bekommen wir nur Probleme.

2 Der neue Termin
   Ihr neuer Termin _____

3 Das neue Gerät
   _____

4 Die neue Konstruktion
   _____

5 Der neue Vertriebsplan
   _____

3 Vera sucht ... Schreiben Sie.

1 Drucker: billig, sparsam, schnell
   Vera sucht *einen billigen, sparsamen, schnellen Drucker.*

2 Zimmer: schön, groß, nicht zu teuer
   Tony sucht _____ .

3 Mitarbeiterin für die Buchhaltung: jung, teamorientiert, ordentlich
   Firma Rohla sucht _____ .

4 Regal: breit, hoch, weiß
   Wir suchen _____ .

5 Pförtner: flexibel, freundlich, hilfsbereit, zuverlässig
   Firma DonauEnergie sucht _____ .

6 Sekretärin: kompetent, dynamisch, kundenfreundlich
   Firma Chronodata sucht _____ .

Namen, Zahlen, Daten, Fakten | **KAPITEL 6**

4 Was ist am wichtigsten, am zweitwichtigsten, am drittwichtigsten?

Suchen Sie die Informationen in den vier Texten.

1 Eine ungenaue Uhr ist keine richtige Uhr. Sie muss zuverlässig sein. Aber sie muss auch elegant sein, denn sie soll zu meinem Typ passen. Und praktisch soll sie auch sein.

3 Ein guter Techniker bin ich nicht. Also muss die Montage leicht sein. Alles andere ist weniger wichtig, sogar das Aussehen. Natürlich ist auch der Preis nicht ganz unwichtig. Aber sehr wichtig ist er nicht.

2 Für mich steht beim Kauf die Qualität ganz vorne und dann kommt erst der Preis. Aber wichtiger als der Preis ist die Frage: „Wie ist der Service?" Einen guten Service braucht man immer.

4 Das Gerät muss nicht schön sein. Es kann, aber es muss nicht. Aber zuverlässig muss es sein. Ich will es ja jeden Tag benutzen. Sparsamkeit, na ja. Alle Geräte sind mehr oder weniger sparsam.

		am wichtigsten	am zweitwichtigsten	am drittwichtigsten
1	für Renate Kleinert	zuverlässig		
2	für Ludger Schwiers		ein guter Service	
3	für Roland Karst			der Preis
4	für Marianne Kübler			

5 Was für ein Typ ist der Kunde: Grün [Gr], Rot [Ro], Gelb [Ge] oder Blau [Bl]?

1 Ein Kunde fragt: Ist das Gerät auch wirklich sicher? _____ [Gr]
2 Ein Kunde kommt mit einem Porsche Carrera. _____
3 Ein Kunde möchte vor dem Kauf die Test-Berichte studieren. _____
4 Ein Kunde sieht das Gerät und findet es sofort super. _____
5 Ein Kunde sagt: „Die Verkäuferin hat mich sofort verstanden." _____
6 Ein Kunde fährt zum vierten Mal an den gleichen Urlaubsort. _____
7 Ein Kunde sucht einen gemütlichen Tisch für die ganze Familie. _____
8 Ein Kunde zahlt mit der Kreditkarte „American Express Gold". _____
9 Ein Kunde hat tagelang den ganzen Modellkatalog studiert und ist sicher: Nur der XP 324 kommt in Frage. _____
10 Ein Kunde trägt ein teures, hochmodernes Jackett. _____
11 Ein Kunde hat Bilder von seiner Frau und seinen drei Kindern dabei und zeigt sie. _____
12 Ein Kunde vergleicht drei schriftliche Angebote. Er liest auch die drei Produktbeschreibungen. _____
13 Ein Kunde sagt: „Ich komme morgen um 16.35 Uhr noch einmal." _____
14 Ein Kunde sagt: „Senden Sie das bitte an meine Adresse", gibt der Verkäuferin seine Visitenkarte und weg ist er mit seinem Mercedes. _____
15 Ein Kunde macht einen Preis- und Qualitätsvergleich. _____
16 Ein Kunde will etwas ganz Exklusives. Es darf etwas teurer sein. _____
17 Der Verkäufer sagt: „Ich habe das Gerät auch gekauft." Da nimmt es der Kunde. _____
18 Der Verkäufer sagt: „Dieser Artikel geht im Moment sehr gut." Da fragt der Kunde nach etwas anderem. _____
19 Der Kunde fragt: „Haben Sie das auch in diesem freundlichem Dunkelrot?" _____
20 Der Kunde fragt nach einer genauen Produktbeschreibung und nach einem Katalog. _____

siebenundsiebzig | 77

WORTSCHATZARBEIT

Komposita

1 Komposita bilden

Oft bedeuten zusammengesetzte Wörter so viel wie die Summe ihrer Einzelwörter:
- Personalabteilung = Abteilung für das Personal
- Zahlenangaben = Angaben in Form von Zahlen

Zusammengesetzte Wörter können aber auch eine neue Bedeutung annehmen:
- Visitenkarte (= Karte mit persönlichen und beruflichen Daten)
- Führerschein (= Erlaubnis zum Autofahren)
- Tagesordnung (= Besprechungspunkte in der Reihenfolge)

a) Bilden Sie Komposita. Ordnen sie zu.

-arbeit	-zimmer	-karte	-papier	-tag	-zeit	-tisch	-kurs
Arbeits-	Zimmer-	Karten-	Papier-	Tages-	Zeit-	Tisch-	Kurs-

1 Schreib-   _-papier_   -korb   5 Land-   -telefon
   Alt-   -qualität   Eintritts-   -lesegerät
   Kopier-   _Papier-_   -preis   Telefon-   -verkauf

2 Computer-   -programm   6 Büro-   -buch
   Sprach-   -teilnehmerin   Garten-   -zimmer
   Deutsch-   -raum   Reparatur-   -platz

3 Arbeits-   -zeit   7 Frei-   -arbeit
   Reise-   -ordnung   Tages-   -angabe
   Urlaubs-   -reise   Uhr-   -punkt

4 Besprechungs-   -service   8 Büro-   -tennis
   Mitarbeiter-   -Schlüssel   Ess-   -kalender
   Hotel-   -nummer   Nacht-   -lampe

b) Von der Personalabteilung zur ...-abteilung.

Schreiben Sie die 36 Wörter auf Kärtchen. Beginnen Sie zum Beispiel unten links bei *Personalabteilung*. Suchen Sie nun ein passendes Wort für *Abteilung*, zum Beispiel *Abteilungs-gespräch*. Bilden Sie nun ein Wort mit *Gespräch*. Decken Sie das Wort ab, das Sie benutzt haben. Machen Sie so immer weiter, bis Sie keine sinnvollen zusammengesetzten Nomen mehr bilden können oder bis Sie bei *-abteilung* rechts oben angekommen sind. Aber das ist nicht leicht. Wie ist Ihr persönlicher Rekord? 10 Kärtchen oder 15 Kärtchen oder 21 Kärtchen oder ...?

| -programm | -zimmer | partner- | -ausstellung | -konzert | -abteilung |
| Programm- | Zimmer- | Partner- | Ausstellungs- | Konzert- | |

| -zahl | -gäste | -buch | -kurs | -teilnehmer | -raum |
| Zahl- | Gäste- | Buch- | Kurs- | Teilnehmer- | Raum- |

| -konferenz-| -besprechung | -karte | -service | -büro | -computer |
| Konferenz- | Besprechungs-| Karten- | Service- | Büro- | Computer- |

| -zeit | -material | -tisch | -haus | -direktor | -arbeit |
| Zeit- | Material- | Tisch- | Haus- | Direktoren- | Arbeits- |

| -mitarbeiter| -firma | -übung | -tag | -party | -telefon |
| Mitarbeiter-| Firmen- | Übungs- | Tages- | Party- | Telefon- |

| Personal- | -abteilung | -begrüßung | -besucher | -planung | -gespräch |
| | Abteilungs-| Begrüßungs-| Besucher- | Planungs- | Gesprächs- |

78 | achtundsiebzig

TEXTARBEIT

Globales Lesen

1 Thema erkennen

Wenn Sie einen Text bekommen, fragen Sie zuerst:
- Zu welchem Thema ist der Text?
- Was weiß ich über das Thema?

Woran erkennen Sie das Thema eines Informationstextes?
Zeitungen sind meistens nach Rubriken geordnet, hier erfahren Sie den Themenbereich.
Die Überschrift und manchmal der erste fett gedruckte Absatz und Bildunterschriften nennen das Thema.

a) Welcher Zeitungsausschnitt passt zu welcher Zeitungsrubrik? Ordnen Sie zu. Zu einer Rubrik gibt es keinen Zeitungsausschnitt.

1 Gesellschaft   Text: _H_
2 Ausland   Text: _____
3 Politik   Text: _____
4 Kultur   Text: _____
5 Wirtschaft   Text: _____
6 Sport   Text: _____
7 Aus der Region Text: _____
8 Reisen   Text: _____
9 Fernsehprogramm Text: _____
10 Wetter   Text: _____

A Paris Blues
Die amerikanischen Musiker Eddie (Sidney Poitier) und Ram (Paul Newman) ziehen durch die Pariser Jazzclubs und hoffen auf den großen Erfolg. Musikfilm mit genialen Soundtraks und fantastischen Bildern.

B Heute überwiegend Sonnenschein, gelegentlich Wolken und vereinzelt leichter Schneefall. Morgen verstärkter Schneefall. Vorsicht Glättegefahr! Temperaturen heute: -2 bis 3 Grad, morgen: -4 bis 0 Grad. Weitere Aussich-

C Zu wenig Karten
Bei der Fußball-Weltmeisterschaft 2006 in Deutschland werden viele Fans draußen bleiben. Wie die Fifa mitteilte werden nur 1,1 Millionen der insgesamt 2,9 Millionen Karten verkauft. „Wir haben zu wenig Karten", teilte der

D Kilometerweit weiße Strände
Die Fischer ziehen ihre Boote an Land, laden Tinten- und Tunfische aus, während die ersten Badegäste am Strand auftauchen. Die Bucht von Puerto Escondido ist nicht nur Spiegel des mexikanischen Alltag, sondern auch eine der schönsten Baderegionen.

E Verluste für die Union
Entgegen aller Prognosen hat der Start von Hartz IV der Regierungskoalition nicht geschadet. Wenn am kommenden Sonntag Bundestagswahl wäre, bekämen SPD und Grüne zusammen 45%, die Union aber nur 38%. Besonders Bundeskanzler Schröder ist zuletzt in den Sympathiewerten stark gestiegen

F Binnenkonjunktur zieht an
Die rot-grüne Bundesregierung erwartet in diesem Jahr ein Wachstum von 1,6%. Die Binnenkonjunktur werde so stark anziehen, dass das langsamere Wachstum im Export kompensiert

G Ukrainischer Präsident auf Besuch in Moskau
Der erste Staatsbesuch des neuen ukrainischen Präsidenten galt Russland. Bereits einen Tag nach seiner Vereidigung flog Viktor Juschtchenko nach Moskau. In einem langen Gespräch mit dem russischen Präsidenten

H Abschied von Mosi
Über 14000 Menschen haben an der Beerdigung vom bekannten Modemacher teilgenommen. Nach seinem schrecklichen Tod lag in vielen Gesichtern noch immer die Frage, warum musste

I Das Werk von Andreas Hofer
„Welt ohne Ende" heißt die Ausstellung des Werks von Andreas Hofer, die bis zum 1. Mai in München zu sehen ist. Der in Berlin lebende Künstler gehört zu den gefragtesten deutschen Malern und Bildhauern. Seine Bilder und Collagen

b) In welchem Zeitungsartikel stehen folgende Informationen? Ordnen Sie zu.

1 Alltag und Tourismus   Text: _D_
2 Präsidenten im Gespräch   Text: _____
3 Verbesserung der Binnenkonjunktur erwartet   Text: _____
4 Neue Ausstellung in München   Text: _____
5 Bundesregierung wieder vorn   Text: _____
6 Zwei Musiker unterwegs in Paris   Text: _____
7 In den kommenden Tagen winterliche Temperaturen   Text: _____
8 Probleme mit dem Eintritt   Text: _____
9 Viele Besucher bei der Trauerfeier von Moshammer Text: _____

TEST

Name: _____

1 Lesen

Entschuldigung, wo ist die Firma Alno? Markieren Sie auf dem Plan.

Zur Firma Alno? Zu Fuß ist das ganz einfach. Hier immer geradeaus und an der vierten Straße rechts abbiegen. Dann über die nächste Kreuzung und dann sofort auf der linken Seite. Aber mit dem Auto ist das ein Problem. An der ersten Kreuzung ist die Straße gesperrt. Dort müssen Sie links abbiegen, dann wieder links. An der ersten Straße – das ist nicht weit – biegen Sie rechts ab, dann sofort wieder rechts. An der zweiten Kreuzung nehmen Sie die Straße rechts. Dort fahren Sie geradeaus, bis es nicht mehr weitergeht. Dann sind Sie wieder auf dieser Straße hier. Dann links abbiegen, dann sind es nur wenige Meter bis zur nächsten Ecke. Dort biegen Sie rechts ab und fahren über die nächste Kreuzung. Dort liegt auf der linken Seite die Firma Alno.

1 Wo liegt die Firma Alno? — 2
2 Wie kommt man zu Fuß zur Firma Alno? — 2
3 Wo ist die Straße gesperrt? — 2
4 Wie muss man mit dem Auto fahren? — 2

☐ 8

2 Schreiben

Wie komme ich zum Bahnhof? Beschreiben Sie den Weg von der Post zum Bahnhof.

Vor der Post gehen Sie nach rechts bis _____
_____
_____
_____
_____
_____

☐ 10

3 Redeintentionen

dürfen, nicht dürfen, können, müssen – Was sagt man hier?

🚭 *Hier dürfen Sie nicht rauchen.*   🚲 _____   1,5

🛑 _____   🅿️ _____   1,5 + 1,5

📞 _____   🚫📞 _____   1,5 + 1,5

☐ 7,5

80 | achtzig

KAPITEL 5 UND 6

Name: _____

4 Hören

Hören Sie den Dialog im Lehrbuch Kapitel 6, S. 82, Aufgabe B. Was ist richtig: a), b) oder c)?

1. Die Personen sind:
   - ☐ a) zwei Kollegen
   - ☒ b) ein Firmenmitarbeiter und ein Besucher
   - ☐ c) zwei Besucher

2. Was stellt das Unternehmen her?
   - ☐ a) Elektronische Steuerungen
   - ☐ b) Kaffeemaschinen
   - ☐ c) Elektromotoren   1

3. Was ist richtig?
   - ☐ a) Beide sind Raucher.
   - ☐ b) Beide sind Nichtraucher
   - ☐ c) Einer ist Raucher   1

4. Die Bereiche sind:
   - ☐ a) Verwaltung, Produktion, Marketing
   - ☐ b) Verwaltung, Werbung, Fertigung
   - ☐ c) Verwaltung, Außendienst, Versand   1

5. Die Rückware ist:
   - ☐ a) ein Bereich
   - ☐ b) eine Abteilung
   - ☐ c) etwas anderes   1

6. Die Rückware gehört:
   - ☐ a) zum Vertrieb
   - ☐ b) zur Geschäftsleitung
   - ☐ c) zur Buchhaltung   1

7. Ein Kunde will sein Geld zurück. Wer macht das?
   - ☐ a) die Buchhaltung
   - ☐ b) die Montage
   - ☐ c) die Rückware   1

   ☐ 6

5 Grammatik

a) Große und kleine Länder in Europa. Vergleichen Sie.

[Balkendiagramm: Luxemburg, Belgien, Holland, Dänemark, Irland, Portugal, Griechenland, England, Italien, Deutschland, Spanien, Frankreich – 0 bis 500.000 in km²]

1. Spanien ist _größer als_ Deutschland.
2. Spanien ist _____ Frankreich.   1,5
3. Italien ist _____ England.   1,5
4. Holland ist nicht _____ Irland.   1,5
5. Dänemark ist ungefähr _____ Holland.   1,5
6. Luxemburg ist sehr _____ .   1,5

   ☐ 7,5

b) Was ist richtig? Kreuzen Sie an: a), b) oder c).

Gestern (1) _____ ich nach Graz gefahren. Dort (2) _____ ich einen Termin bei der Firma Zumtobel. Am Nachmittag habe ich (3) _____ Freund Artur (4) _____ . Er wohnt in einer (5) _____ Wohnung in (6) _____ Stadtmitte. Zuerst haben wir (7) _____ Führung gemacht und die (8) _____ Stadt Graz besichtigt. Dann (9) _____ wir zusammen in ein (10) _____ Restaurant gegangen. Am nächsten Tag bin ich wieder (11) _____ , denn ich (12) _____ nach Wien reisen.

#	a)	b)	c)	
1	☒ bin	☐ habe	☐ war	
2	☐ habe	☐ hatte	☐ hätte	1
3	☐ mein	☐ meinem	☐ meinen	1
4	☐ besucht	☐ besuchen	☐ gesucht	1
5	☐ modern	☐ moderne	☐ modernen	1
6	☐ dem	☐ der	☐ die	1
7	☐ ein	☐ eine	☐ einen	1
8	☐ schöne	☐ schönen	☐ schönes	1
9	☐ sind	☐ haben	☐ wollen	1
10	☐ gut	☐ gute	☐ gutes	1
11	☐ abfahren	☐ abgefahren	☐ fahren	1
12	☐ müssen	☐ muss	☐ musste	1

   ☐ 11
   ☐ 50

einundachtzig | 81

KAPITEL 7

AUF STELLENSUCHE

Versicherungen

1 Ordnen Sie zu.

1 Nicht ich bezahle den Schaden, — a) Geld von der Lebensversicherung.
2 Einen Krankenhausaufenthalt bezahlt — b) viele Jahre Beiträge.
3 Im Alter bekommt man — c) den Arzt.
4 Die Krankenversicherung bezahlt — d) die Krankenversicherung.
5 Für die Lebensversicherung bezahlt man — e) sondern die Haftpflichtversicherung bezahlt.

2 Komposita. Ordnen Sie zu.

1 Kranken- a) -beitrag
2 Kranken- b) -formular
3 Antrags- c) -haus
4 Branchen- d) -schein
5 Haftpflicht- e) -telefonbuch
6 Lebens- f) -unternehmen
7 Versicherungs- g) -versicherung
8 Versicherungs- h) -versicherung
9 Versicherungs- i) -versicherung

das Krankenhaus
_____
_____
_____
_____
_____
_____
_____
_____

3 Ergänzen Sie die Verben in der passenden Form.

1 Ich _brauche_ eine Haftpflichtversicherung.
2 Ich _suche_ im Branchentelefonbuch und im Internet Versicherungsunternehmen.
3 Schließlich _finde_ ich zwei mit Geschäftsstellen in meiner Stadt.
4 Die Versicherungen _schicken_ Informationsmaterial.
5 Zuerst _vergleiche_ ich die Angebote.
6 Dann _gehe_ ich zu einer Geschäftsstelle.
7 Dort _berät_ mich ein Versicherungsmitarbeiter.
8 Dann _stelle_ ich einen schriftlichen Antrag.
9 Nach ein paar Wochen _erhalte_ ich den Versicherungsschein.

> schicken   beraten
> suchen   erhalten
> ~~brauchen~~   vergleichen
> stellen   finden
> gehen

4 Welche Versicherung ist günstiger? Ordnen Sie zu.

Versicherung	IRUNA Haftpflicht	Schneider Versicherung	ADA Versicherung
Beitrag pro Jahr	88,50 €	82,90 €	91,70 €
Versicherungssumme	2.500.000	2.000.000	3.000.000

1 Die IRUNA Haftpflicht ist a) bei der Schneider Versicherung.
2 Aber sie ist teurer b) am höchsten.
3 Bei der ADA Versicherung ist der Beitrag c) als der Beitrag bei der IRUNA Haftpflicht.
4 Am niedrigsten ist der Beitrag d) günstiger als die ADA Versicherung.
5 Ihr Beitrag ist 5,60 € niedriger e) bei der ADA Versicherung am höchsten.
6 Aber die Versicherungssumme ist f) am besten.
7 Vielleicht ist die ADA Versicherung g) als die Schneider Versicherung.

Auf Stellensuche KAPITEL 7

5 Komparativ oder Superlativ? Ergänzen Sie.

1 Welcher Beitrag ist am _niedrigsten_ ? (niedrig)
2 Ich zahle _____ zweimal im Jahr als einmal. (gern)
3 Die Versicherungssumme ist bei der IRUNA Haftpflicht _höher_ als bei der Schneider Versicherung. (hoch)
4 _Am höchsten_ ist sie bei der ADA Versicherung. (hoch)
5 Bei der IRUNA Haftpflicht muss man _mehr_ bezahlen als bei der Schneider Versicherung. (viel)
6 _Am meisten_ muss man bei der ADA Versicherung bezahlen. (viel)
7 Der Beitrag bei der IRUNA Haftpflicht ist _niedriger_ als bei der ADA Versicherung. (niedrig)
8 Das Angebot von der IRUNA Haftpflicht ist _interessanter_ als das Angebot von der Schneider Versicherung. (interressant)
9 Die IRUNA Haftpflicht ist _teurer_ als die Schneider Versicherung. (teuer)
10 Die ADA Versicherung ist _am teuersten_. (teuer)

6 Was passt? Kreuzen Sie an.

1 Sie brauchen eine Versicherung? Gehen Sie in eine [X] Geschäftstelle [ ] Firma zur Beratung.
2 Sie bekommen dort [X] ein Angebot [ ] einen Brief.
3 Haben Sie Interesse? Dann stellen Sie [ ] Unterlagen [X] einen Antrag.
4 Dazu benutzen Sie [ ] einen Vertrag [X] ein Formular.
5 Nach ein paar Wochen bekommen Sie einen [ ] Firmenausweis [X] Versicherungsschein.
6 Sie müssen dann regelmäßig [X] Beiträge [ ] Leistungen bezahlen.

7 Komposita. Finden Sie zwei oder vielleicht drei Wörter.

1 der Privatkundenberater — _der Privatkunde   der Berater_
   privat, der Kunde, -n
2 der Firmenkundenberater
3 der Neukunde
4 die Betriebshaftpflichtversicherung — _Betrieb haftpflich versicherung_
5 die Privathaftpflichtversicherung — _Privat haftpflich versicherung_
6 der Außendienstmitarbeiter
7 die Produktentwicklung — _Product Wicklung_
8 das Stellenangebot
9 die Versicherungsgruppe
10 die Lebensversicherung — _Leben versicherung_

KAPITEL 7 | Auf Stellensuche

8 Was machen Versicherungsberater?

Lesen Sie die beiden Anzeigen im Lehrbuch, S. 95, und ergänzen Sie die Verben in der passenden Form.

bearbeiten
beschaffen
~~machen~~
erstellen
beraten   bearbeiten

haben
finden   arbeiten
betreuen
beraten   reisen
berichten

Das (1) _macht_ ein Privatkundenberater bei der HUK-Coburg: Er (2) _____ Anträge und er muss Unterlagen (3) _____. Außerdem muss er Verträge (4) _____. Für die Außendienstmitarbeiter (5) _____ er Informationen. Am wichtigsten ist aber: Er (6) _____ Kunden.

Ein Firmenkundenberater bei der Alpina (7) _____ : Ich (8) _____ Neukunden und ich (9) _____ Firmen. Ich (10) _____ ein großes Gebiet. Ich muss viel (11) _____ und (12) _____ viel Kontakt mit den Kunden. Oft (13) _____ ich auch zu Hause.

Welche Stelle passt?

1 Schreiben Sie die Wörter richtig.

1 verungLebenssicher   _Lebensversicherung_
2 unterVerungsnehsichermen   _____
3 kunPriberadenvatung   _____
4 waFirgenmen   _____
5 ungkensicherKranver   _____
6 mitInnenarterdienstbei _____

2 Das Gespräch zwischen Frau Hörbiger und ihrer Freundin.

a) Was sagt Frau Hörbiger (H), was sagt ihre Freundin (F).
b) Ordnen Sie den Dialog. Nummerieren Sie.

[H][ ] Ja, aber ich möchte nicht zu Hause arbeiten. Ich arbeite lieber in einem Büro mit Kollegen zusammen.
[ ][ ] Das stimmt. Selbstständige Arbeit finde ich gut.
[ ][ ] Zu Hause bist du aber zeitlich flexibel. Du kannst selbstständig arbeiten.
[ ][ ] Gut, dann schicke ich an die Alpina eine Bewerbung.
[ ][1] Es ist wirklich nicht leicht für mich. Beide Stellen haben Vorteile und Nachteile. Firmenkundenberatung finde ich interessanter als Privatkundenberatung.
[ ][ ] Und bei der Alpina bekommst du einen Firmenwagen.
[ ][ ] Die Alpina gehört zur Zürich Gruppe. Die ist genauso groß wie die Allianz.
[ ][ ] Dann passt die Alpina doch am besten zu dir. Wo ist das Problem?
[ ][ ] Ja, ein Auto, das gefällt mir auch. Aber die Alpina ist nicht so groß. Die Allianz ist größer.

3 Gefällt Ihnen das? Passt die Stelle zu ihr? Ergänzen Sie *mir, dir, ihr* oder *Ihnen*.

Welche Stelle	gefällt passt zu	mir? ihr? dir? Ihnen?	← ← ← ←	ich Frau Hörbiger du Sie

1 Frau Hörbiger sucht eine Stelle. Die Stelle bei der Alpina gefällt _ihr_.
2 Du bist bei der Alpina viel unterwegs. Gefällt _____ das?
3 Ich arbeite gern zu Hause. Also passt diese Stelle zu _____.
4 Bei der Alpina kann Frau Hörbiger selbstständig arbeiten. Das gefällt _____ gut.
5 Sie bekommen einen Firmenwagen. Gefällt _____ das?
6 Der Personalleiter hat mich gefragt: Passt Privatkundenberatung zu _____?
7 Frau Brünnler braucht ein Kostüm. Die Kostüme von Boss gefallen _____?
8 Ich möchte einen Anzug. Ich glaube, der hier passt zu _____.
9 Bei der Allianz kann Frau Hörbiger um fünf Uhr nach Hause gehen. Das gefällt _____ natürlich.
10 Das ist dein neuer Schreibtisch! Gefällt er _____?

4 Was sagt Frau Hörbiger: Was findet sie besser? Schreiben Sätze.

1 großes / kleines Unternehmen / attraktiv / finden
   Ich finde ein großes Unternehmen attraktiver als ein kleines Unternehmen.

2 Firmenkundenberatung / Privatkundenberatung / interessant / finden
   _____

3 Bereich Haftpflichtversicherung / Bereich Lebensversicherung / gut / gefallen
   _____

4 Arbeit im Büro / Arbeit zu Hause im Home-Office / gut / passen zu
   _____

5 feste Arbeitszeiten / flexible Arbeitszeiten / günstig / finden
   _____

6 kürzere Arbeitszeiten / längere Arbeitszeiten / natürlich / gut / gefallen
   _____

5 Lesen Sie die Stellenanzeigen im Lehrbuch, S. 97. Notieren Sie die Informationen.

Anforderungen	Anzeige A	Anzeige B
Qualifikation	Versicherungskaufmann/frau	
Alter		
Kenntnisse		
Erfahrungen		
Sprachkenntnisse		
Eigenschaften		

fünfundachtzig | 85

KAPITEL 7 | Auf Stellensuche

Das Home-Office von Frau Hörbiger

1 Steht das in den Texten im Lehrbuch, S. 98? Was ist richtig [r]? Was ist falsch [f]?

1 Arbeit zu Hause bringt dem Unternehmen Vorteile. ___ [r]
2 Mit einem Home-Office haben die Kundenberater weniger Kosten. ___ [f]
3 Mit einem Home-Office sind Mitarbeiter selbstständiger und haben besseren Kontakt zu den Kunden. ___ [r]
4 Herr Widmer findet Home-Offices gut. ___ [r]
5 Frau Hörbiger weiß noch nicht: Ist die Arbeit zu Hause wirklich gut oder nicht? ___ [r]
6 Im Home-Office ist Frau Hörbiger viel allein. ___ [f]
7 Im Home-Office arbeitet man nicht so lange wie in der Firma. ___ [f]
8 Frau Hörbigers Home-Office hat keine Tür. ___ [r]
9 Frau Hörbiger muss nicht jeden Tag in die Firma fahren. So spart sie Fahrtkosten. ___ [r]

2 Ergänzen Sie: *nach Hause, zu Hause, von zu Hause*.

1 Ich bin krank. Ich bleibe *zu Hause*.
2 Woher kommst du? – *von zu Hause*.
3 Wohin gehen Sie jetzt? – *nach Hause*.
4 Wo bist du? – *zu Hause*.
5 Ich arbeite nicht gern *von zu Hause* aus. Ich möchte meine Kollegen gern sehen.
6 Das Versicherungsunternehmen verlagert Arbeitsplätze zu den Mitarbeitern *nach Hause*.
7 Arbeit *zu Hause* ist ein bisschen einsam.

3 Komposita. Ordnen Sie zu.

1 die Arbeit	a) die Kosten (Pl.)	*der Arbeitsplatz*
2 die Arbeit	b) die Kosten (Pl.)	
3 das Personal	c) der Bereich	
4 der Kunde	d) die Kenntnisse (Pl.)	
5 der Kunde	e) die Leitung	
6 die Fahrt	f) die Verantwortung	
7 groß	g) das Unternehmen	
8 eigen	h) die Orientierung	
9 das Fach	i) der Platz	
10 der Betrieb	j) die Abteilung	
11 das Geschäft	k) die Zeit	
12 französisch	l) der Berater	

4 Für wen hat die Arbeit im Home-Office welche Vorteile? Lesen Sie die Texte im Lehrbuch, S. 98.

Kundenorientierung: *Die Kundenberater sind näher an den Kunden.*
Das ist ein Vorteil für ___

Motivation: *Die Kundenberater arbeiten* ___ . *Das* ___ *sie.*
Das ist auch ein ___

Flexibilität: *Die Arbeitszeit* ___

Auf Stellensuche **KAPITEL 7**

5 Ergänzen Sie *ein-, kein-, welch-, der, die oder den*.

- Anne! Hier gibt es Hängeregistraturen. Hast du schon (1) _eine_ ?
- Nein, ich habe noch (2) _keine_. Aber ich brauche (3) _eine_. Eine Hängeregistratur ist wirklich sehr praktisch.
- Wie findest du (4) _die_ hier?
- Mh, (5) _die_ ist zu klein. Und ich brauche (6) _eine_ im Beistellwagen. In meinem Schreibtisch ist zu wenig Platz.
- Dann nimm doch (7) _die_ hier. Wie findest du (8) _die_ ?
- Ja, (9) _die_ sieht gut aus. Was kostet (10) _die_ denn?
- 126,60 Euro.
- (11) _Die_ nehme ich. Schreib bitte mal die Bestellnummer auf: H 429-88-B.
- OK, habe ich. – Brauchst du auch noch Ordner?
- Nein, ich habe noch (12) _welche_. Aber einen Drucker brauche ich noch. Hast du (13) _einen_ gesehen?
- Ja, dort stehen (14) _welche_. – (15) _den_ hier finde ich gut.
- 285 Euro? Nein, (16) _der_ ist zu teuer.
- Und (17) _der da_ ? (18) _der_ kostet nur 199 Euro.
- Na ja, das geht. (19) _den_ nehme ich.

6 Frau Hörbiger und ihre Freundin sind im Geschäft. Schreiben Sie Dialoge.

	Was?	Bedarf		
1		1	▶	Hier sind Handys.
			▶	Ich habe noch keins. / Ja, ich brauche eins. Welches gefällt dir?
2		0	▶	Hier sind Kugelschreiber.
			▶	Ich habe schon welche. Ich brauche keine mehr.
3		1	▶	Hier sind Aktenvernichter
			▶	Ich brauche einen
4		0	▶	
5		10	▶	
6		0	▶	
7		0	▶	
8		1	▶	
9		1	▶	

KAPITEL 7 | Auf Stellensuche

7 Frau Müller ruft Frau Pleisteiner an. Schreiben Sie.

1 Frau Müller ruft die Personalleiterin, Frau Pleisteiner an. Aber Frau Pleisteiner ist nicht da. Die Sekretärin, Frau Brünnler, sagt, sie kommt in einer Stunde zurück. Frau Müller will dann noch einmal anrufen.

▸ DonauEnergie, Brünnler, guten Tag.
▸ Müller, _____. Ich möchte gern _____
▸ Tut mir _____, Frau Pleisteiner ist _____
▸ Dann rufe ich _____
▸ Gut, Frau Müller. Auf Wiederhören.
▸ Auf Wiederhören.

2 Frau Müller ruft wieder an. Aber jetzt telefoniert Frau Pleisteiner gerade. Frau Brünnler sagt, Frau Pleisteiner kann gleich zurückrufen, und fragt nach der Telefonnummer. Frau Müller sagt ihre Nummer: 8826204. Frau Brünnler sagt Danke.

▸ _____
▸ _____
▸ _____
▸ _____
▸ _____

Drei Versicherungen, drei Länder

A1 1 Wer ist das? Herr Pfaffinger, Herr Kaegi oder Herr Löhken?

Benutzen Sie die Texte im Lehrbuch, S. 100. Unterstreichen Sie dort die passenden Stellen.

1 Er ist ledig. Aber vielleicht heiratet er bald. → Herr Kaegi
2 Seine Tochter ist Studentin. → _____
3 Besonders gut gefällt ihm die Atmosphäre in seiner Stadt. → _____
4 Er kommt aus einer Großstadt, aber jetzt wohnt er in einer kleineren Stadt in der Nähe. → _____
5 In seiner Stadt gibt es zu wenig Wohnungen. → _____
6 Er wohnt lieber in einer kleineren Stadt ohne Hektik als in einer Millionenstadt. → _____

A1 2 Was sind die Leute?

1 Sie kommt aus Wien. → Sie ist Wienerin.
2 Er kommt aus Berlin. → _____
3 Beate und ihre Freundin kommen aus Köln. → _____
4 Jean und sein Freund kommen aus Paris. → _____
5 Sie kommt aus Warschau. → _____
6 Wir, meine Frau und ich, kommen aus Prag. → _____

3 Vergleichen Sie.

a) Schreibtischlampe: groß, modern, teuer

1 Die schwarze Schreibtischlampe ist _moderner_ als die weiße. Die graue ist _am modernsten._
2 Die schwarze Schreibtischlampe ist _____ als die weiße. Die graue ist _____.
3 Die graue Schreibtischlampe ist _____ als die weiße. Die schwarze ist _____.

b) Handy: leicht, billig, klein

1 Das Handy zu 119,- € ist _leichter_ als das zu 239,- €. Aber das zu 99,- € ist _____.
2 Das schwarze Handy ist _____ als das weiße und das graue. Es ist _____.
3 Das weiße Handy ist _____ als das graue. Das schwarze ist _____.

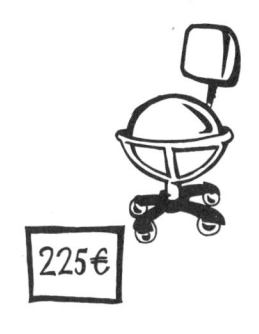

c) Schreibtischstuhl: bequem, günstig, praktisch

1 Der Bürostuhl ist _praktischer_ als die beiden anderen Stühle. Er ist _____.
2 Der Sitzballstuhl ist _____ als der Bürostuhl. Der Kniestuhl ist _____.
3 Der Sitzballstuhl ist _____ als der Kniestuhl. _____ ist der Bürostuhl.

d) Was passt zu Ihnen? Was gefällt Ihnen? Schreiben Sie.

Die weiße Schreibtischlampe gefällt mir am besten. Sie ist billig, aber auch schön.
_____

KAPITEL 7 | Auf Stellensuche

4 Wie heißt das Gegenteil? Schreiben Sie.

1 Köln ist groß. Bonn ist _kleiner_____. Bern ist am _____.
2 Herr Kaegi ist jung. Herr Löhken ist _____. Herr Pfaffinger ist am _____.
3 Mein Sohn geht ungern ins Museum. Meine Frau geht _____. Am _____ gehe ich ins Museum.
4 Bei der Schneider Versicherung ist der Beitrag niedrig. Bei der IRUNA ist er _____. Bei der ADA Versicherung ist er am _____.
5 Der Mann auf dem Foto ist dick, seine Frau ist _____. Am _____ ist die Tochter.
6 Für einen Wiener ist Bonn langweilig. Zürich ist _____ für ihn. Aber Wien ist natürlich am _____.

5 Lesen und schreiben Sie die Zahlen.

1 83 195   _dreiundachtzigtausendeinhundertfünfundneunzig_____
2 954 934   _____
3 12 511   _____
4 2 777 355   _____
5 1 298   _____
6 14 066 506 _____

6 Herr Pfaffinger erzählt. Ergänzen Sie die Buchstaben.

Ich arbeite sch_o_n seit vierundzwanzig Jah_r_ _e_ _n_ bei der Colonia. Die Colo___- Versicherung ist d__ größte Versic_____ in Österreich. Wir ha___ einen Ums___ von 240 Mio. € u__ ca. 360.000 Kun____. In Wien si__ wir etwa 100 Mitarb_____, im Außendienst si__ fünfundzwanzig. Aber die Arbeit gefä___ mir nicht me__ so gut. Ic_ bin Mathematiker. Mei__ Arbeit ist jet__ langweiliger als v__ zehn Jahren. D__ meiste Arbeit ma____ inzwischen der Comp_____. Vor zehn Jah____ arbeitete die Datenvera_____ für mich. Jet__ denke ich of_: Ich arbeite f__ die Datenverarbeitung. Na ja, d__ kann man ni___ ändern. Meiner Toch___ habe ich ges___, sie soll nic__ Wirtschaftsmathematik studi_____ und nicht z_ einer Versicherung ge____.

Zwei Städte

1 In Coburg (C) oder in Zürich (Z)? Ordnen Sie zu.

1 Hier ist eine große Versicherungszentrale   a) der wichtigste Wirtschaftsbereich.   _C_
2 Auf dem großen See kann   b) man gut essen und einkaufen.   _____
3 Die Stadt und ihre große Burg sind   c) auch eine schöne Stadt.   _____
4 Die Börse ist alt,   d) viele hundert Jahre alt.   _____
5 Finanzdienstleistungen sind hier   e) aber modern.   _____
6 In der gemütlichen Altstadt kann   f) man Wassersport treiben.   _____
7 Dieses europäische Wirtschaftszentrum ist   g) das wichtigste Unternehmen.   _____

Auf Stellensuche KAPITEL 7

2 Welche Börse? Die Züricher Börse.

1 die Börse in Zürich → die Züricher Börse
2 die Börse in New York → _____
3 der Marktplatz in Coburg → _____
4 die Alpen in der Schweiz → _____
5 das Stadtzentrum von Köln → _____
6 die Burg von Prag → _____
7 Würstchen aus Frankfurt → _____

3 Ergänzen Sie den Superlativ.

1 Die _größte_ (groß) Stadt der Schweiz ist Zürich. Viele Leute kennen auch den _____ (wichtig) Wirtschaftsbereich von Zürich, die Finanzdienstleistungen. Die Züricher Börse gehört zu den _____ (alt) und _____ (modern) Börsen in der Welt. Und hier findet man die _____ (viel) Banken und Versicherungen in der Schweiz.

2 Die HUK in Coburg gehört zu den _____ (groß) Versicherungsunternehmen in Deutschland. Und Coburg hat den _____ (schön) Marktplatz und die _____ (gut) Bratwürstchen in Deutschland – sagen die Coburger.

4 Herr Dr. Breitenhuber und Herr Kaegi.

a) Wie heißen die Fragen? Ordnen Sie zu.
b) Beantworten Sie die Fragen.

1 Wo — a) arbeitet jetzt in Zürich? _in Freiberg (Sachsen)_
2 In welcher — b) haben die beiden studiert? _____
3 Wen   c) machen die beiden gern in ihrer Freizeit? _____
4 Wer   d) wohnt Herr Kaegi gerne in Zürich? _____
5 Wie   e) besucht Herr Kaegi? _____
6 Was   f) hat Herr Kaegi sein Studium begonnen? _____
7 Wann   g) viele Kinder hat Herr Breitenhuber? _____
8 Warum   h) Stadt sitzen Herr Breitenhuber und Herr Kaegi in der Bierkneipe?

5 Setzen Sie Komparative in die Lücken.

| gemütlich ~~gut~~ ruhig | | schick hoch interessant |
| niedrig kurz | | gut groß |

Herr Breitenhuber vergleicht Coburg mit einer Großstadt. Das findet er besser:

1 die _bessere_ Luft
2 das _____ Leben
3 die _niedrigeren_ Preise
4 die _gemütlicheren_ Bierkneipen
5 die _kürzeren_ Wege

Herr Kaegi vergleicht auch. Das findet er in einer Großstadt besser:

6 das _interessantere_ Leben
7 das _größere_ kulturelle Angebot
8 die _höheren_ Gehälter
9 das _höhere_ Arbeitsplatzangebot _besseres_
10 die _schickeren_ Lokale

'Local pubs etc.'

WORTSCHATZARBEIT

Aktiver und passiver Wortschatz

1 Aktiven Wortschatz vergrößern

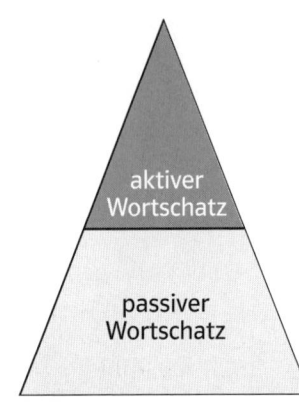

Sie verstehen schon sehr viele Wörter. Diesen Wortschatz nennen wir den **passiven Wortschatz**. Aber Sie können viel weniger Wörter (richtig) benutzen. Diese Wörter nennen wir den **aktiven Wortschatz**.
Der **passive Wortschatz** ist immer viel größer als der aktive. Das ist auch in Ihrer eigenen Sprache so. Und beides ist sehr wichtig. Ohne großen passiven Wortschatz bekommen Sie keinen guten aktiven Wortschatz. Wie machen Sie Ihren **passiven Wortschatz** größer? Lesen und hören Sie viel!

Und wie macht man den **aktiven Wortschatz** größer? Das ist schwieriger. Jeden Tag können Sie höchstens zehn oder fünfzehn Wörter lernen, die Sie später vielleicht noch aktiv benutzen können. Sie müssen also immer auswählen. Jeden Tag lesen und hören Sie sehr viele neue Wörter. Aber viele Wörter sind nicht wichtig, vor allem nicht für den aktiven Wortschatz.

Fragen Sie immer: Welche Wörter sind **wirklich** wichtig? Welche Wörter sind wichtig **für mich**? Notieren Sie diese Wörter. So wenige wie möglich! Und dann müssen Sie **aktiv** sein: Sprechen und schreiben Sie viel. Sie müssen diese Wörter oft benutzen. Nur dann können Sie sie auch noch in ein paar Tagen oder Wochen.

Also machen Sie Übungen mit den neuen Wörtern. Viele Übungen finden Sie im Lehrbuch und hier im Arbeitsbuch. Einige Übungen können Sie auch selbst erstellen.

a) Neue Wörter auf Karteikarten

Schreiben Sie auf die Vorderseite von der Karteikarte das Wort, auf die Rückseite den Kontext/Beispielsatz, aber ohne das neue wichtige Wort. Nehmen Sie später (ein paar Stunden, ein paar Tage) die Karteikarte und finden Sie das Wort! (Informationen zur Wörter-Lernkartei, S. 14)

unnötig

Viele Versicherungen braucht man nicht. Sie sind _____.

b) Schreiben Sie wichtige Sätze aus einem Text oder einer Übung auf ein Papier oder in eine Computerdatei. Lassen Sie dabei einige Wörter weg. Füllen Sie die Lücken später aus.

c) Erstellen Sie einen Lückentext.

Kopieren Sie einen Text aus dem Lehrbuch oder Arbeitsbuch mit vielen wichtigen neuen Wörtern. Löschen Sie die wichtigen Wörter. Füllen Sie ein paar Stunden später oder am nächsten Tag die Lücken!

Vielleicht ist das noch zu schwer. Dann schreiben Sie die Wörter aus den Lücken als Hilfe unter den Text. Dann können Sie zwei Schritte machen:
1. Tag: Suchen Sie für die Wörter die richtige Lücke.
2. Tag: Füllen Sie die Lücken ohne die Hilfe.

Frau Hörbiger ist noch _____. Vielleicht ist die Arbeit im Home Office ein bisschen _____. _____ ist sie als Kundenberaterin sowieso viel _____. „F_____ Arbeitszeiten, selbstständige Arbeit, das _____ mir sehr gut. Aber _____ arbeite ich dann mehr als im Büro, _____ ich kann nicht mehr die Tür hinter mir zumachen und gehen. Und ich muss vielleicht auch bei den Kosten _____. Ich _____ Fahrtkosten, aber Betriebskosten dürfen nicht bei mir hängen bleiben."

| gefällt einsam wahrscheinlich unsicher unterwegs flexible aufpassen andererseits denn spare |

Textarbeit

Texte mit unbekannten Wörtern

1 Texte mit unbekannten Wörtern verstehen

Jeden Tag sehen Sie viele Texte mit noch mehr unbekannten Wörtern. Aber Sie können solche Texte oft ungefähr verstehen. Das zeigen wir Ihnen hier.

Im folgenden Text kann man viele Wörter nicht lesen. Das sind neue oder nicht so wichtige Wörter. Auch ohne diese Wörter können Sie den Text verstehen. Versuchen Sie es!

Suchen Sie **nicht** nach den unlesbaren Wörtern. Lösen Sie die Aufgaben unten.

Versicherungen in Zahlen

Der deutsche ▬▬▬ pro Jahr mehr als 1700 Euro ▬ Versicherungsbeiträgen. ▬ ▬▬▬ hat er sechs Versicherungsverträge. ▬▬▬ einige ▬▬ unnötig. Wolfgang Scholl ▬▬▬▬ zentrale ▬▬▬ ▬▬▬ sagt: „▬▬▬▬ aus Zehntausenden ▬▬▬ Beratungs- ▬▬▬ sind nur fünf bis fünfzehn Prozent ▬ Haushalte richtig versichert." ▬▬▬, ▬▬▬ sehr wichtige Versicherungen ▬▬▬ ▬ Privathaftpflichtversicherung nicht, aber sie haben oft unnötige ▬▬▬ wie eine Lebensversicherung.

Rüdiger Falken ▬ Versicherungsberater ▬ ▬▬▬. Er arbeitet selbstständig, nicht ▬▬▬▬. Auch er ▬▬: „▬▬▬ in meinen zehn Jahren ▬ Versicherungsberater noch niemand ▬▬▬, ▬▬▬ richtig versichert war." Vor allem, ▬▬▬, ▬▬▬ Beratung nicht nur von ▬ ▬▬▬ Versicherung ▬▬▬. ▬ Interesse ▬▬, möglichst viele Verträge ▬▬▬. Also: zuerst viele Informationen ▬▬▬, dann einen Vertrag ▬▬▬. So ▬▬▬ viel Geld ▬▬▬.

Die Versicherungswirtschaft ▬▬ gut. In Deutschland ▬▬ 436 Unternehmen. Sie ▬▬▬ 2002 mehr als 140 Milliarden Euro Beiträge. ▬▬▬ 300 000 Angestellte und 400 000 selbstständige ▬▬▬.

---

a) Suchen Sie die Zahlen über Versicherungen in Deutschland im Text.

1 Versicherungsbeiträge pro Einwohner? _mehr als 1700 Euro pro Jahr_
2 Versicherungsverträge pro Einwohner? _____
3 Wie viele Versicherungsunternehmen? _____
4 Umsatz im Jahr 2002? _____
5 Wie viele Angestellte haben die Versicherungen? _____
6 Wie viele selbstständige Mitarbeiter? _____

b) Steht das im Text? Was ist richtig [r]? Was ist falsch [f]?

1 Oft sind Versicherungen nicht nötig. _____ [r]
2 Sehr viele Haushalte sind nicht richtig versichert. _____ ☐
3 Eine Lebensversicherung ist sehr wichtig. _____ ☐
4 Eine Privathaftpflichtversicherung ist sehr wichtig. _____ ☐
5 Am besten ist die Beratung von einem Versicherungsunternehmen. _____ ☐
6 Am besten sammelt man viele Informationen. _____ ☐

Vergleichen Sie Ihr Ergebnisse mit der Lösung. Sie sehen:
Sie können einen Text mit vielen unbekannten Wörtern verstehen. Viele Wörter brauchen Sie nicht.

KAPITEL 8

TAGESPLAN, WOCHENPLAN

Aufgaben über Aufgaben

1 Reihenfolge. Was macht man zuerst, was dann, was zum Schluss?

1 Die Bewerbung

> Arbeitsvertrag machen
> Bewerbung schreiben
> Bewerbungsgespräch haben
> ~~Stellenanzeigen lesen~~

Zuerst liest man die Stellenanzeigen.
Dann _____
Dann _____
Zum Schluss _____

2 Am Besucherempfang

> Gesprächspartner nennen
> grüßen   sich bedanken
> Besucherschein ausfüllen

Zuerst _____
_____
_____

2 Frau Röder und Herr Sommer

a) Frau Röders Tagesplan. Tragen Sie die Termine in den Kalender ein.

Um acht Uhr muss Frau Röder das Angebot von Herrn Sommer lesen und mit anderen Angeboten vergleichen. Das dauert etwa eine Stunde. Dann muss sie zum Arzt. Um zehn hat sie einen Termin mit den Mitarbeitern im Einkauf. Dann braucht sie etwa eine halbe Stunde für einige wichtige Anrufe. Dann ist es auch schon Zeit für das Mittagessen um eins mit dem Bereichsleiter, Herrn Hauser. Gegen halb drei besucht sie die Firma C&T, einen Geschäftspartner. Die Fahrt mit dem Auto dauert 30 Minuten. Sie muss also pünktlich losfahren. Zwei Stunden später will sie wieder im Büro sein. Dort muss sie einen Bericht und einige Briefe schreiben. Um sechs muss sie in die Stadt und ein paar persönliche Einkäufe machen. Um halb acht trifft sie Herrn Sommer im Hotel.

19 Montag — Juli

8.00 Angebot Sommer
9.00 Arzt gehen
10.00 Termin mit den Mitarbeitern
11.00 wichtige Anrufe
12.00 Mittagessen
13.00
14.00 Essen sie noch
15.00 Besucht sie die Firma C&T
16.00 Sie sind noch in Besprechung
17.00
18.00 Geht sie in der Stadt.
19.00
20.00 Trifft sie Herr Sommer

b) Schreiben Sie einen Bericht über den Tagesplan von Herrn Sommer.

19 Montag — Juli

9.00 Besprechung Vertrieb
10.00 Anruf SysServe – Installation PC
10.15 Unterlagen Hamburg vorbereiten
12.30 Begrüßung Herr Prantl, Bern
13.00 Mittagessen (Zollikofer, Nowak)
14.00 Taxi Flughafen für 14.45 bestellen
14.45 Abfahrt zum Flughafen
16.17 Abflug LH 048
17.25 Ankunft Hamburg
19.30 Frau Röder, Allianz, Gespräch (Hotel)

Um 9.00 Uhr hat Herr Sommer eine Besprechung mit dem Vertrieb. Um 10.00 Uhr _____
_____
_____
_____

3 Schreiben Sie die Uhrzeiten offiziell und informell.

	offiziell	informell		offiziell	informell
1	um sechs Uhr	um sechs	5		
2	um neun Uhr fünfzehn	um Viertel nach neun	6		
3			7		
4			8		

4 Hauptsätze. Schreiben Sie die Sätze neu. Setzen Sie die fett gedruckten Teile an den Anfang.

1 Herr Sommer hat **zuerst** eine Besprechung im Vertrieb.
   Zuerst hat Herr Sommer eine Besprechung im Vetrieb.

2 Den Anruf bei SysServe macht er **nach der Besprechung**.
   Nach der Besprechung macht er den Anruf bei SysServe.

3 Er bereitet **von Viertel nach zehn bis halb eins** die Unterlagen für Hamburg vor.
   Von Viertel nach zehn bis halb eins bereitet die Unterlagen für Hamburg vor.

4 Um halb eins will **er** Herrn Prantl aus Bern begrüßen.

5 Herr Sommer isst um eins **mit Herrn Zollikofer und Frau Nowak** zu Mittag.

6 Um zwei Uhr bestellt er **das Taxi zum Flughafen**.

7 Herr Sommer fliegt **um 16.17 Uhr** nach Hamburg ab.

5 *früher, später, länger, kürzer.* Was ist anders? Schreiben Sie.

- Was ist in der neuen Planung früher als in der alten Planung?
- Was ist später?
- Was ist kürzer, was dauert länger?
- Wofür hat Herr Sommer mehr Zeit, wofür hat er weniger Zeit?

alte Planung	neue Planung
9.00 Besprechung Vertrieb	9.30 Begrüßung Herr Prantl
10.00 Anruf SysServe	10.00 Besprechung Vertrieb
10.15 Unterlagen Hamburg vorbereiten	11.00 Anruf SysServe
12.30 Begrüßung Herr Prantl	11.15 Unterlagen Hamburg vorbereiten
13.00 Mittagessen	13.00 Mittagessen
14.45 Abfahrt zum Flughafen	15.45 Abfahrt zum Flughafen
16.17 Abflug nach Hamburg	17.17 Abflug nach Hamburg
17.25 Ankunft in Hamburg	18.25 Ankunft in Hamburg
19.30 Frau Röder, Gespräch	20.00 Frau Röder, Gespräch

Für die Vorbereitung von den Unterlagen für Hamburg hat Herr Sommer in der alten Planung mehr Zeit als in der neuen Planung.

Die Begrüßung von Herrn Prantl ist in der alten Planung

KAPITEL 8 | Tagesplan, Wochenplan

Herr Sommer, Sie sollen ...

A 1 **Das Modalverb *sollen*. Ergänzen Sie die passende Form.**

1 Ich muss nach München. Der Chef sagt, ich _soll_ noch heute fahren.
2 Hallo Michael, ich habe gerade mit Frau Wiese gesprochen. Du _____ zum Chef kommen.
3 Frau Wiese, ich habe hier eine Notiz. Sie _____ den Konferenzraum für 16.00 Uhr reservieren.
4 SysServe hat angerufen. Herr Sommer _____ dort anrufen.
5 Die Pläne sind fertig. Wir _____ alle ins Labor kommen und sie besprechen.
6 Heinz und Karin, jemand muss die Besucher begrüßen. Eva meint, das _____ ihr machen.
7 Wir haben leider keine Zeit. Das _____ die Kollegen aus dem Marketing machen.

A 2 **Ergänzen Sie *wollen, können, müssen, dürfen, sollen* in der passenden Form.**

1 Ab morgen arbeite ich im Vertrieb. Das ist sehr schwer. Aber mein Chef sagt, ich _kann_ das.
2 Du möchtest lieber die schwerere Arbeit machen? Bist du sicher? _____ du das wirklich?
3 Die unregelmäßigen Verben _____ man nicht erklären. Die _____ man lernen.
4 Ich möchte Frau Röder sprechen. Sie _____ mich so schnell wie möglich anrufen. Bitte sagen Sie ihr das.
5 Nicht links abbiegen! Das _____ man hier nicht. Das ist verboten.
6 _____ ihr am Mittwoch um halb zehn zu mir kommen? Habt ihr da Zeit?
7 Paul verstehe ich nicht. Zuerst sagt er ja, dann sagt er nein. Was _____ er denn jetzt?
8 _____ ich wirklich nach Hamburg fahren? Ist das nötig? Oder _____ das vielleicht ein anderer Mitarbeiter für mich machen?
9 Firma Krone hat angerufen. Sie brauchen unsere Lieferung sofort. Wir _____ sie nicht mit der Post schicken, sondern sie selbst bringen.
10 _____ ich Ihnen ein Glas Bier anbieten. – Nein, ich _____ kein Bier trinken. Ich bin mit dem Auto da.

B2 3 **Wann, ab wann, wie lange? Ergänzen Sie *ab, bis, dann, in, seit, von, vor*.**

▸ Frau Müller, in Ihrem Bewerbungsschreiben haben Sie ja schon über Ihre berufliche Vergangenheit berichtet. Können Sie das noch einmal etwas genauer beschreiben? (1) _Seit_ wann arbeiten Sie im Bereich Vertrieb und Marketing.
▸ Gern. Ich arbeite (2) _vor zeit_ zehn Jahren im Bereich Vertrieb und Marketing. (3) _Vor_ sieben Jahren bin ich zur Firma Erwai AG nach Bonn gegangen.
▸ Und wie lange waren Sie dort?
▸ Insgesamt drei Jahre, (4) _von_ November 1997 (5) _bis_ Ende 2000. (6) _Dann_ habe ich vier Jahre für die Erwai AG im Ausland gearbeitet.
▸ Das gefällt uns gut, Frau Müller. Wann können Sie bei uns anfangen?
▸ (7) _Ab in_ drei Monaten.
▸ Also gut, (8) _ab_ Januar nächstes Jahr.

Tagesplan, Wochenplan **KAPITEL 8**

4 Ja ... – Nein ... – Nein ..., sondern ... – Doch ... – Richtig ... Schreiben Sie Sätze.

handwritten note: but (in a negative sentence). Negative 'yes'.

1 ▸ Kommt er aus Bonn?　　　▸ *Ja, er kommt aus Bonn.*
　　　　　　　　　　　　　　▸ *Nein, er kommt nicht aus Bonn, sondern aus Bern.* (Bern)

2 ▸ Kommt er nicht aus Bonn?　▸ *Doch, er kommt aus Bonn.*
　　　　　　　　　　　　　　▸ *Nein, er kommt nicht aus Bonn.*

3 ▸ Er kommt aus Bonn.　　　　▸ *Richtig, er kommt aus Bonn.*
　　　　　　　　　　　　　　▸ *Nein, er kommt nicht aus Bonn.*

4 ▸ Ist Michael im Büro?　　　▸ *Ja,* _____.
　　　　　　　　　　　　　　▸ *Nein,* _____, *sondern* _____. (Hamburg)

5 ▸ Ist Michael nicht im Büro?　▸ *Doch,* _____.
　　　　　　　　　　　　　　▸ *Nein,* _____.

6 ▸ Michael ist im Büro.　　　▸ *Richtig,* _____.
　　　　　　　　　　　　　　▸ *Nein,* _____.

7 ▸ Kommt Heinz um 12.00 Uhr? ▸ _____.
　　　　　　　　　　　　　　▸ _____. (9.30 Uhr)

8 ▸ Kommt er nicht um 12.00 Uhr? ▸ _____.
　　　　　　　　　　　　　　▸ _____.

9 ▸ Er kommt um 12.00 Uhr.　　▸ _____.
　　　　　　　　　　　　　　▸ _____.

5 Notizen im Terminkalender

a) Machen Sie Notizen mit Verben oder Nomen auf *-ung*.

1 Um acht bespreche ich die Pläne im Vertrieb.
2 Dann bereite ich wichtige Unterlagen vor.
3 Um zehn soll ich Herrn Prantl begrüßen.
4 Um elf bestelle ich die Geräte.
5 Um zwölf möchte ich die Räume besichtigen.

8.00　*Pläne besprechen*
9.00　_____ *vorbereiten*
10.00　_____
11.00　_____
12.00　_____

8.00　*Besprechung Pläne*
9.00　_____ *Unterlagen*
10.00　_____
11.00　*Bestellung*
12.00　_____

b) Schreiben Sie Notizen zu diesen Sätzen.

1 Um 16.17 fliege ich mit der LH 048 ab.　　*16.17 Abflug mit LH 048*
2 Um 17.25 komme ich in Hamburg an.　　_____
3 Um 18.00 rufe ich zu Hause an.　　_____
4 Um 19.30 spreche ich mit Frau Röder.　　_____
5 Morgen um 7.00 reise ich nach München.　　_____

c) Bilden Sie Nomen auf *-ung* oder Verben.

1 führen　　　　*die Führung*　　　　6 leisten　　　　_____
2 *besichtigen*　　die Besichtigung　　7 _____　　die Beratung
3 _____　　die Versicherung　　8 verpacken　　_____
4 anmelden　　*die* _____　　　9 _____　　die Begrüßung
5 bezahlen　　_____　　　　　10 _____　　die Ausstellung

Kapitel 8 | Tagesplan, Wochenplan

Reiseplanung

1 billiger, teurer, schneller, langsamer, größer, kleiner

a) Vergleichen Sie die Verkehrsmittel. Schreiben Sie Sätze.

Die Bahn DB

Zeit	Dauer	Umst.	Zug	Preis
ab 23:05 an 09:21	10:16	2	IC; EC; ICE	104,20 EUR
ab 05:02 an 11:00	5:58	0	ICE	107,00 EUR
ab 06:09 an 12:15	6:06	1	ICE	107,00 EUR

Lufthansa

Zeiten
0630 – 0745
0700 – 0815
0715 – 0835
0720 – 0840
0845 – 1000

Preis: 219 EUR

Hertz

Tagespauschalpreise Pkw

VW Polo	EUR 80,–
Mercedes A 140	EUR 96,–
VW Golf	EUR 96,–
Opel Vectra	EUR 104,–
Audi A4	EUR 113,–
Mercedes C 220	EUR 172,–
VW Sharan	EUR 172,–

1 Zug 23.05 – 6.09 / langsam – schnell: _Der Zug um 23.05 Uhr ist langsamer als der Zug um 6.09 Uhr. Ich nehme den schnelleren._
2 Zug 23.05 – 6.09 / billig – teuer: _____
3 Zug – Flugzeug / langsam – schnell: _____
4 VW Polo – Mercedes C 220 / billig – teuer: _____
5 VW Polo – VW Sharan / klein – groß: _____
6 _____
7 _____

b) Sprechen Sie die Sätze klar, deutlich und immer schneller.

2 dann

a) Zwei Mal *dann*: Zeit (wann) oder Begründung (warum)?

1 Ich bringe jetzt die Briefe zur Post. **Dann** fahre ich nach Hause.   _wann_
2 Ich schreibe jetzt einige Briefe. **Dann** kommen sie noch vor 18.00 Uhr zur Post.   _warum_
3 Ich fahre mit dem Zug nach Hamburg. **Dann** komme ich gleich in der City an.   _____
4 Zuerst informiere ich die Leute über das Feuer. **Dann** rufe ich die Feuerwehr an.   _____
5 Übermorgen kommt Herr Prantl zu Besuch. **Dann** können wir seine Fragen beantworten.   _____
6 Übermorgen sind wir in Köln. **Dann** fahren wir nach Hamburg weiter.   _____
7 Ich fahre etwas früher. **Dann** habe ich etwas mehr Zeit in Hamburg.   _____
8 Du musst zuerst den roten Knopf drücken. **Dann** funktioniert das Gerät auch!   _____

b) Schreiben Sie Sätze mit *dann*.

Was machen Sie?	**Warum machen Sie das?**
1 viel üben	gut Deutsch sprechen können
Ich übe viel Deutsch,	_dann kann ich gut Deutsch sprechen._
2 den Text genau lesen	alles richtig verstehen
3 die Wörter immer wieder lernen	sie nicht vergessen
4 viel sprechen	die Aussprache verbessern

Tagesplan, Wochenplan | **KAPITEL 8**

B1 **3** *um ... – genau ... – Punkt ... – gegen ... – ca. – kurz vor/nach ...* Schreiben Sie.

	So schreibt man:	So kann man sagen:
1	8.46 Uhr	8 Uhr 46 / genau 14 Minuten vor neun (Uhr) / ca. Viertel vor neun
2	9.58 Uhr	9 Uhr 58 / gegen zehn (Uhr) / kurz vor zehn (Uhr)
3	13.00 Uhr	Punkt 13 Uhr / Punkt eins / Punkt ein Uhr
4	13.05 Uhr	13 Uhr fünf / kurz nach eins / kurz nach ein Uhr
5	12.29 Uhr	
6	17.00 Uhr	
7	19.22 Uhr	
8	11.04 Uhr	
9	11.32 Uhr	
10	18.10 Uhr	

B2 **4** Schreiben Sie Sätze mit *aber* oder *sondern*.

1 kommen: Herr Prantl / früher als geplant — Herr Prantl kommt, aber (er kommt) früher als geplant.
2 fahren: er nicht nach Berlin / nach Bern — Er fährt nicht nach Berlin, sondern (er fährt) nach Bern.
3 kaufen: wir keinen PC / einen Drucker — Wir kaufen
4 schreiben: wir einen Brief / als E-Mail schicken
5 abbiegen: Sie nicht links / rechts
6 ankommen: der Zug nicht um 8.00 / um 8.05
7 lernen: er Deutsch / noch nicht lange
8 machen: wir die Reparatur / erst morgen

B3 **5** Herr Sommer telefoniert mit Herrn Lechleitner. Was sagt Herr Lechleitner?

▸ Guten Tag, Herr Lechleitner. Hier spricht Sommer.

1 ▸ Grüß Gott, Herr Sommer. Wie geht es Ihnen?

▸ Gut, danke. Und Ihnen? Ich freue mich auf unser Treffen morgen früh bei Ihnen in München.

2 ▸ _____

▸ Das ist schön. Aber ich bin noch in Hamburg. Heute kann ich nicht mehr nach München fahren.

3 ▸ _____

▸ Doch, morgen früh bin ich in München. Ich nehme den Nachtzug von Hamburg nach München.

4 ▸ _____

▸ Kurz nach sieben. Um neun bin ich bei Ihnen. Geht das? Hoffentlich ist der Zug pünktlich.

5 ▸ _____

▸ Vielen Dank. Bis Morgen, Herr Lechleitner.

6 ▸ _____

▸ Danke, Herr Lechleitner. Dann also bis morgen früh um neun.

7 ▸ _____

▸ Auf Wiederhören.

KAPITEL 8 | Tagesplan, Wochenplan

6 Wortfamilien

fahren:
(1) die _Fahrt_   (2) ab_____   (3) die _____karte   (4) die _____zeit
(5) der _____er

fliegen:
(1) der _____   (2) der Ab_____   (3) Rück_____   (4) das _____zeug
(5) der _____ hafen

sprechen:
(1) be_____   (2) die Be_____ung   (3) das Ge_____   (4) die _____e
(5) die Aus_____e

kaufen:
(1) ein_____   (2) der _____   (3) der Ver_____   (4) der _____mann
(5) der Ein_____

Viel zu tun

1 Der Schreibtisch von Frau Wiese

1 Um 9.00 kommt Herr Moser von Firma Ermatec. Legen Sie bitte alle Unterlagen zurecht!

2 Wichtig! Die Vertriebskonferenz ist schon heute Vormittag, 10.00. Bitte informieren Sie alle Teilnehmer.

3 Geben Sie Frau Jaklova (der Praktikantin aus Tschechien) den Praktikumsplan. Sie kommt um 8.00 Uhr. Ich treffe sie später.

4 Kein Papier mehr! Bitte Papier bestellen!

5 Achtung!! Geburtstag vom Chef !! Blumen, kleines Geschenk!

6 Muss morgen nach Hamburg. Bitte Fahrkarte besorgen. (Abfahrt gegen 14 Uhr). Danke! Sommer

a) Machen Sie aus den Nachrichten Kurznotizen.

1 _9.00: Moser/Ermatec. Bitte Unterlagen zurechtlegen_
2 _____
3 _____

b) Machen Sie aus den Kurznotizen Nachrichten mit ganzen Sätzen.

4 _Wir haben kein Papier mehr. Bitte bestellen Sie Papier!_
5 _____
6 _____

c) Frau Wiese hat ihren Arbeitsplan gemacht. Schreiben Sie.

1. Praktikumsplan an Frau Jaklova	_Als Erstes gebe ich Frau Jaklova den Praktikumsplan._
2. Teilnehmer an Vertriebskonferenz informieren	_Als Zweites_ _____
3. Unterlagen Termin Moser zurechtlegen	_Als_ _____
4. Papier bestellen	_____
5. Fahrkarte für Herrn Sommer besorgen	_____
6. Geburtstagsgeschenk für den Chef kaufen	_____

Tagesplan, Wochenplan | **KAPITEL 8**

2 Warum müssen wir das machen?

a) Ordnen Sie zu.

Was machen:
1 die Feuerwehr benachrichtigen
2 Blumen kaufen
3 den Besucher persönlich begrüßen
4 etwas essen
5 schnell die Briefe schreiben
6 den Kundendienst anrufen

Warum:
a) Die Post schließt um 18.00 Uhr.
b) Der Computer funktioniert nicht.
c) Der Chef hat Geburtstag.
d) Das Gebäude brennt.
e) Wir haben noch nichts gegessen.
f) Er ist ein wichtiger Kunde.

b) Schreiben Sie Sätze mit *weil*.

1 *Wir müssen die Feuerwehr benachrichtigen, weil das Gebäude brennt.*
2 _____
3 _____
4 _____
5 _____
6 _____

3 Eine Faxnachricht schreiben

Fax-Nachricht

Von: Ampex GmbH & Co. KG
Michael Sommer, Vertrieb
An: DirektmarktConsult
Frau Schwanitz
Fax: 03455/812-321

Betr.: Unser Termin am Freitag, 23.07.

Sehr geehrte Frau Schwanitz,

den o. g. Termin muss ich absagen. Ein wichtiger und dringender Termin in Hamburg ist dazwischengekommen. Leider kann ich diese Reise nicht verschieben. Können wir den Termin auf nächste Woche Freitag verschieben, Ort und Zeit wie vereinbart? Bitte geben Sie mir kurz Bescheid. Vielen Dank für Ihr Verständnis.

Mit freundlichen Grüßen
M. Sommer
Michael Sommer

Schreiben Sie eine Fax-Nachricht an die Alsco GmbH. Benutzen Sie das Fax von Herrn Sommer an Frau Schwanitz als Vorlage für Ihren Text.

- Sie schreiben an die Alsco GmbH, Fax Nr. 089-627341.
- Sie sind Mitarbeiter der Firma Schneider, Hamburg.
- Ihr Schreiben geht an Herrn Lämmert (Geschäftsführung).
- Ihr Thema ist der Termin mit Herrn Lämmert am Montag, den 12. Mai.
- Der Termin klappt nicht. Sie haben am 12. Mai einen wichtigen Besucher aus Japan. Sie können das Treffen mit dem Besucher nicht absagen.
- Vorschlag: Donnerstag oder Freitag, 15. oder 16. Mai, Zeit und Ort wie in der alten Planung.

4 Welchen Termin hat Herr Sommer abgesagt, vorgezogen, verschoben?

8.00	*Den Termin mit der Werkstatt hat er auf*
9.00 Werkstatt (Service Auto)	*Den Termin mit* _____
10.00 Post erledigen	
11.00 ~~Frau Schwanitz~~ → nächste Woche	
12.00 Mittagessen mit Hr. Fischer	
13.00 ~~Friseur~~ → Bewerbungsgespräche	
14.00	
15.00 Dagmar treffen	
16.00	

KAPITEL 8 | Tagesplan, Wochenplan

D **5** **Der Termin in München. Schreiben Sie einen Text. Beginnen Sie am Ende.**

> Herr Fessel geht in Urlaub. ← Jemand muss den Termin von Herrn Fessel übernehmen. ← Herr Sommer soll nach München fahren. ← Herr Sommer verschiebt den Termin mit Frau Schwanitz. ← Er kann Herrn Lechleitner treffen. ← ~~Nächste Woche kann Herr Sommer auch über seine Gespräche in München berichten.~~ ← ~~Die Terminverschiebung hat auch einen Vorteil.~~

Die Terminverschiebung hat auch einen Vorteil, weil Herr Sommer nächste Woche auch über seine
Gespräche in München berichten kann. Er kann auch über seine Gespräche in München berichten, weil er ...
Er kann..., weil ...

Ein verrückter Tag – nichts hat geklappt!

B1 **1** **Das Verb *wissen***

a) Präsens. Setzen Sie die passenden Formen ein.

▶ Wann fängt denn der neue Kollege bei uns in der Abteilung an? (1) *Weißt* du das?
▶ Nein, das (2) _____ ich nicht. Frag doch mal Frau Wiese, vielleicht (3) _____ sie das.
▶ Die habe ich schon gefragt, aber die (4) _____ es auch nicht.
▶ Und Jan und Rita? (5) _____ die Bescheid?
▶ Sie sagen, sie (6) _____ auch nichts. Und warum (7) _____ ihr nichts?
▶ Niemand (8) _____ etwas. Warum sollen wir dann etwas (9) _____? Du (10) _____ es ja auch nicht.

b) Ergänzen Sie die Tabelle.

Präsens		Perfekt	
ich *weiß*	wir	ich	wir
du	ihr	du	ihr
Sie	Sie	Sie	Sie
er/sie/es	sie	er/sie/es	sie

B3 **2** ***konnte nicht, hat nicht geklappt, keine Zeit ...* Schreiben Sie Dialoge.**

1 Plan: von 8.00 Uhr bis 11.00 Uhr Kunden besuchen – aber: im Büro zu tun

▶ *Was wollten Sie heute machen?*
▶ *Von 8.00 bis 11.00 Uhr wollte ich Kunden besuchen.*
▶ *Haben Sie das gemacht?*
▶ *Nein, ich konnte nicht, ich hatte im Büro zu tun.*

2 Plan: ab 12.00 Uhr Post erledigen – aber: Kunden besuchen

▶ *Was wolltest du heute machen?*
▶ *Ich* _____
▶ *Hast du* _____
▶ *Nein, ich hatte keine Zeit,* _____

3 Plan: am Abend ein paar Freunde treffen – aber: bis 22.00 Uhr in der Firma

▶ _____
▶ _____
▶ _____
▶ _____

4 Plan: Angebot für Herrn Lechleitner schreiben – aber: nicht alle Informationen

▶ _____
▶ _____
▶ _____
▶ _____

Tagesplan, Wochenplan **KAPITEL 8**

3 Ich möchte ... besuchen und mit ... sprechen. Schreiben Sie.

1 Ist Herr Meier im Büro? Ich möchte _ihn_ besuchen und mit _ihm_ sprechen.
2 Ist Frau Wiese im Büro? Ich möchte _____ besuchen und mit _____ sprechen.
3 Sind Jan und Rita im Büro? Ich möchte _____ besuchen und mit _____ sprechen.
4 Bist du im Büro? Ich möchte _____ besuchen und mit _____ sprechen.
5 Sind Sie im Büro? Ich möchte _____ besuchen und mit _____ sprechen.
6 Seid ihr im Büro? Ich möchte _____ besuchen und mit _____ sprechen.

4 Unsere Firma. Ergänzen Sie *mir, ihr, ihm, euch, uns, ihnen*.

Also, Frau Carlson, das ist unsere Firma: Am Empfang sitzt Herr Schulz. Bei (1) _ihm_ kommt auch die Post an. Frau Kalz leitet das Testlabor. Von (2) _____ bekommt man Hilfe bei technischen Problemen. Im Lager arbeiten insgesamt 12 Mitarbeiter. Zu (3) _____ kommen alle Bestellungen von unseren Kunden. Ich selbst arbeite im Vertrieb. Zusammen mit (4) _____ sind wir dort insgesamt fünf Kollegen. Im Vertrieb haben wir direkten Kontakt mit den Kunden. Sie sprechen mit (5) _____ über ihren Bedarf und ihre Wünsche. Und wir sprechen mit (6) _____ über unsere Angebote. Im Sekretariat sitzt Frau Wiese. Mit (7) _____ kann man Termine beim Chef vereinbaren. So, Frau Carlson, jetzt sind wir in der Werbung. Jan und Rita, das ist Frau Carlson. Sie arbeitet ab morgen für zwei Wochen hier bei (8) _____ in der Abteilung.

5 Bilden Sie Sätze.

1 schicke / ein Paket / dir / ich
   Ich schicke dir ein Paket.

2 Petra / mir / schreibt / einen Brief
   _____

3 die Unterlagen / gibt / Herrn Sommer / Frau Wiese
   _____

4 kaufen / uns / wir / einen Computer
   _____

5 Frau Carlson / den Praktikumsplan / der Personalleiter / erklärt
   _____

6 schenken / Blumen / die Mitarbeiter / dem Chef
   _____

6 *v* wie *f* in *finden* oder wie *w* in *wissen*? Sprechen Sie und kreuzen Sie an.

	w	f			w	f
1 **V**orschlag	☐	X	11 **V**ater	☐	☐
2 indi**v**iduell	☐	☐	12 **V**erb	☐	☐
3 Akkusati**v**	☐	☐	13 **V**erkauf	☐	☐
4 Nah**v**erkehr	☐	☐	14 Reser**v**ierung	☐	☐
5 **v**oll	☐	☐	15 **V**erwaltung	☐	☐
6 pri**v**at	☐	☐	16 **V**isitenkarte	☐	☐
7 Pullo**v**er	☐	☐	17 **V**okal	☐	☐
8 Ser**v**ice	☐	☐	18 zu**v**erlässig	☐	☐
9 **v**ielleicht	☐	☐	19 Inter**v**iew	☐	☐
10 exklusi**v**	☐	☐	20 **V**iertel **v**or elf	☐	☐

WORTSCHATZARBEIT

Komposita

1 Komposita bilden: 1 + 1 = 2

In der deutschen Sprache kann man sehr einfach neue Nomen bilden: Zwei Wörter → ein neues Wort. Es gibt folgende Komposita:

Nomen	+ Nomen:	→ Ein Seminarraum ist ein Raum (für ein Seminar).
Adjektiv	+ Nomen:	→ Rotwein ist Wein. (Der Wein ist rot.)
Verb	+ Nomen:	→ Eine Schreibmaschine ist eine Maschine. (Man schreibt mit ihr.)
andere Wörter	+ Nomen:	→ Ein Vorname ist ein Name. (Er steht vor dem Familiennamen.)

a) Nomen + Nomen

Nomen + Nomen	Nomen + *(e)s* + Nomen	Nomen + *(e)n* + Nomen	Nomen + *er* + Nomen
das Abendessen	der Abteilung**s**leiter	die Gruppe**n**arbeit	Länd**er**name
die Autobahn	die Arbeit**s**zeit	der Kunde**n**dienst	...
der Bürokaufmann	der Tag**es**plan	der Firm**en**chef	
...	...	...	
	alle Nomen auf *-ung/-tion*	viele Nomen auf *-e*	

Bilden Sie aus den Nomen in den Kästen rechts und links Komposita und tragen Sie sie in die Tabelle ein.

| Computer   Arbeit   Besprechung   Besuch |
| Betrieb   ~~Brief~~   Dame |
| Entwicklung   Familie   Information |
| Kaffee   Sommer   Straße   ~~Tag~~   Telefon |
| Urlaub   Sport   Woche |

| Abteilung   Bekleidung   Besichtigung   Buch |
| Gespräch   Hose   Kleid   Maschine |
| Name   Plan   Programm   Raum |
| Reise   Spiel   Tag   Verkehr |
| ~~Umschlag~~   ~~Zeit~~ |

Nomen + Nomen	Nomen + *(e)s* + Nomen	Nomen + *(e)n* + Nomen
der Briefumschlag, -schläge,	*die Tageszeit, -en,*	

b) Adjektiv + Nomen

| deutsch   rot   ~~schwarz~~ |
| schnell   groß   klein |
| digital   frei   fremd |
| kühl   gesamt   billig |

| Angebot   Zug |
| Schrank   ~~Brot~~ |
| Kamera   Land |
| Preis   Sprache |
| Stadt |
| Unternehmen |
| Wein   Zeit |

c) Verb + Nomen

| ~~bestellen~~   fahren |
| kaufen   reiten |
| schreiben   sitzen |
| tanzen |

| Karte   Mann |
| Musik |
| Platz   ~~Schein~~ |
| Tisch |
| Unterricht |

das Schwarzbrot, -e,

der Bestellschein, -e,

d) andere Wörter + Nomen

1 rück + Fahrkarte → *Rückfahrkarte*
2 hin + Fahrt → _____
3 vor + Teil → _____
4 mit + Arbeiter → _____

5 ab + Flug → _____
6 doppel + Zimmer → _____
7 einzel + Zimmer → _____
8 aus + Sprache → _____

Welche Wörter finden Sie wichtig? Welche Wörter haben Sie schon in Ihr Vokabelheft eingetragen? Welche wollen Sie noch eintragen?

Textarbeit

Texte mit unbekannten Wörtern

1 Unbekannte Wörter erklären

a) Im Text unten finden Sie neue Wörter. Sie sind im Lehrbuch noch nicht vorgekommen, zum Beispiel:
- *die Nachtzugreise* – aber sie kennen die Wörter Nacht, Zug, Nachtzug, Reise. Sie wissen auch, dass eine Nachtzugreise keine Nacht und kein Zug, sondern eine Reise (mit dem Nachtzug) ist.
- *die Unternehmung* – aber Sie kennen das Wort Unternehmen. Überlegen Sie: Hat Unternehmen und *Unternehmung* hier dieselbe Bedeutung?
- *die Kategorie* – vielleicht kennen Sie dieses Wort aus Ihrer Sprache, aber Sie können den Text auch ohne dieses Wort verstehen.
- *das Abteil* – dieses Wort ist wichtig. Überlegen Sie:
  1 Das Thema ist: Züge, Nachtzüge
  2 Was gibt es im Abteil? Was steht dazu im Text?
  3 Man kann ein ... oder ein Abteil buchen.
  4 Wie viele Personen passen in ein Abteil?
  5 Sie kennen schon die Wörter Teil, Abteilung. Was ist also ein Abteil?

b) Suchen Sie im Text die Antwort zu folgenden Fragen. Benutzen Sie kein Wörterbuch.
1 Wie viele Anbieter von Nachtzügen gibt es?
2 In welchem Land muss man für das Frühstück extra bezahlen?
3 Welches Angebot kann man für eine Reise nach Polen benutzen?
4 Mit welchem Nachtzug fahren Sie in Deutschland?
5 Was meinen Sie: Welches Angebot ist am bequemsten und am teuersten? Warum?

Ihre komfortable Nachtzugreise wird Ihnen von verschiedenen Partnerbahnen angeboten. Jede einzelne hat ihre eigenen Vorzüge. Je nach Strecke bringt Sie einer dieser Nachtzüge an Ihr Ziel.

Die **CityNightLine AG** ist eine Schweizer Unternehmung und verbindet mit ihren Zügen als Premium-Marke viele Städte Deutschlands mit den Metropolen der Schweiz, Österreich und den Niederlanden. Sie haben die Wahl zwischen den Kategorien De Luxe Single und Double (mit Dusche und WC im Abteil) sowie Economy Single, Double und Vierer (mit Waschgelegenheit). Das Frühstück ist im Preis inbegriffen.

Der **UrlaubsExpress** der Bahn verkehrt saisonal und bringt Sie von Deutschland direkt in die schönsten Ferienregionen Österreichs, Italiens und der Schweiz. Sie haben die Wahl zwischen einer Einzelbett- oder Abteilbuchung. Die Abteile können mit bis zu 3 Personen belegt werden. Eigene Waschgelegenheit im Abteil. Das Frühstück ist im Preis inbegriffen.

Der **D-Nacht** ist ein Angebot verschiedener osteuropäischer Bahngesellschaften und Ihre bequeme, zeitsparende Verbindung in acht Länder Osteuropas. Sie haben in der Regel die Wahl zwischen einer Einzelbett- oder einer Abteilbuchung. Die Abteile können mit bis zu 4 Personen belegt werden. Eigene Waschgelegenheiten sind im Abteil vorhanden. Das Frühstück ist im Preis inbegriffen (Ausnahme: Tschechien).

Der **DB NachtZug** bietet ein dichtes Streckennetz, das neben vielen innerdeutschen Zielen auch Ziele in Dänemark, Belgien, Frankreich, Italien und in der Schweiz umfasst. Sie haben die Wahl zwischen einer Einzelbett- oder Abteilbuchung. Die Abteile können mit bis zu 3 Personen belegt werden. Sie verfügen über eigene Waschgelegenheit bzw. auf einigen Linien über eigene Dusche/WC im Abteil. Das Frühstück ist im Preis inbegriffen.

Der **EuroNight** ist ein Angebot der Partnerbahnen aus Österreich, Italien und Ungarn. Sie haben die Wahl zwischen einer Einzelbett- oder Abteilbuchung. Die Abteile können mit bis zu 3 Personen belegt werden. Eigene Waschgelegenheit im Abteil. Das Frühstück ist im Preis inbegriffen.

Die Nachtzüge bieten ideale Bedingungen für Ihre Geschäftsreise: einen erholsamen Schlaf, die frühe und zentrale Ankunft am Reiseziel, ohne Transfer direkt in der City und keinen Zeitdruck durch die späte Abfahrt. So können Sie Ihren Termin in Ruhe wahrnehmen. Am Abend gönnen Sie sich einen kleinen Imbiss und einen Drink im Zugrestaurant – so fahren Sie entspannt zurück und kommen ausgeschlafen zu Hause an.

---

c) Was bedeuten die folgenden Wörter und Ausdrücke? Können Sie das jetzt sagen?
- die Wahl
- Dusche
- WC
- Waschgelegenheit
- im Preis inbegriffen
- die Ausnahme

TEST

Name: _____

1 Lesen

Suchen Sie die Informationen im Text unten.

Angaben zur Person:		Angaben zum Unternehmen:		
1 Alter:	_42_	8 Land:	_____	1
2 Ausbildung:	_____	9 Hauptgeschäftsbereich:	_____	1 + 1
3 Dauer der Ausbildung:	_____	10 weitere Dienstleistungen:	_____	1 + 1
4 Familienstand:	_____	11 Kunden-/Servicecenter:	_____	1 + 1
5 Kinder (Zahl):	_____	12 Beschäftigte:	_____	1 + 1
6 Wohnort:	_____	13 Verträge (Zahl):	_____	1 + 1
7 Firmenzugehörigkeit (Dauer):	_____	14 Jahresumsatz:	_____	1 + 1

☐ 13

Herr Ruhleder ist 42 Jahre alt. Er hat Versicherungskaufmann gelernt. Diese Ausbildung dauert drei Jahre. Er hat sie im Alter von 19 Jahren erfolgreich beendet und hat eine Stelle als Versicherungskaufmann gefunden. Er ist verheiratet und hat einen Sohn und eine Tochter. Er lebt und arbeitet in Zürich. Bei der Basel Versicherungs-AG arbeitet er fast 20 Jahre.
Die Basel AG gehört zu den größten Versicherungen in der Schweiz. Sie ist auf Kraftfahrzeug-Haftpflichtversicherungen spezialisiert. Das ist ihr wichtigstes Produkt. Daneben bietet sie auch Personen-Haftpflichtversicherungen, Sachversicherungen usw. an. 87 Geschäftsstellen und 3 900 Mitarbeiter bieten optimale Kundennähe. Die Basel Versicherungs-AG hat sich in den letzten Jahren kontinuierlich entwickelt. Mit 2 860 000 Verträgen nimmt sie jährlich mehr als eine Milliarde Euro ein.

2 Hören

Hören Sie das Telefongespräch von Herrn Lechleitner mit Herrn Sommer im Lehrbuch S. 113, Aufgabe B3, und ergänzen Sie die Informationen in der Notiz an seinen Mitarbeiter.

> Telefonnotiz
> Betr.: Besuch Herr Sommer (morgen, Do., 22.07.)
> Herr Sommer kommt nicht mehr am (1) _Abend_ an,
> sondern erst am (2) _____ mit dem Nachtzug aus
> (3) _____ . Abfahrt in (4) _____ , um
> (5) _____ . Ankunft in München: (6) _____
> Termin bei uns: (7) _____

1
1 + 1
1 + 1
1

☐ 6

3 Redeintentionen

Wie heißen die Antworten? Ergänzen Sie.

1 ▶	Würdest du gern bei einer Versicherung arbeiten?	▶	Nein, _ich würde lieber_ bei einer Bank arbeiten.	
2 ▶	Was meinst du, ist deine Arbeit interessant?	▶	Ja, ich _____ sehr interessant.	1,5
3 ▶	Hast du den Drucker schon installiert?	▶	Ja, das _____ .	1,5
4 ▶	Gefällt dir die Arbeit bei der Colonia AG?	▶	Ja, die _____ gut.	1,5
5 ▶	Haben Sie schon mit Herrn Sommer gesprochen?	▶	Nein, das war _____ , er war nicht im Büro.	1,5

☐ 6

KAPITEL 7 UND 8

Name: _____

4 Wortschatz

Was ist richtig? Kreuzen Sie an: a), b) oder c).

> Sehr geehrte Damen und Herren,
>
> Sie (1) _____ eine Bankkauffrau im Alter (2) _____ 25 und 45 Jahren mit Erfahrungen im (3) _____ Investmentberatung. Die (4) _____ soll selbstständig, aber auch gut im Team arbeiten können, flexibel und belastbar sein. Ich bin 32 Jahre alt und habe (5) _____ meiner Ausbildung zur Bankkauffrau zuerst bei der Stadtsparkasse Siegen und dann bei der Deutschen Bank (6) _____. Im Moment leite ich ein Team von fünf (7) _____ in der (8) _____ für Privatkunden. Ich spreche und (9) _____ Englisch und Französisch und (10) _____ beide in meiner Tätigkeit. Ich suche eine neue (11) _____ , weil ich (12) _____ in einem international tätigen Unternehmen sammeln möchte. (13) _____ würde ich zu einem persönlichen Gespräch zu Ihnen kommen.
>
> Mit freundlichen Grüßen
>
> Alice Berger

	a)	b)	c)
1	haben	finden	[X] suchen
2	neben	über	zwischen
3	Aufgabe	Bereich	Tätigkeit
4	Bewerberin	Dame	Kollegin
5	dann	nach	später
6	gearbeitet	gefunden	gelernt
7	Betrieben	Kunden	Mitarbeitern
8	Ausstellung	Abteilung	Firma
9	höre	kann	schreibe
10	benutze	möchte	versuche
11	Aufgabe	Bestellung	Sache
12	Tätigkeiten	Meinungen	Erfahrungen
13	Bald	Gern	Jetzt

☐ 12

5 Grammatik

Was ist richtig? Kreuzen Sie an: a), b) oder c).

(1) _____ wollte Frau Wiese heute Morgen ein Geburtstagsgeschenk für den Chef besorgen. Aber (2) _____ zehn Minuten (3) _____ sie die Nachricht gelesen: Sie muss die Abteilungskonferenz vorbereiten, weil die Konferenz nicht morgen, (4) _____ schon heute ist. Jetzt ist es fünf (5) _____ acht: (6) _____ fünf Minuten kommt Frau Jaklova und (7) _____ ihren Praktikumsplan abholen. (8) _____ 8.15 Uhr ist eine Besprechung mit den Mitarbeitern. Die dauert bis (9) _____. Um neun (10) _____ die Unterlagen für das Kundengespräch fertig (11) _____, hat Herr Sommer ihr gesagt. Das (12) _____ sie nicht vergessen. Sie muss heute ihre Mittagspause verschieben, (13) _____ sie (14) _____ an anderen Tagen erledigen muss.

	a)	b)	c)
1	Dann	[X] Zuerst	Zum Schluss
2	ab	in	vor
3	hat	ist	will
4	aber	sondern	weil
5	bis	gegen	vor
6	Seit	In	Vor
7	darf	kann	möchte
8	Ab	In	Seit
9	halb neun	halb neun Uhr	halb vor neun
10	dürfen	sollen	wollen
11	sein	sind	ist
12	braucht	darf	muss
13	aber	denn	weil
14	mehr als	mehr wie	viel wie

☐ 13

☐ 50

Kapitel 9

Rund um den Computer

Einweisung für Frau Carlson

1 Ergänzen Sie be-, ver-, ein-, aus-, an-.

1 Sie möchten den PC _be_nutzen? Dann muss ich Sie kurz einweisen: Wie _____dient man den PC und wie schließt man die anderen Geräte an den Rechner _____?

2 Zuerst den Rechner _____schalten, dann den Benutzernamen _____geben und mit der Enter-Taste _____stätigen. Am Ende schalten Sie das Gerät bitte wieder _____.

3 Wir müssen Frau Seidel _____rufen. Wir haben mit ihr einen Termin_____einbart, aber den müssen wir auf Freitag _____schieben. Könnten Sie ihr das bitte _____richten?

4 Sehr geehrter Herr Sommer, wir möchten Sie zu unserer Konferenz am Freitag _____laden. Wann kommen Sie hier _____? Bitte _____nachrichtigen Sie uns. _____nutzen Sie öffentliche Verkehrsmittel? Dann können Sie die U-Bahnlinie 6 nehmen und an der Haltestelle Burgstraße _____steigen. Bitte _____stätigen Sie Ihr Kommen. Ich _____grüße Sie dann persönlich bei uns.

2 noch nicht – zuerst – schon – nicht mehr. Schreiben Sie Kurzdialoge.

1 Gerät anschließen
▶ _Sie haben das Gerät noch nicht angeschlossen. Sie müssen es zuerst anschließen._
▶ _Doch, ich habe es schon angeschlossen. Das muss ich nicht mehr machen._

2 Rechner einschalten
▶ _____
▶ _____

3 Kennwort eingeben
▶ _____
▶ _____

3 Bewerbung

a) Zählen Sie die Regeln auf.

Frau Hörbiger macht es richtig:

Zuerst liest sie die Stellenanzeigen.	_Erstens: die Stellenanzeigen lesen_
Dann vergleicht sie die Angebote.	_Zweitens:_ _____
Dann wählt sie das passende Angebot.	_____
Dann schreibt sie die Bewerbung.	_____
Dann bestätigt sie die Einladung zum Bewerbungsgespräch.	_____
Dann bereitet sie das Bewerbungsgespräch vor.	_____
Dann geht sie zum Bewerbungsgespräch.	_____
Zum Schluss unterschreibt sie den Arbeitsvertrag.	_____

b) Richtig bewerben. Schreiben Sie eine Anleitung.

So: _Als Erstes liest man die Stellenanzeigen._
   Als Zweites _____

und so: _Lesen Sie als Erstes die Stellenanzeige._
   Vergleichen Sie als Zweites _____

Rund um den Computer KAPITEL 9

4 Aktiv zuhören bei der Einweisung. Ergänzen Sie den Dialog.

> Wie bitte? Könnten Sie mir das bitte erklären?
> Also, den PC starten, dann die CD-Rom einlegen ... ~~Ja, bitte.~~
> Moment! ... So, jetzt habe ich die Installation gestartet.   Alles klar. Vielen Dank!
> Aha, das habe ich verstanden. Und als Nächstes?
> Ich stecke also das Parallelkabel in den Rechner und den Scanner. Ist das so richtig?

▸ So, jetzt müssen Sie noch Ihren neuen Scanner installieren. Soll ich Ihnen helfen?
▸ _Ja, bitte._

▸ Zuerst müssen Sie den Scanner an den Computer anschließen.
▸ _____

▸ Ja, genau. Als Zweites müssen Sie den Drucker vom PC trennen.
▸ _____

▸ Also: Nehmen Sie das Druckerkabel aus dem Drucker und stecken Sie es am Scanner ein.
▸ _____

▸ Als Nächstes: den Rechner einschalten, die CD-Rom mit der Installationssoftware ins Laufwerk einlegen und das Startmenü abwarten.
▸ _____

▸ Gut. Jetzt haben wir das Startmenü auf dem Bildschirm. Klicken Sie jetzt auf die Schaltfläche *Installieren*.
▸ _____

▸ Folgen Sie jetzt einfach den Anweisungen auf dem Bildschirm. Als Letztes muss man den PC ausschalten und dann neu starten.
▸ _____

5 E-Mail schreiben. Schreiben Sie eine Anleitung.

1 PC einschalten   _Zuerst schalten Sie den PC ein._
2 E-Mail-Programm starten   _Als Zweites_
3 auf die Schaltfläche *E-Mail schreiben* klicken   _____
4 Adresse und Betreff eingeben   _____
5 E-Mail schreiben   _____
6 auf die Schaltfläche *Senden* klicken   _____

Was ist da passiert?

1 Am Bankautomat. Ordnen Sie den Dialog. Nummerieren Sie.

☐ Haben Sie ihn richtig bedient?
☐ Dann hat er gesagt: „Falsche PIN." Aber das ist nicht richtig.
☐ Gut, vielen Dank.
[1] Entschuldigung, könnten Sie mir bitte helfen?
☐ Ich glaube, der Automat funktioniert nicht.
☐ Ja, bitte? Was ist denn passiert?
☐ Und was soll ich jetzt machen?
☐ Versuchen Sie es an dem Gerät da vorne. Das funktioniert sicher.
☐ Ja. Ich habe meine Karte eingesteckt und meine PIN eingegeben.
☐ Und was ist dann passiert?
☐ Oh, das tut mir leid. Das ist eine Störung. Das Problem hatten heute schon einige Kunden.

KAPITEL 9 | Rund um den Computer

2 Was ist los? Ergänzen Sie.

| besetzt | zerbrochen | funktioniert | kaputt | undicht | ~~defekt~~ | angeschlossen |

1 Hier ist es zu dunkel. Wir müssen drei Birnen austauschen. Sie sind _defekt_.
2 Schau, die Tasse ist kaputt. Wer hat sie denn _____?
3 Das Auto kann nicht fahren. Die Benzinleitung ist _____.
4 Ich habe ihn angerufen, aber ich habe ihn nicht erreicht. Es war immer _____.
5 Der Fahrer hat geschlafen und da ist es passiert. Jetzt ist das ganze Auto _____.
6 Das Telefon kann nicht funktionieren. Es ist noch nicht _____.
7 Die Druckerpatrone und die Anschlüsse sind in Ordnung, Papier ist auch da. Aber der Drucker _____ nicht.

3 Verben und Nomen

a) Bilden Sie zu den Verben Nomen und – falls möglich – den passenden Plural.

1	abfahren	_die Abfahrt, die Abfahrten_	16	fahren
2	abfliegen		17	interessieren
3	abreisen		18	planen
4	ankommen		19	rechnen
5	anrufen		20	reisen
6	antworten		21	reparieren
7	arbeiten		22	schreiben
8	austauschen		23	sprechen
9	beginnen		24	starten
10	berichten		25	vergleichen
11	besuchen		26	verkaufen
12	bitten		27	versuchen
13	eingeben		28	vorschlagen
14	einkaufen		29	wünschen
15	empfangen		30	zählen

b) Bilden Sie Sätze mit den Nomen 1 bis 30.

1 _Die Antwort_ gibt Frau Schulz.
2 _____ ist kostenlos.
3 _____ ist für Herrn Sommer.
4 _____ ist interessant.
5 _____ kann man gut lesen.
6 _____ ist kleiner als hundert.
7 _____ war sehr angenehm.
8 _____ ist zu hoch.
9 _____ macht man mit der Tastatur.
10 _____ ist um 14.00 Uhr in Zürich.
11 _____ dauert bis Freitag.
12 _____ ist um zehn Uhr.
13 _____ kostet nicht viel.
14 _____ ist schwer.
15 _____ von Teilen ist möglich.
16 _____ gefällt mir gut.

Rund um den Computer | **KAPITEL 9**

4 Garantieschein

a) Suchen Sie die Antworten im Garantieschein.

Garantie

Unsere Geräte sind robust und zuverlässig. Wir haben sie sorgfältig gefertigt und geprüft. Deshalb geben wir Garantie auf Material und Qualität für die Dauer von 3 Jahren ab Verkaufsdatum.
Innerhalb der Garantiezeit beheben wir Material- und Herstellungsfehler kostenlos durch Reparatur, durch Austausch von Teilen oder durch Austausch des Geräts. Senden Sie uns das defekte Gerät zusammen mit dem Garantieschein und dem Kaufbeleg zu. Bitte machen Sie keine eigenen Versuche zur Behebung der Mängel. In diesem Fall verlieren Sie den Garantieanspruch.

1 Wie lange hat der Käufer Garantie?
   3 Jahre
2 Hat der Käufer Garantie bei Beschädigungen?
   _____
3 Bekommt der Käufer im Schadensfall immer ein neues Gerät?
   _____
4 Was muss der Käufer dem Hersteller im Schadensfall schicken?
   _____
5 Soll der Käufer das Gerät zuerst selbst reparieren?
   _____

b) Was passt zusammen?

1 Der Käufer hat das Gerät schon 4 Jahre. — a) Der Käufer muss es dem Hersteller zusenden.
2 Der Käufer hat das Gerät beschädigt. b) Er hat den Garantieanspruch verloren.
3 Der Käufer wollte das Gerät selbst reparieren. c) Er hat seit einem Jahr keine Garantie mehr.
4 Das Gerät hat einen Materialfehler. d) Der Hersteller behebt den Fehler nicht.

c) Schreiben Sie Sätze mit *deshalb*.

1 _Der Käufer hat das Gerät schon vier Jahre. Deshalb hat er seit einem Jahr keine Garantie mehr._
2 _____
3 _____
4 _____

5 Der Termin in München. Schreiben Sie einen Text.

Herr Fessel geht in Urlaub. → Ein anderer Mitarbeiter muss zum Termin nach München. → Herr Sommer soll nach München fahren und Herrn Lechleitner treffen. → Herr Sommer verschiebt den Termin mit Frau Schwanitz. → Später kann Herr Sommer auch über seine Gespräche in München berichten. → Die Terminverschiebung hat auch einen Vorteil.

Herr Fessel geht in Urlaub. Deshalb muss ein anderer Mitarbeiter zum Termin nach München.
Deshalb soll Herr Sommer ... Deshalb ...

6 Die Reparatur. Schreiben Sie den Text neu. Ersetzen Sie die markierten Wörter.

Ich habe zu Hause eine Digitalkamera. Sie hat immer gut funktioniert. Aber nach einem Jahr war sie kaputt. Ich hatte noch Garantie. Ich bin ins Geschäft gegangen. Dort haben sie dem Hersteller das Gerät geschickt. Der hat ein Teil ausgetauscht. Die Reparatur war kostenlos. Aber es hat ziemlich lange gedauert.

Frau Wiese – im Büro – eine Kaffeemaschine – lange – vier Jahren – keine Garantie mehr – zum Verkäufer – die Werkstatt – das Gerät überprüft – es repariert – billiger als ein neues Gerät – und – nur zwei Tage

Frau Wiese hat im Büro eine Kaffeemaschine. Sie _____
_____

einhundertelf | 111

Kapitel 9 | Rund um den Computer

Hilfe, der Computer spinnt!

1 Was passt? Ordnen Sie zu.

1 Der Drucker druckt nicht.
2 Herr Carey aus Australien ist am Apparat.
3 Der Computer stürzt immer ab.
4 Die Gäste aus den Zimmern 12 bis 20 sind abgereist.
5 Wir brauchen Möbel für unsere neue Wohnung.
6 Wir brauchen Briefumschläge.
7 Das Papier ist ganz schwarz.
8 Die Lampe funktioniert nicht richtig.
9 Sehen Sie, Sie haben das Glas zerbrochen.

a) Aber die Verbindung ist gestört.
b) Auf Beschädigungen gibt es keine Garantie.
c) Sie ist noch ganz leer.
d) Vielleicht ist das Papier nicht richtig eingelegt.
e) Jetzt können wir sie reinigen.
f) Vielleicht ist der Stecker locker.
g) Kannst du die bitte bestellen?
h) Vielleicht ist die Druckerpatrone undicht.
i) Wir müssen das PC-Programm neu installieren.

2 Ist das so? Schreiben Sie Sätze mit *dass*.

1 ▶ Ist die Helligkeit nicht richtig eingestellt?
  ▶ Ja, er meint, _dass die Helligkeit nicht richtig eingestellt ist._

2 ▶ Ist ein falscher Tastaturtreiber installiert?
  ▶ Ja, ich vermute, _dass_ _____.

3 ▶ Haben wir keine Verbindung zum Internet?
  ▶ Ja, der Computer gibt die Meldung, _____.

4 ▶ Hast du keine Garantie mehr?
  ▶ Ja, der Verkäufer sagt, _____.

5 ▶ Ist die Schraube zerbrochen?
  ▶ Ja, ich glaube, _____.

6 ▶ Hat der Zug manchmal Verspätung?
  ▶ Ja, es passiert manchmal, _____.

7 ▶ Muss man zum Schluss den Computer neu starten?
  ▶ Ja, in der Bedienungsanleitung steht, _____.

8 ▶ Gibt es jetzt eine bessere Software?
  ▶ Ja, ich habe gehört, _____.

3 Ergänzen Sie *weil* oder *dass*.

Frau Hörbiger hat zwei Stellenangebote. Sie findet, (1) _dass_ beide Stellen Vor- und Nachteile haben. Bei der Alpina-Versicherung gefällt ihr, (2) _____ sie Firmenkunden beraten kann. Das gefällt ihr, (3) _____ sie die Privatkundenberatung nicht so gern macht. Sie findet die Stelle bei der Alpina auch besser, (4) _____ sie dort einen Firmenwagen bekommt. Den braucht sie, (5) _____ sie Kunden besuchen muss. Aber die Firma möchte, (6) _____ sie zu Haus ein eigenes Büro einrichtet. Das gefällt ihr nicht. Sie glaubt auch, (7) _____ sie bei der Alpina längere Arbeitszeiten als bei der Allianz hat. Aber ihre Freundin meint, (8) _____ die Stelle bei der Alpina besser ist, (9) _____ sie dort selbstständig arbeiten kann. Sie denkt auch, (10) _____ Frau Hörbiger gute Chancen bei der Alpina hat, (11) _____ sie gut Französisch spricht.

Rund um den Computer | **KAPITEL 9**

4 Vermutungen. Schreiben Sie Sätze mit *dass*.

1 Die Kaffeemaschine funktioniert nicht.
   Ich glaube, _dass der Schlauch undicht ist._ ← Schlauch undicht?
   Es ist aber auch möglich, _dass_ _____ ← Stecker nicht eingesteckt?
   Es kann auch sein, _____ ← Kaffeemaschine defekt?

2 Der Computer reagiert nicht auf Tastatureingaben.
   Ich vermute, _____ ← Tastatur nicht angeschlossen?
   Es kann aber auch sein, _____ ← kein Tastaturtreiber installiert?
   Es ist auch möglich, _____ ← Rechner abgestürzt?

3 Herr Müller ist nicht in seinem Büro.
   Es ist möglich, _____ ← besucht einen Kunden?
   Es kann sein, _____ ← bei Dr. Holm im Labor?
   Ich vermute aber, _____ ← zur Firma Altmann gefahren?

5 Aussprache: Knacklaut. Markieren Sie die Stelle vor dem Vokal. Sprechen Sie die Wörter laut.

- Wort|akzent
- Wohnort
- beenden
- Maschinenbauingenieur
- Marketingabteilung
- Garantieanspruch
- Sommeranzug
- einundachtzig
- zuordnen
- geradeaus
- zuerst
- verändern
- Großeltern
- vereinbaren
- beantworten
- Hausaufgabe

6 *Ja, ... – Nein, ... – Doch, ...* Ergänzen Sie die Dialoge.

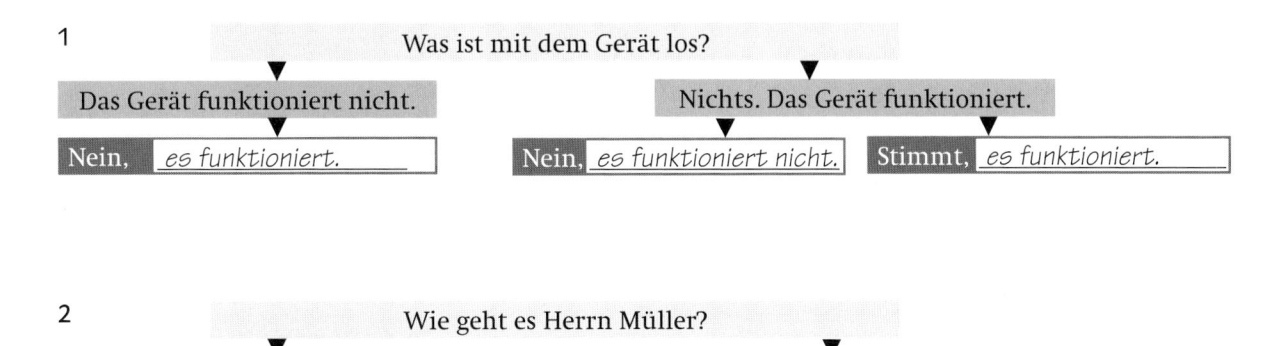

1 Was ist mit dem Gerät los?
   Das Gerät funktioniert nicht. | Nichts. Das Gerät funktioniert.
   Nein, _es funktioniert._ | Nein, _es funktioniert nicht._ | Stimmt, _es funktioniert._

2 Wie geht es Herrn Müller?
   _____ nicht gut.
   Doch, es geht ihm gut. | Nein, _____ | Wirklich, es geht ihm gut.

3 Kommt Herr Sommer heute noch?
   Nein, _____ nicht. | Ich glaube, dass er heute kommt.
   Doch, _____ | Nein, _____ | Ja, _____

4 Hat heute alles geklappt?
   _____ nichts geklappt. | _____ alles geklappt.
   _____ | _____ | _____

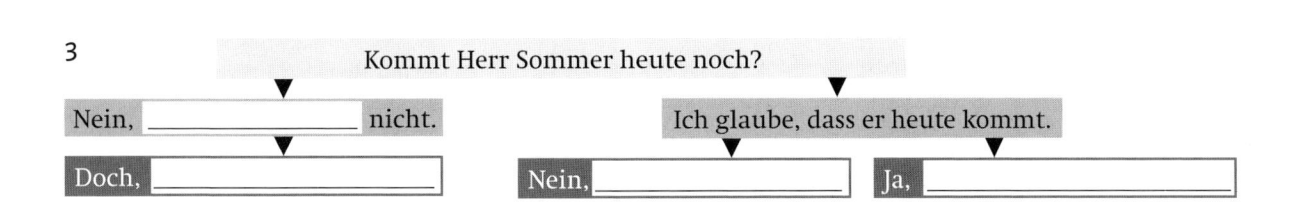

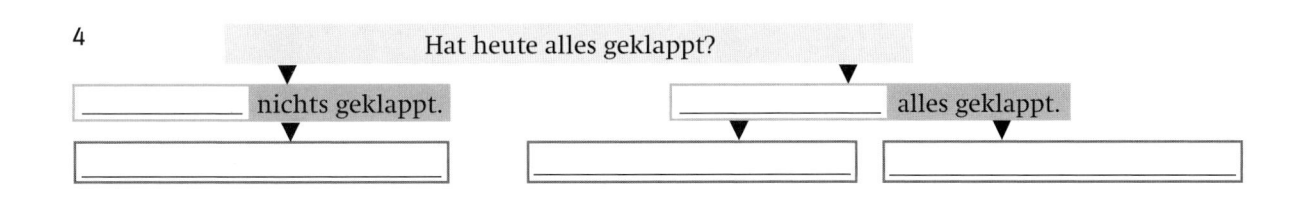

Kapitel 9 | Rund um den Computer

Störungen beseitigen, Defekte und Schäden beheben

1 *beseitigen, beheben, reparieren* oder *lösen*? Ergänzen Sie die Verben in der passenden Form.

1 Stau auf der Autobahn? So eine Verkehrsstörung kann man nicht einfach _beseitigen_.
   Dieses Problem kann man nur mit viel Zeit _____.

2 Da ist nur ein Kabel gerissen. Den kleinen Defekt _____ wir in zwei Minuten.

3 Das ist ein sehr schwerer Unfallschaden. Das Auto kann man nicht mehr _____.

4 Probleme mit Ihrem PC? Die _____ unser Kundendienst schnell und zuverlässig.

5 Das Gerät war nicht kaputt. Wir mussten es nicht _____. Wir mussten nur ein bisschen Wasser _____. Jetzt funktioniert es wieder.

2 Schreiben Sie einen Brief an Frau König. Der Brief im Lehrbuch, S. 128, hilft Ihnen.

Sie sind Mitarbeiter bei der Firma SysServe, Andernacher Str. 23, 90411 Nürnberg. Sie schreiben einen Brief an Frau König. Sie ist Mitarbeiterin bei der Firma Schneidereit KG, Ortenburgstr. 16, 81477 München

Betreff: Reparatur Kopiergerät
Defekt: Eingabetasten defekt (reagieren nicht)
Maßnahme: Eingabefeld austauschen
Preis: kostenlos (Garantie)

SysServe Systemhaus · Andernacher Str. 23 · 90411 Nürnberg

30.04.20...

3 Schreiben Sie Sätze mit *weil* und *deshalb*.

1 Feststellung: Der Drucker druckt nicht. Das Papier ist nicht richtig eingelegt.
   Begründung: _Der Drucker druckt nicht, weil das Papier nicht richtig eingelegt ist._
   Bestätigung: _Das Papier ist nicht richtig eingelegt. Deshalb druckt der Drucker nicht!_

2 Feststellung: Das Papier ist ganz schwarz. Die Druckerpatrone ist undicht.
   Begründung: _____
   Bestätigung: _____

3 Feststellung: Wir leisten keine Garantie. Sie haben das Glas zerbrochen.
   Begründung: _____
   Bestätigung: _____

4 Feststellung: Ich habe Verspätung. Es hat einen Stau auf der Autobahn gegeben.
   Begründung: _____
   Bestätigung: _____

5 Feststellung: Frau Hörbiger kauft Büromöbel. Sie muss ihr Home-Office einrichten.
   Begründung: _____
   Bestätigung: _____

6 Feststellung: Die Reparatur bezahlen wir nicht. Wir haben Garantie auf das Gerät.
   Begründung: _____
   Bestätigung: _____

Rund um den Computer | **KAPITEL 9**

4 Das ist erledigt. Schreiben Sie.

1. Sie müssen das Gerät installieren. ▶ Erledigt! _Es ist installiert._
2. Sie müssen den Stecker einstecken. ▶ Okay, _____.
3. Sie müssen den Druckkopf reinigen. ▶ Erledigt! _____.
4. Sie müssen den Akku aufladen. ▶ In Ordnung, _____.
5. Sie müssen die Leitung abdichten. ▶ So, _____.

5 Wie heißt das Gegenteil?

1. Die Leitung ist **undicht**. – Wie kann man sie denn wieder _dicht_ machen?
2. Das Gerät ist **ausgeschaltet**. – Moment, das haben wir sofort. So, jetzt ist es _____.
3. Herr Müller kommt immer zu **spät**. Frau Schulz kommt immer zu _____.
4. Mein Glas ist noch **voll**, aber dein Glas ist schon wieder _____.
5. Sind die Zimmerpreise im Hotel Spelndide **hoch** oder _____?
6. Was ist los? Geht es Ihnen nicht **gut**? – Nein, mir geht es ziemlich _____.
7. Das Verb *kaufen* ist **regelmäßig**, das Verb *bringen* ist _____.
8. Das Wort *Schaltfläche* ist _____, aber das Wort *schalten* ist **wichtig**.
9. Findest du die Übung auch _____? – Nein, ich finde sie **schwierig**.
10. Ist das Gerät schon **alt**? – Nein, im Gegenteil, noch ziemlich _____. Ich habe noch Garantie.

6 Schreiben Sie Sätze: Hauptsatz + Hauptsatz, Hauptsatz + Nebensatz.

1. Der Filter ist defekt. Wir müssen ihn austauschen.
2. _Der Filter ist defekt. Deshalb müssen wir ihn austauschen._
3. _Wir müssen den Filter austauschen, weil er defekt ist._

4. Die Kanalstraße ist gesperrt. Sie müssen vorher abbiegen.
5. _____
6. _____

7. Mein alter Bürostuhl ist kaputt. Ich brauche einen neuen.
8. _____
9. _____

7 Defekt, Störung, Problem. Schreiben Sie Kurzberichte wie im Beispiel.

> Vor zwei Wochen wollte ich mit dem Auto zur Arbeit fahren. Aber das Auto hat nicht funktioniert. Ich habe vermutet, dass der Starter kaputt ist. Aber das war es nicht. Der Kundenservice hat festgestellt, dass die Batterie alt war. Deshalb habe ich eine neue Batterie gebraucht. Der Service hat die Batterie ausgetauscht.

1. Wer: ich
   Wann: am Samstag
   Was: ins Kino fahren
   Problem: U-Bahn nicht gekommen
   Vermutung: Verspätung
   Feststellung: am Wochenende weniger U-Bahnen
   Folge: nicht pünktlich angekommen
   Maßnahme: Sonntag noch einmal

2. Wer: Heinz und ich
   Wann: um 9.00 Uhr
   Was: etwas besprechen
   Problem: Heinz nicht gekommen
   Vermutung: vergessen
   Feststellung: krank
   Folge: Termin verschieben
   Maßnahme: neuen Termin vereinbart

einhundertfünfzehn | **115**

KAPITEL 9 | Rund um den Computer

Reparatur oder Neukauf?

A 1 Wie heißt das im Schreiben von Herrn Sommer im Lehrbuch, S. 130?

1 Ich danke Ihnen für die Lieferung vom 5.1. → _vielen Dank für Ihre o. g. Lieferung_
2 Wir finden es nicht gut, dass Sie den PC repariert haben. → _____
3 Wir wollten einen neuen PC. → _____
4 Ich habe den PC bei Herrn Kramer bestellt. → _____
5 Herr Kramer hat gesagt, dass das in Ordnung geht. → _____
6 Wir wiederholen jetzt den Auftrag noch einmal. → _____
7 Wir möchten den PC möglichst schnell haben. → _____

A 2 Geht das? Ordnen Sie zu.

1 Ich wollte den Kopierer selbst reparieren.   a) Geht das?
2 Ich habe genug Zeit.   b) Das geht sicher schief.
3 Können Sie den Termin mit Frau Schwanitz absagen?   c) Das geht nicht.
4 Die Lieferung ist immer noch nicht angekommen.   d) Ich glaube, da ist etwas schiefgegangen.
5 Erich will seinen Computer selbst reparieren.   e) Das kann ich noch machen.
6 In vier Stunden mit dem Zug von Hamburg nach Wien?   f) Aber das hat nicht geklappt.

B1 3 Vergleichen Sie: Was schreibt Herr Sommer. Was sagen die SysServe-Mitarbeiter?

Schreiben vom 7.11.:	Die Mitarbeiter sagen aber:
Herrn Kramer angerufen	Herr Kempowski: ihn angerufen
neuen Rechner bestellt	Herr Neumann: Angebot geschrieben keine Bestellung bekommen
mit Herrn Kramer am 29.10. telefoniert	Herr Kramer: war am 29.10. krank
Herr Kramer hat die Bestellung bestätigt	Frau Fröhlich: hat keinen Bestellungsauftrag in der EDV gefunden
wollte keine Reparatur	Frau Fröhlich: hat den Rechner repariert

Im Schreiben vom 7.11. steht, dass Herr Sommer Herrn Kramer angerufen hat. Herr Kemposwski sagt, dass Herr Sommer ihn angerufen hat. Im Schreiben vom 7.11. steht, dass ... Herr Neumann sagt, dass ..., aber dass ...

B2 4 Wie kommunizieren Sie das? Ordnen Sie zu.

| per Fax   per Post   per Mail   per SMS   telefonisch   persönlich |

1 Verspätung mitteilen   _per SMS_   7 Einladung zum Abendessen _____
2 Bewerbung _____   8 Tagesplan mitteilen _____
3 Besucher begrüßen _____   9 Reservierung bestätigen _____
4 Verkaufsverhandlungen _____   10 Preisinformation geben _____
5 Terminvereinbarung _____   11 Waren bestellen _____
6 gemeinsamen Kinobesuch planen _____   12 Produktinformationen geben _____

Rund um den Computer | **KAPITEL 9**

5 Was ist da passiert? Schreiben Sie kurze Berichte wie im Beispiel.

	1 Hans teilt mit:	3 Der Kundendienst berichtet:
Was	kommt heute nicht	Reklamation von Frau Rot gekommen
Warum	krank	Gerät schon wieder defekt
→	verschiebt Termin	tauschen Gerät aus
	2 Von Frau Wiese höre ich:	4 Herr Sommer schreibt:
Was	Chef sucht Herrn Matthäus	neues Gerät bestellt
Warum	will mit ihm sprechen	der defekte Rechner schon alt
→	soll Herrn Matthäus anrufen	den alten Rechner nicht reparieren

1 *Hans teilt mit, dass er heute nicht kommt, weil er krank ist. Deshalb verschiebt er den Termin.*
2 _____
3 _____
4 _____

6 Noch einmal: Mit dem Computer arbeiten. Welche Verben passen zu den Vorsilben?

geben	klicken	laden	laden	passen	schalten	~~schicken~~	schließen
		senden	suchen	warten			

Sie wollen eine Mail (1) ab*schicken*___? Dann müssen Sie natürlich zuerst den Laptop (2) ein_____.
Sie müssen dabei (3) auf_____, dass Ihr Akku (4) aufge_____ ist. Wenn nicht, müssen
Sie den Laptop ans Netz (5) an_____. Jetzt müssen Sie (6) ab_____, bis der
Computer gestartet ist, und dann das Mailprogramm öffnen. Nun müssen Sie die Schaltfläche *Neue
Mail erstellen* (7) an_____. So, jetzt können Sie den Text (8) ein_____. Wollen Sie
dem Empfänger noch eine Unterlage oder eine Abbildung (9) zu_____? Dann müssen Sie
die Datei (10) aus_____ und ins Mail-Programm (11) hoch_____. Zum Schluss
schließen Sie das Mail-Programm.

7 Ein Verb passt nicht. Markieren Sie.

1 die Kommunikation: verbessern – (beheben) – stören – verändern
2 Informationen: geben – verstehen – besichtigen – bestätigen
3 die Reklamation: beantworten – bearbeiten – beseitigen – begründen
4 die Produktion: vermuten – beginnen – verbessern – verschieben
5 die Installation: starten – testen – überprüfen – tun
6 die Organisation: übernehmen – machen – besprechen – erklären
7 die Funktion: fragen – haben – wechseln – übernehmen

8 Problem – Ursache – Lösung. Schreiben Sie.

1 Vorschlag an die Abteilungsleitung:

Problem: jeden Tag 12 Stunden im Büro
Ursache: zu viele Aufgaben
Lösung: Planung verbessern, mehr Personal einstellen (zwei neue Mitarbeiter)

*In unserer Abteilung haben wir das Problem,
dass die Mitarbeiter …, weil sie … Deshalb
schlage ich vor, dass … und dass …*

2 Bericht vom Produktionsleiter:

Problem: viele Unfälle in der Produktion
Ursache: Mitarbeiter beachten die Regeln für die Arbeit an den Maschinen nicht
Lösung: den Mitarbeitern Informationsseminare anbieten, diese Maßnahmen überprüfen

WORTSCHATZARBEIT

Wortschatz ordnen

Ihr Wortschatz ist gewachsen. Das bedeutet auch:
- Sie müssen Ihren Wortschatz ordnen.
- Sie können Ihren Wortschatz ordnen.

1 Wortschatz nach Wortgruppen ordnen

a) Nach der Wortbildung → Wortfamilien, am Beispiel vom Verb *produzieren*

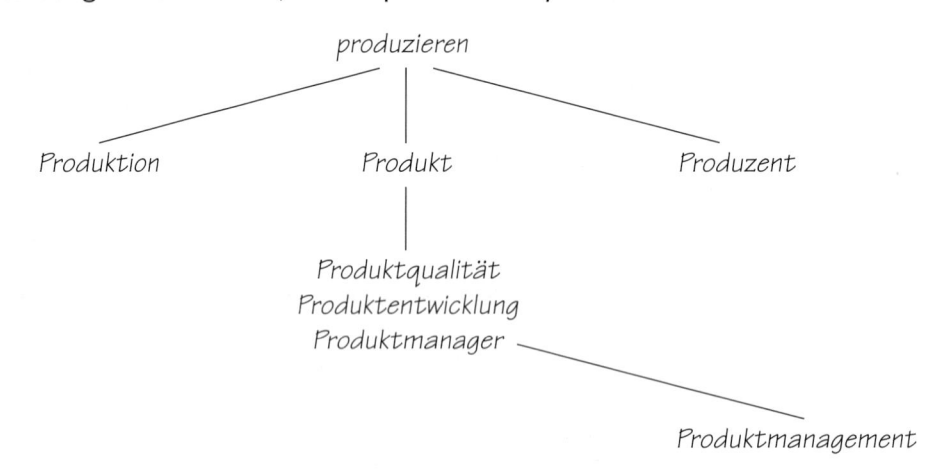

```
              produzieren
         /         |         \
    Produktion   Produkt    Produzent
                   |
              Produktqualität
              Produktentwicklung
              Produktmanager
                         \
                      Produktmanagement
```

b) Nach der Bedeutung, nach dem Kontext → Wortfeld, am Beispiel vom Verb *produzieren*

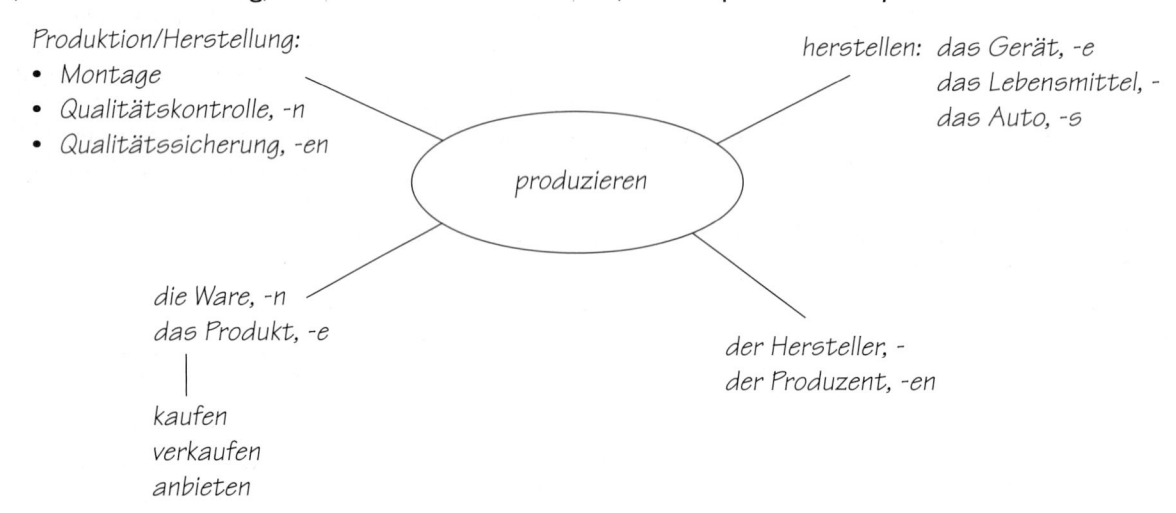

Produktion/Herstellung:
- Montage
- Qualitätskontrolle, -n
- Qualitätssicherung, -en

herstellen: das Gerät, -e
das Lebensmittel, -
das Auto, -s

(**produzieren**)

die Ware, -n
das Produkt, -e
|
kaufen
verkaufen
anbieten

der Hersteller, -
der Produzent, -en

2 Wortgruppen bilden

a) Bilden Sie Wortfamilien zu folgenden Verben.

fliegen   kaufen   reisen

b) Bilden Sie Wortfelder zu folgenden Themen.

(Verkehrsmittel)   (essen)   (Computer)

Textarbeit

Sachtexte lesen

Im Lehrbuch, S. 125, haben Sie schon einen Garantieschein kennen gelernt.

Im Garantieschein rechts finden Sie:
- einige bekannte Wörter
- einige ähnliche Wörter wie im Garantieschein im Lehrbuch, S. 125
- viele neue Wörter

Die neuen Wörter können Sie natürlich im Wörterbuch nachschlagen. Aber das dauert lange, ist schwer und hilft oft nicht weiter.

Überlegen Sie:
- Was steht normalerweise in einem Garantieschein?
- Welche Regeln gibt es in Ihrem Land für die Garantie?

Garantiebedingungen

Wir freuen uns mit Ihnen über den Kauf dieser Kaffeemaschine. Alle Produkte mit diesem Markenzeichen entsprechen dem letzten Stand der Technik und den gültigen Qualitätsnormen. Die hohe Qualität wird durch strengste Kontrollen in der Fertigung gesichert. Sollten Sie während des Garantiezeitraumes eine berechtigte Beanstandung haben, wird diese kostenlos behoben. Der Garantiezeitraum von diesem Gerät beträgt: **24 Monate**.

Der Garantieanspruch beginnt mit dem Kaufdatum. Der kostenlose Service kann nur mit einem Kaufnachweis geltend gemacht werden. Sie können den Service unter folgender Telefonnummer anfordern: **01800/333333**.

Wir empfehlen Ihnen deshalb, den Kaufnachweis sorgfältig aufzubewahren. Dies gilt auch für die Originalverpackung, um einen sicheren Transport zu einem Servicezentrum zu begünstigen. Eine kurze Beschreibung Ihrer Beanstandung wäre sehr hilfreich und unterstützt die schnelle Reparatur des Gerätes. Ausgeschlossen von der kostenlosen Serviceleistung im Garantiezeitraum sind:
- Unsachgemäße Behandlung
- Beschädigung durch Dritte
- Beschädigung durch höhere Gewalt
- Eingriff durch nicht autorisierte Personen
- Transportschäden

Diese Garantiebedingungen beschränken sich auf die **Bundesrepublik Deutschland**. Außerhalb der Bundesrepublik wenden Sie sich bitte an die Verkaufsstelle, wo sie dieses Gerät erworben haben, oder folgen Sie den Hinweisen für den landestypischen Service.

Wir wünschen Ihnen viel Spaß mit Ihrer neuen Kaffeemaschine!

---

1 Suchen Sie die für Sie wichtigen Informationen im Garantieschein. Folgende Aufgaben können Ihnen helfen.

a) Sind die folgenden Punkte für Sie wichtig? Finden Sie die Punkte im Text?

	wichtig	unwichtig	Zeile
1 Die Qualität des Geräts		x	2–5
2 Die Garantiezeit			
3 Was brauchen Sie im Garantiefall?			
4 Was hilft im Garantiefall?			
5 In welchem Fall endet die Garantie?			
6 Gute Wünsche			

b) Beantworten Sie folgende Fragen.

	Ja	Nein	sondern
1 Haben Sie drei Jahre Garantie?		x	2 Jahre
2 Haben Sie Garantie bei Beschädigungen?			
3 Haben Sie auf das Gerät Garantie in Deutschland?			
4 Haben Sie auch Garantie in Japan?			
5 Sind die Leistungen im Garantiefall kostenlos?			
6 Bekommen Sie im Garantiefall immer ein neues Gerät?			
7 Müssen Sie den Kaufnachweis mitschicken?			

KAPITEL 10

NEU IM BETRIEB

Willkommen bei uns!

1 Wie sagt das die Kollegin, wie der Abteilungsleiter? Benutzen Sie die Texte im Lehrbuch, S. 136.

der Abteilungsleiter (Text C)	die Kollegin (Text A)
Ich möchte Ihnen Herrn Gül vorstellen.	_Das ist Herr Gül._
_____	Ich gehe in Rente.
_____	Herr Gül macht meine Arbeit weiter.
Herr Gül hat viel Erfahrung in unserem Bereich.	_____
_____	Herr Gül war zuletzt bei Brunata.
Frau Wössner macht in den nächsten Tagen noch die Übergabe an Herrn Gül.	_____

2 Herr Gül, Diplomingenieur. Ergänzen Sie die Sätze.

> Geduld   Ersatz   Stelle   Erfahrung   ~~Name~~   Ingenieur
> Team   Firma   Anfang

Guten Tag, mein (1) _Name_ ist Gül. Ich übernehme die (2) _____ von Frau Wössner.
Ich hoffe, dass ich ein guter (3) _____ für sie bin. Ich arbeite gern im (4) _____
und freue mich, dass ich jetzt mit Ihnen zusammenarbeiten kann. Aber am (5) _____
müssen Sie mir bestimmt oft helfen und (6) _____ mit mir haben.
Ich bin (7) _____ für Messtechnik, war bis jetzt bei einer süddeutschen
(8) _____ tätig und habe fünf Jahre (9) _____ im Bereich Energiemessung.

3 Schreiben Sie Sätze mit *weil*.

1 Eine alte Mitarbeiterin geht in den Ruhestand. Deshalb sucht Fa. Körner einen neuen Mitarbeiter.
  Firma Körner sucht einen neuen Mitarbeiter, weil eine alte Mitarbeiterin in den Ruhestand geht.

2 Firma Körner gibt Herrn Gül die Stelle. Er hat viel Erfahrung im Bereich Messtechnik.
  _____

3 Herr Gül möchte bei einer großen Firma arbeiten. Deshalb möchte er bei der Firma Körner arbeiten.
  _____

4 Die Kollegen helfen Herrn Gül. Er hat am Anfang noch Probleme.
  _____

5 Ein neuer Kollege hat viele Informationen noch nicht. Deshalb müssen die anderen Kollegen Geduld haben.
  _____

4 Stellen Sie Frau Wang vor und wünschen Sie ihr viel Erfolg.

- Wer? Frau Fan Wang, Diplomingenieurin, Elektrotechnik
- Welche Stelle? Herr Württner (Rente)
- Erfahrung? 10 Jahre
- Letzte Stelle? bei Minol, Norddeutschland
- Übergabe? 2 Wochen

Ich möchte Ihnen Frau Wang … Sie …

Neu im Betrieb | KAPITEL 10

5 Passwortänderung – wie geht das? Nummerieren Sie.

a) Bringen Sie die Anweisungen in die richtige Reihenfolge. Nummerieren Sie.

☐ Ihr neues Passwort zwei Mal eingeben.
☐ Ihren Benutzernamen eingeben.
☐ Auf „Passwort ändern" klicken.
☐ Die Adresse „Intranet" eingeben.
☐ Ihr Passwort eingeben.
☒ 1 Den Internet Explorer öffnen.
☐ Das neue Passwort mit der Eingabetaste bestätigen.
☐ Keine Umlaute, sondern *ae* oder *oe* oder *ue* benutzen.
☐ Den ersten Buchstaben vom Vornamen, dann einen Punkt und dann den Familiennamen schreiben.

b) Schreiben Sie die Anweisungen aus Übung a) im Imperativ.

Sie:
Öffnen Sie den Internet Explorer.

du:
Öffne den Internet Explorer.

c) Schreiben Sie, was Herr Gül macht.

Zuerst öffnet Herr Gül den Internet Explorer. Dann muss er

6 Was bedeuten die Symbole und Wörter auf der Intranet-Seite im Lehrbuch, S. 137?

> Abteilung für Dienstleistungen   ~~Infothek~~   Zeitungsberichte über die Körner AG
> Telefonverzeichnis   Suche   Hilfe   Personalabteilung
> Was gibt es im Betriebsrestaurant zu essen?

1 *Infothek*
2 Personal
3 Presse-News
4 Dienstleistung
5 Speisepläne
6
7 ?
8

7 Komposita

a) Ergänzen Sie die Artikel.
b) Analysieren Sie die Komposita.

1 *das* Änderungsdatum   *die Änderung, das Datum*
2 _____ Benutzername
3 _____ Betriebsbereich
4 _____ Bildschirmseite
5 _____ Erstellungsdatum
6 _____ Firmenlogo
7 _____ Passwortänderung
8 _____ Raumverzeichnis
9 _____ Speiseplan
10 _____ Veranstaltungskalender

KAPITEL 10 | Neu im Betrieb

8 Das Intranet. Bei etwa jedem dritten Wort fehlt die Hälfte. Ergänzen Sie bitte.

Rechts ne_b e n_ dem Lo__ finden Sie sieben Symb___. Jedes füh__ mit einem Mausk____ auf eine neue Se___: Das ers__ in die „Infothek", das zwe___ in das Telefonve_____ usw. Auf jed__ neuen Seite gi__ es links eine ne__ Menüleiste. Auf der Sei__ „Infothek" fin___ Sie zum Beis____ die Unterpunkte „Intr____-Inserat", „Speisepläne", „Veranstaltu_____" usw. Weitere Menüpunkte füh___ zu den verschi_____ Betriebsbereichen wie „Pers____", „Dienstleistung" usw. Au_ der Infothekseite ste___ viele Nachri_____. Sie sind na__ dem Änderungsdatum sort____. Sie können die Nachri_____ aber auch na__ dem Titel, dem Aut__ usw. sorti____.

Kleine Feiern

1 Gute Wünsche

a) Gute Wünsche und Reaktionen. Was passt zusammen? Ordnen Sie zu.

1 Gutes neues Jahr!
2 Alles Gute zum Geburtstag!
3 Viel Erfolg in der neuen Abteilung!
4 Ich wünsche Ihnen schöne Feiertage!
5 Viel Glück für die Prüfung!

a) Danke. Ich hoffe, es gefällt mir dort.
b) Danke. Ich wünsche Ihnen auch frohe Weihnachten.
c) Danke, ich hoffe, sie ist nicht zu schwierig.
d) Danke! Ihnen auch einen guten Rutsch!
e) Nett, dass Sie daran denken! Danke!

b) Was sagen Sie zu Ihren Kolleginnen und Kollegen? Ordnen Sie zu.

1 Ihre Kollegin hat gestern geheiratet.
2 Morgen ist Weihnachten.
3 Heute ist der 31. Dezember.
4 Ihr Chef hat heute Geburtstag.
5 Ihr Kollege wird Gruppenleiter.
6 Eine Kollegin hat ein Kind bekommen.

a) Ich wünsche Ihnen ein gutes neues Jahr!
b) Herzlichen Glückwunsch zum Nachwuchs.
c) Alles Gute im neuen Lebensjahr!
d) Frohes Fest!
e) Herzlichen Glückwunsch zur Beförderung!
f) Ich möchte Ihnen herzlich zu Ihrer Heirat gratulieren!

2 *bekommen, haben, sein* oder *werden*? Ergänzen Sie die passende Form.

1 Herr Gül _ist_ Diplomingenieur. Er möchte gern Abteilungsleiter _____.
2 Frau Wössner _____ heute 65. Sie _____ ab dem nächsten Monat Rente. Sie freut sich, dass Sie bald Rentnerin _____ und viel mehr Freizeit _____.
3 Ich _____ jetzt 32 Jahre alt und _____ bald ein Kind.
4 Du _____ jeden Tag älter, aber nicht intelligenter.

3 Die Geburtstagsfeier von Herrn Gül

a) Welches Fragewort passt?
b) Beantworten Sie die Fragen.

wann	wen	warum	wer	~~woher~~	was	wie	wo

1 _Woher_	kommt Herr Gül?	_Er kommt aus der Türkei._
2 _____	lädt Herr Gül seine Kollegen ein?	
3 _____	feiert er außerdem?	
4 _____	lädt er ein?	
5 _____	alt wird er?	
6 _____	findet seine Geburtstagsfeier statt?	
7 _____	beginnt die Geburtstagsfeier?	
8 _____	hat den Kuchen gebacken?	

Neu im Betrieb | **KAPITEL 10**

4 Zwei Telefongespräche. Ordnen Sie die Sätze. Nummerieren Sie.

1 Herr Gül und Frau Möller

- [ ] Deshalb rufe ich an. Leider kann ich nicht kommen. Ab morgen bin ich auf einer Dienstreise.
- [1] Körner AG, Gül, guten Tag.
- [ ] Danke. Auf Wiederhören.
- [ ] Oh, nichts zu danken. Kommen Sie übermorgen?
- [ ] Ja, wirklich. Ich wünsche Ihnen jetzt schon einen schönen Geburtstag. Und weiter viel Erfolg.
- [ ] Das ist schade.
- [ ] Danke. Und vielen Dank auch, dass Sie angerufen haben. Gute Reise!
- [2] Hallo Herr Gül, hier ist Möller. Ich habe gerade Ihre nette Mail gelesen. Vielen Dank für die Einladung!

2 Herr Gül und Hermann Rapp

- [ ] Das weiß ich nicht genau, aber du kannst sie selbst fragen.
- [ ] Kommst du?
- [ ] Hallo Idris, hier ist Hermann. Vielen Dank für deine Einladung!
- [ ] Gern. Wann kommt sie denn zu uns?
- [ ] Bis dann. Tschüss!
- [1] Körner AG, Gül, guten Tag.
- [ ] Natürlich. Aber ich habe eine kleine Frage: Wir haben hier eine Praktikantin. Sie kommt später auch in deine Abteilung. Kann ich sie mitbringen?
- [ ] Das mach ich. Dann bis übermorgen!

5 *weil* oder *dass*? Ergänzen Sie.

1 Herr Gül schreibt an seine Kollegen, _dass_ sie am 25. um neun Uhr in sein Büro kommen sollen.
2 Herr Gül lädt seine Kollegen zu Kaffee und Kuchen ein, _____ er Geburtstag hat.
3 Er hofft, _____ alle kommen.
4 Herr Gül hat viel zu tun, _____ er die Geburtstagsfeier vorbereiten muss.
5 Frau Möller teilt ihm mit, _____ sie nicht kommen kann.
6 Die Kolleginnen glauben nicht, _____ Herr Gül selbst Kuchen backen kann.
7 Herr Gül lädt seine Kollegen auch ein, _____ sie ihm geholfen haben.

6 Nomen und Verben

a) Wie heißt der Artikel bei *-ung*? Ergänzen Sie die Artikel.
b) Wie heißen die Verben? Schreiben Sie den Infinitiv.
c) Ergänzen Sie Verben in der passenden Form.

1 _die_ Anmeldung: _anmelden_   Frau Knöss hat ihren Chef beim Arzt _angemeldet_.
2 _____ Beratung: _____   Frau Hörbiger _____ nur Firmenkunden.
3 _____ Einladung: _____   Haben Sie Ihre Kollegen schon _____?
4 _____ Vermutung: _____   Ich _____, dass alle kommen.
5 _____ Hoffnung: _____   Wir _____, dass es ihm bei uns gut gefällt.
6 _____ Bearbeitung: _____   Hast du die Lieferung schon _____?
7 _____ Vorbereitung: _____   Das Sekretariat hat die Sitzung gut _____.
8 _____ Änderung: _____   Wir müssen leider die Tagesordnung _____.
9 _____ Verschiebung: _____   Wir haben gestern den Termin _____.
10 _____ Begrüßung: _____   Zuerst _____ der Abteilungsleiter alle, dann beginnt die Besprechung.

einhundertdreiundzwanzig | 123

KAPITEL 10 | Neu im Betrieb

7 Ihre Einladung. Schreiben Sie eine ähnliche E-Mail wie im Lehrbuch, S. 139.

- Sie haben bald Geburtstag
- außerdem: seit einem Jahr bei der Firma
- zusammen ein bisschen feiern
- nächsten Montag, ca. 9.00 Uhr
- in Ihrem Büro: Hauptgebäude, 3. Stock, Zi. 311
- Kaffee und Kuchen
- Lust? Freuen sich!

Betreff: Geburtstag

Mitteilung:
Liebe Kolleginnen und Kollegen,
bald habe ich Geburtstag …

Ach, das ist ja interessant…

1 Worüber sprechen die Leute?

1. Der Grieche in der Olgastraße ist wirklich sehr gut. Ich habe da einen sehr guten Fisch gegessen und der Wein war auch prima.
2. Jetzt regnet es schon seit drei Tagen und es geht weiter so. Furchtbar!
3. Zuerst stand es 2:0 für Bayern München, aber dann hat Real Madrid wirklich toll gespielt und schließlich 2:3 gewonnen.
4. Am Samstag gehe ich immer schwimmen und danach noch in die Sauna. Sonntags gehe ich meistens spazieren.
5. Meine Tochter ist schon lange verheiratet. Sie hat auch ein Kind und arbeitet im Moment nicht.
6. Dort war es sehr schön. Immer gutes Wetter, gutes Essen, Ruhe – einfach toll.
7. Ich werde nie mehr krank, weil ich mehr schlafe und regelmäßig jogge.
8. Nächste Woche fahre ich dienstlich zwei Tage nach Helsinki. Ich muss dort unsere neue Software vorstellen.

a) Wetter
b) Urlaub
c) Gesundheit
d) Dienstreise
e) Freizeit
f) Essen und Trinken
g) Familie
h) Sport

2 Wetter

a) Ordnen Sie die Nomen zu.
b) Ergänzen Sie den Artikel.
c) Wie heißt das passende Adjektiv? Schreiben Sie.

1. Heute ist es schon wieder bewölkt.
2. So heiß wie dieses Jahr war es noch nie.
3. In Spanien ist es im März schön warm.
4. In Köln regnet es oft.
5. Morgen wird es windig.
6. In Schweden ist es im Winter sehr kalt.
7. In Wien scheint oft die Sonne.

a) _____ Regen _____
b) _____ Wind _____
c) _____ Hitze _____
d) _____ Sonne _____
e) _die_ Wolke _bewölkt_
f) _____ Kälte _____
g) _____ Wärme _____

Neu im Betrieb | **KAPITEL 10**

3 Was bedeuten die Symbole? Schreiben Sie bitte.

1 _Es ist windig._   2 _____   3 _____   4 _____

4 Wie ist das Wetter in Europa? Schreiben Sie.

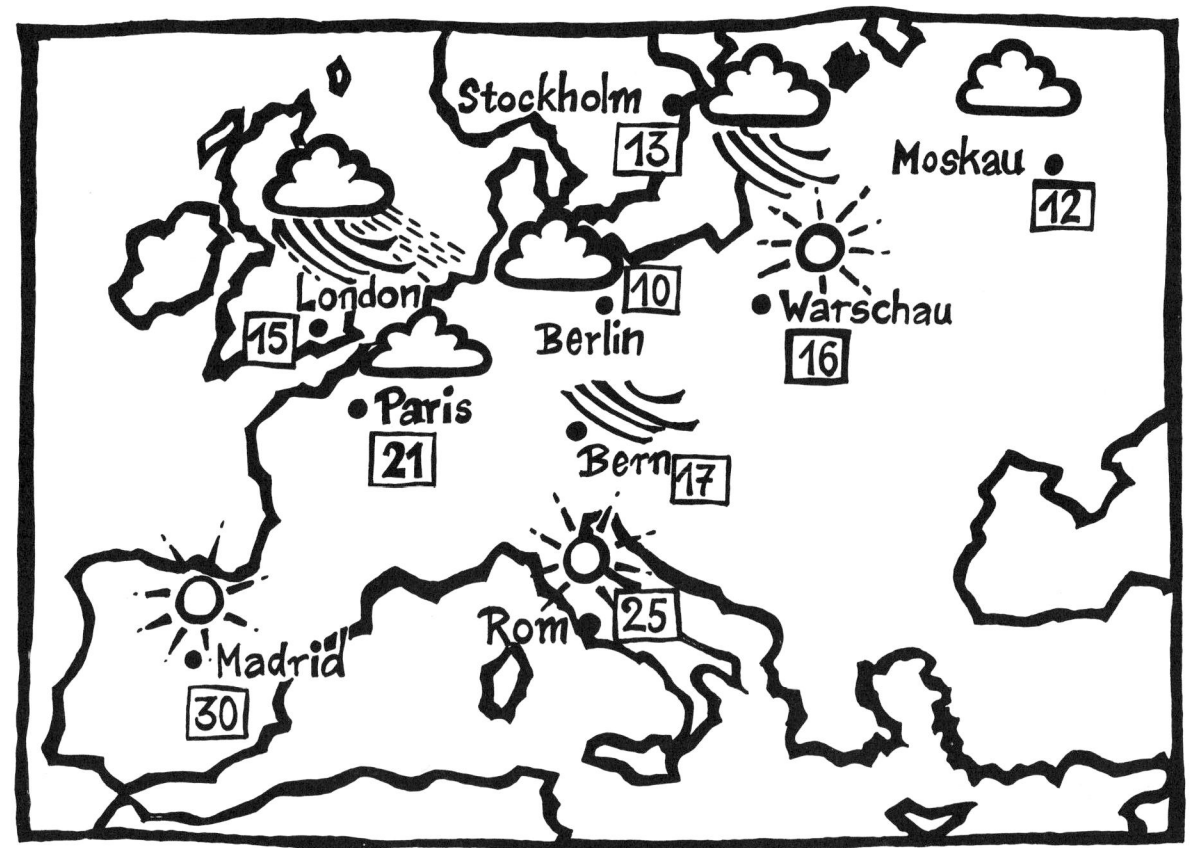

1 Warschau: _In Warschau ist es sonnig, aber ziemlich kühl._
2 Berlin: _____
3 Stockholm: _____
4 Madrid: _____
5 Bern: _____
6 Rom: _____

5 Smalltalk auf der Feier. Welche Antwort passt? Ordnen Sie zu.

1 Alles Gute zum Geburtstag!
2 Wie geht es Ihnen bei uns?
3 Und klappt es auch mit den Kollegen?
4 Leben Ihre Eltern auch in Deutschland?
5 Haben Sie den Kuchen selbst gebacken?
6 Tut mir leid, ich muss leider schon gehen. Vielen Dank für die Einladung.

a) Nichts zu danken. Nett, dass Sie gekommen sind.
b) Ja, das mache ich gern.
c) Vielen Dank.
d) Ja, sehr gut. Wir sind ein sehr gutes Team.
e) Ja, seit den 70er-Jahren.
f) Ich bin zufrieden. Es gefällt mir gut bei Ihnen.

einhundertfünfundzwanzig

Kapitel 10 | Neu im Betrieb

E2 **6 Einige Kollegen können nicht kommen. Warum?**

a) Schreiben Sie Sätze mit *weil*.

1 Herr Wiefelspütz hat abgesagt: Termin 8.30 Uhr
   Herr Wiefelspütz hat abgesagt, weil er um 8.30 Uhr einen Termin hat.

2 Frau Junghans kann nicht kommen: krank
   _____

3 Herr Pfaff kommt nicht: Dienstreise nach Berlin
   _____

4 Frau Müller hat abgesagt: Urlaub
   _____

5 Herr Kienzle kann nicht kommen: Besprechung 9.00 Uhr
   _____

6 Herr Zwertschke kommt nicht: Arzttermin
   _____

b) Schreiben Sie die Sätze aus Übung a) mit *deshalb*.

1 *Herr Wiefelspütz hat um 8.30 Uhr einen Termin. Deshalb hat er abgesagt.*
2 _____
3 _____
4 _____
5 _____
6 _____

Das Betriebsrestaurant

B1 **1 Steht das im Text im Lehrbuch, S. 142? Was ist richtig [r]? Was ist falsch [f]?**

1 Herr Gül konnte früher auch in einer Kantine essen. _____ [f]
2 Manchmal hat er von zu Hause etwas zu essen mitgebracht. _____ ☐
3 Herr Gül isst lieber in einer Kantine als in einem Restaurant. _____ ☐
4 In der Kantine muss man das Essen an der Essensausgabe bezahlen. _____ ☐
5 In der Kantine bringt die Bedienung das Essen an den Tisch. _____ ☐
6 Jeden Tag gibt es einen neuen Speiseplan. _____ ☐
7 Herr Gül isst nicht gern Gulasch. _____ ☐

B2 **2 Ergänzen Sie *Salz, salzig, sauer, Zucker, süß* in der passenden Form.**

1 Herr Gül ist gern *süße* Sachen: _____ Obst, Süßigkeiten von seiner Mutter, Kuchen usw. _____ Obst mag er nicht. Aber Kaffee trinkt er ohne _____.

2 Frau Wössner isst Tomaten gern mit _____. Das schmeckt Herrn Li nicht. Er isst Tomaten mit Zucker.

3 Herr Li hat in Deutschland noch mehr Probleme: Er findet die Suppen immer zu _____.

Neu im Betrieb | **KAPITEL 10**

3 **Lesen Sie die Speisekarte, S. 142, und ergänzen Sie. Notieren Sie auch die Artikel.**

Beilagen	Gemüse	Fleisch und Fisch
Nudeln (Pl.)	_____	_____
der Reis	_____	_____
_____	_____	_____
_____	_____	_____
_____	_____	_____

4 **Bilden Sie Komposita. Sie finden sie auf dem Speiseplan im Lehrbuch, S. 142.**

| ~~Hähnchenbrust~~ Tag Reis Büfett Curry ~~Kräuter~~ ~~Filet~~ Wurst |
| Kartoffel Steak Salz Kartoffel Dessert braten |
| Suppe Salat Tag Pute |

1 _die Hähnchenbrust + das Filet_ → _das Hähnchenbrustfilet_
2 _Kräuter (Pl.) +_ _____ → _____
3 _____ → _____
4 _____ → _____
5 _____ → _____
6 _____ → _____
7 _____ → _____
8 _____ → _____
9 _____ → _____

5 **Schreiben Sie Dialoge an der Essensausgabe.**

| ~~mit Rindfleisch~~   mit Nudeln   mit viel Gemüse   ohne Fleisch   mit Kartoffeln   mit Fisch |

▸ Guten Tag. Was hätten Sie gern? / Was möchten Sie bitte? / Was nehmen Sie?
▸ Ich hätte gern / möchte etwas …
▸ Nehmen Sie doch …
▸ Gut, dann nehme ich / hätte ich gern / möchte ich …

▸ _Guten Tag. Was möchten Sie bitte?_
▸ _Ich möchte etwas mit Rindfleich._
▸ _Nehmen Sie doch Rindfleisch mit Thaigemüse._
▸ _Gut, dann nehme ich einmal Rindfleisch mit Thaigemüse._

KAPITEL 10 | Neu im Betrieb

6 Ergänzen Sie *kennen, kennen lernen, können, wissen* in der passenden Form.

1 *Können* Sie Thailändisch kochen?
2 Frau Württner hat ihren Mann auf einer After-Work-Party _____ .
3 Die Körner AG ist eine große Firma. Das _____ Herr Gül.
4 _____ du den Namen von dem neuen Kollegen?
5 _____ du die Kollegin an dem Tisch links?
6 _____ du Kuchen backen?
7 Ich _____ den Speiseplan aus dem Intranet.
8 Herr Gül hat bei der Firma Körner zum ersten Mal ein Intranet _____ .
9 Frau Wössner _____ , dass Herr Gül aus der Türkei kommt.
10 Frau Wössner _____ leider kein Türkisch.
11 Herr Gül _____ Frau Wössner erst seit einer Woche.
12 Er hat sie bei der Übergabe _____ .

Die Verabschiedung

1 Komposita

a) Ergänzen Sie die Artikel.
b) Finden Sie die Komposita. Ordnen Sie zu und schreiben Sie.

1 *der* Unterricht   a) ____ Reise   *der Unterrichtsraum* _____
2 ____ Anfang   b) ____ Beginn   _____
3 ____ Feier   c) ____ Ende   _____
4 ____ Mittag   d) ____ Abend   _____
5 ____ Arbeitsplatz   e) *der* Raum   _____
6 ____ Woche   f) ____ Stress   _____
7 ____ Urlaub   g) ____ Pause   _____
8 ____ Dienst   h) ____ Wechsel   _____

2 Bilden Sie Sätze mit *dass*.

1 Herr Gül erzählt: Ich arbeite schon fünf Jahre im Bereich Energiemessung.
   Herr Gül erzählt, dass er schon fünf Jahre im Bereich Energiemessung arbeitet.

2 Herr Gül meint: Meine alte Firma war nicht so groß wie die neue.
   _____

3 Er hofft: Ich bleibe bei der neuen Firma länger als bei der alten.
   _____

4 Der Abteilungsleiter sagt: Sie, Frau Wössner, haben mir sehr viel geholfen.
   _____

5 Frau Wössner glaubt: Mein Ruhestand wird interessanter als die Arbeit bei Körner.
   _____

6 Aber sie findet auch: Mein Abschied von der Firma ist nicht leicht.
   _____

Neu im Betrieb | KAPITEL 10

3 Die Abschiedsfeier von Herrn Müller.

a) Suchen Sie in der E-Mail schnell diese Informationen.

1 Wer lädt ein?
☐ a) ein Geschäftsführer
☐ b) ein Abteilungsleiter
☐ c) ein Mitarbeiter

2 Wann und wo ist die Feier?
☐ a) am 31.12. im Büro von Herrn Müller
☐ b) am 28.12. in A 23
☐ c) am 13.12. im Hauptgebäude

Mail an:

Datei Bearbeiten Anzeigen Aktionen Werkzeuge Konten Fenster Hilfe

Von: Thomas Müller
CC:
An: Arno Fischer, Petra Gentz, Inge Schmidt, Sabine W
BK:
Betreff: Abschiedsfeier

Mitteilung:
Liebe Kolleginnen und Kollegen,
heute möchte ich Ihnen mitteilen, dass am 31. Dezember meine Tätigkeit bei Pfaff&Schlauder endet.
Knapp drei Jahrzehnte habe ich hier gearbeitet und P&S ist fast mein zweites Zuhause geworden. Sicher
gab es auch schwere Zeiten, es gab Probleme, aber unter dem Strich war es doch eine gute Zeit. Vor
allem, weil ich immer nette Kolleginnen und Kollegen hatte. Sie haben mir oft und viel geholfen, und   5
ich hoffe, dass auch ich Ihnen manchmal helfen konnte.
Jetzt freue ich mich aber wirklich auf meinen neuen Lebensabschnitt. Im so genannten Ruhestand werde
ich endlich Zeit für viele interessante Dinge haben. Ich freue mich, dass ich meine Aktivitäten im
Sportverein und meine Hobbys intensivieren kann. Es wird mir bestimmt nicht langweilig.
Auch für Sie wird der Abschied bestimmt nicht so schwer: Ich habe mit Herrn Kramer ja einen sehr   10
guten Nachfolger. Vielleicht kennen Sie ihn noch nicht. Dann lernen Sie ihn kennen! Eine Gelegenheit
ist meine kleine
                              Abschiedsfeier
                        am 28. Dezember, um 16.00 Uhr
                        im Hauptgebäude, Raum A 23   15
Ich lade Sie herzlich ein und hoffe, dass Sie zahlreich kommen. Ich möchte auch ein wenig für Ihr
leibliches Wohl sorgen und Ihnen etwas zu essen und zu trinken anbieten. Deshalb muss ich wissen, wie
viele Leute kommen. Bitte schreiben Sie mir kurz zurück, ob Sie kommen können oder nicht.
Schon jetzt möchte ich mich noch einmal für die jahrzehntelange gute Zusammenarbeit bedanken und
wünsche Ihnen und meinem Nachfolger alles Gute für die Zukunft.   20
Mit herzlichen Grüßen
Ihr Thomas Müller

---

b) Steht das in der E-Mail? Was ist richtig ☐r? Was ist falsch ☐f?
Notieren Sie bei ☐r auch die Zeilennummer.

1 Herr Müller hat fast dreißig Jahre bei Pfaff&Schlauder gearbeitet. _____ ☑ r Zeile: _3_
2 Er hat die Arbeit bei P&S manchmal schwierig, aber meistens gut gefunden. ___ ☐ Zeile: ____
3 Er bedankt sich bei den Kolleginnen und Kollegen und bei der Geschäftsleitung. __ ☐ Zeile: ____
4 Er dankt den Kollegen, dass Sie ihm oft geholfen haben. _____ ☐ Zeile: ____
5 Der Abschied ist für Herrn Müller schwer. _____ ☐ Zeile: ____
6 Herr Müller hat die Arbeit bei P&S manchmal langweilig gefunden. _____ ☐ Zeile: ____
7 Die Kollegen sollen zu der Abschiedsfeier Getränke mitbringen. _____ ☐ Zeile: ____
8 Die Kollegen sollen Herrn Müller antworten. _____ ☐ Zeile: ____

c) Wie heißt das in der E-Mail? Schreiben Sie die Sätze mit den Worten aus dem Text.

1 Meine Arbeit bei P&S geht zu Ende.   *Zeile 2: Meine Tätigkeit bei P&S endet.*
2 fast dreißig Jahre   _____
3 Insgesamt war es keine schlechte Zeit.   _____
4 Ich möchte im Sportverein mehr machen.   _____
5 Herr Kramer übernimmt meine Stelle.   _____
6 Ich hoffe, dass viele von Ihnen kommen.   _____

einhundertneunundzwanzig | **129**

WORTSCHATZARBEIT

Arbeit mit dem Wörterbuch

1 Benutzen Sie die Wörterbuchseite rechts.

a) Wo ist der Wortakzent?

1 Ampel 4 analysieren
2 amüsant 5 anbieten
3 Analphabetin 6 anbinden

b) Wie heißt das Partizip Perfekt?

1 analysieren: _analysiert_
2 anbrennen: _____
3 anbieten: _____
4 anbinden: _____
5 amüsieren: _____

c) Viele Deutsche verstehen das Wort *Anbot* nicht. Wie sagt man in Deutschland?

_____

2 Schlagen Sie im Wörterbuch nach.

a) Welche Verben sind trennbar? Markieren Sie die trennbare Vorsilbe.

- anfangen
- analysieren
- aussteigen
- übernehmen
- eintragen
- bekommen
- empfangen
- verlieren
- ausfüllen
- durchführen

b) Was bedeuten die Abkürzungen?

1 akk: _Akkusativ_
2 pron: _____
3 ÖSTERR: _____
4 etw: _____
5 CH: _____
6 adj.: _____
7 dat: _____
8 jd: _____
9 präp: _____
10 komp: _____

Adjektiv	Komparativ	
jemand	Schweizerdeutsch	Dativ
Pronomen	~~Akkusativ~~	Präposition
	etwas	österreichisch

c) Welcher Buchstabe ist falsch?

1 anaüsieren   _analysieren_
2 amysieren   _____
3 Konwersation _____
4 jehrlich   _____
5 Geschaft   _____
6 Kontact   _____
7 Feeler   _____
8 schmutzik   _____

- **Am·pel** ['ampl] <-, -n> *die* Verkehrssignal, das durch Farben angibt, wann man halten muss und wann man fahren darf *Als die ~ auf Grün schaltete, fuhr er los.*
- **Amt** [amt] <-(e)s, Ämter> *das* **1.** Verwaltungsinstitution, Behörde *seine Anschrift beim ~ melden* **2.** Aufgabe, Pflicht *das ~ des Bürgermeisters übernehmen;* **von ~s wegen** verwendet, um auszudrücken, dass etw offiziell in einer bestimmten Art und Weise funktioniert *Von ~s wegen müsstest du jetzt Strafe zahlen.* **Komp:** *Arbeits-, Einwohnermelde-, Finanz-*
  amt·lich <-> *adj* offiziell, rechtmäßig *Dieses Auto hat kein ~es Kennzeichen.*
- **a·mü·sant** [amy'zant] <amüsanter, amüsantest-> *adj* lustig, fröhlich *ein ~er Abend*
- **a·mü·sie·ren** [amy'ziːrən] <amüsiert, amüsierte, amüsiert> *refl* **K** *jd amüsiert sich akk* Spaß haben *sich auf einer Party ~*
- **an** [an] **I.** *präp* **1.** *+dat auf die Frage „wo?', +akk auf die Frage „wohin?'* verwendet, um auszudrücken, dass etw irgendwo ist *Das Bild hängt ~ der Wand., Sie hängt das Bild ~ die Wand., der Laden ~ der Ecke;* **~s Telefon gehen** das Telefon läuten hören und den Hörer abnehmen *Kannst du mal ~s Telefon gehen?* **2.** *+dat* zu einer bestimmten Zeit *~ einem kalten Wintertag* **3.** *+dat auf die Frage „wo?', +akk auf die Frage „wohin?'* verwendet, um einen bestimmten Ort zu bezeichnen *Er macht einen Kurs ~ dieser Sprachschule.* **II.** *adv* zur Angabe der Ankunftszeit von Zügen etc. *Stuttgart ~ 16.25;* **~ sein** in Betrieb sein, eingeschaltet sein *Das Licht ist ~.*
- **An·al·pha·bet(in)** ['analfabeːt] <-en, -en> *der* jd, der nicht lesen und schreiben kann *Es gibt Schreib- und Lesekurse für ~en.*
- **a·na·ly·sie·ren** <analysiert, analysierte, analysiert> *tr* **K** *jd analysiert etw akk* genau untersuchen *einen Text/ein Problem ~*
  An·bau[1] <-(e)s, -ten> *der* Gebäudeteil, der erst später dazugebaut wurde *im ~ wohnen*
  An·bau[2] <-(e)s> *kein pl der* AGR Anpflanzung von Getreide, Gemüse etc. *Der ~ von Kartoffeln bringt nur wenig Gewinn.*
  an|bau·en <baut an, baute an, angebaut> *tr* **1.** **K** *jd baut etw akk an* ein Gebäude erweitern/vergrößern *für die Kinder ~* **2.** AGR **K** *jd baut etw akk an* anpflanzen *Getreide ~*
  an|be·ten <betet an, betete an, angebetet> *tr* **K** *jd betet jdn/etw akk an* bewundern oder verehren *den Vater ~*
- **an|bie·ten** <bietet an, bot an, angeboten> *tr* **K** *jd bietet [jdm] etw akk an* jdm etw geben wollen und ihm das sagen *jdm Hilfe ~, Kann ich Ihnen etw zu trinken ~?, Diese Firma hat mir eine Stelle angeboten.*
  an|bin·den <bindet an, band an, angebunden> *tr* **K** *jd bindet etw akk/jdn [irgendwo] an* mit einem Strick/Seil etw festmachen *den Hund vor dem Geschäft ~*
  An·bot <-(e)s, -e> *das* (ÖSTERR) die Waren, die zum Verkauf bestimmt sind; Angebot *ein gutes ~ an frischem Obst*
  an|bren·nen <brennt an, brannte an, angebrannt> *itr* <sein> sich am Boden des Kochtopfes festsetzen *Die Milch ist angebrannt.*
  An·den·ken <-s, -> *das* Gegenstand zur Erinnerung an etw/jdn *aus dem Urlaub ein ~ mitbringen;* **zum ~ an ...** in Erinnerung an ... *zum*

TEXTARBEIT

Den aktiven Wortschatz vergrößern

In Kapitel 7 haben wir vom aktiven und vom passiven Wortschatz gesprochen. Beim Lernen steht vor allem der aktive Wortschatz im Zentrum. Sie müssen fragen: Welche Wörter sind **wirklich wichtig**? Welche Wörter sind wichtig **für mich**? Notieren Sie diese Wörter. So wenige wie möglich! Aber so viele wie nötig!

Wie finden Sie diese Wörter? Und wie lernen Sie diese Wörter?

1 Die Textskizze

Eine Methode ist die **Textskizze**. Dabei wählen Sie die wichtigen Wörter aus und arbeiten **aktiv** mit diesen Wörtern. So lernen Sie diese Wörter und nehmen sie in Ihren **aktiven Wortschatz** auf.

Sie können diese Methode auch allein, ohne Lehrer oder andere Hilfe benutzen.

Nehmen Sie einen Text in Ihrem Lehr- oder Arbeitsbuch. (Benutzen Sie keinen **Lesetext**! Denn Lesetexte sollen Sie nur verstehen und nicht aktiv bearbeiten. Zum Beispiel passt der Text im Arbeitsbuch, S. 129, nicht.)

Ziel: Sie können den Inhalt reproduzieren – so einfach wie möglich. Alle nötigen Wörter sind wichtige Wörter. Diese brauchen Sie in Ihrem aktiven Wortschatz.

Hilfe: Sie notieren die wichtigsten Wörter (Stichwörter).

Methode: Sie löschen zuerst alle „unwichtigen" Wörter im Text.

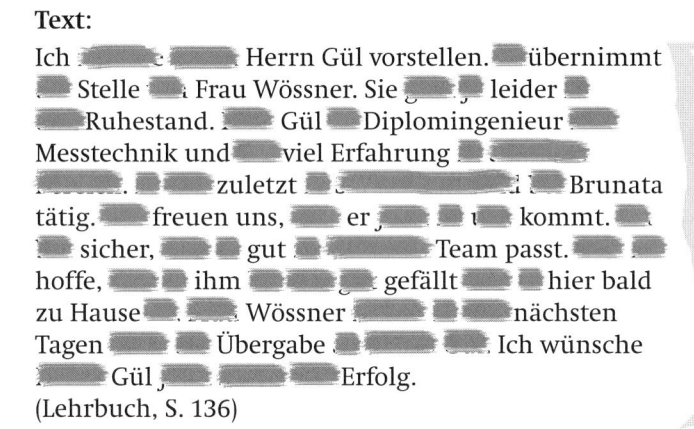

Text:

Ich ▬▬ ▬▬ Herrn Gül vorstellen. ▬übernimmt ▬ Stelle ▬ Frau Wössner. Sie ▬▬ leider ▬ ▬Ruhestand. ▬ Gül ▬Diplomingenieur ▬ Messtechnik und ▬ viel Erfahrung ▬ ▬▬. ▬▬zuletzt ▬ ▬▬▬Brunata tätig. ▬freuen uns, ▬ er ▬ ▬ ▬ kommt. ▬ ▬ sicher, ▬▬ gut ▬▬▬Team passt. ▬ hoffe, ▬▬ ihm ▬▬ gefällt ▬▬ hier bald zu Hause ▬. ▬ Wössner ▬ ▬▬▬nächsten Tagen ▬▬ ▬ Übergabe ▬ ▬ ▬. Ich wünsche ▬▬Gül ▬ ▬ ▬▬Erfolg.
(Lehrbuch, S. 136)

Textskizze:

Herrn Gül vorstellen
übernimmt Stelle Frau Wössner
– leider Ruhestand
Herr G.: Dipl.Ing. Messtechnik; viel Erfahrung; zuletzt Brunata
freuen uns, dass kommt
passt sicher gut zu Team
hoffe: gefällt ihm gut, hier bald zu Hause
Fr. Wössner – nächste Tage Übergabe
wünsche Herrn G. Erfolg

Oft kennen Sie für eine Sache zwei oder mehr Wörter. Hier zum Beispiel: *tätig sein*. Es bedeutet das Gleiche wie *arbeiten*. Im aktiven Wortschatz brauchen Sie nur eins. *Arbeiten* kann man mehr benutzen. Also sagen Sie einfach: *Er hat zuletzt bei Brunata gearbeitet.*

a) Jetzt versuchen Sie es: Reproduzieren Sie den Inhalt schriftlich oder mündlich in ganzen Sätzen. Benutzen Sie die Textskizze!
Bei dieser Arbeit finden und lernen Sie die wichtigen Wörter für Ihren aktiven Wortschatz.

b) Versuchen Sie es gleich noch einmal mit diesem Dialog, am besten gemeinsam mit einem Partner. Spielen Sie dann den Dialog mit Ihren Textskizzen.

Gül: Körner AG, Gül, guten Tag.
Möller: Hallo Herr Gül, hier ist Möller. Ich habe gerade Ihre nette Mail gelesen. Vielen Dank für die Einladung! Aber leider kann ich nicht kommen. Ich bin auf einer Dienstreise.
Gül: Ach, das macht nichts. Vielen Dank, dass Sie angerufen haben.
Möller: Aber ich möchte so gern von den türkischen Süßigkeiten essen! Das tut mir wirklich leid.
Gül: Sie können später mal wieder welche bekommen.
Möller: Ja, das hoffe ich sehr!
Gül: Wann haben Sie denn Geburtstag?
Möller: Nächsten Monat.
Gül: Dann bringe ich Ihnen ein paar mit.
Möller: Das ist wirklich sehr nett. Ich wünsche Ihnen jetzt schon einen schönen Geburtstag!
Gül: Danke. Und auch vielen Dank für den Anruf!
Möller: Auf Wiederhören.

TEST

Name: _____

1 Lesen

Was steht im Text? Kreuzen Sie an: a), b) oder c).

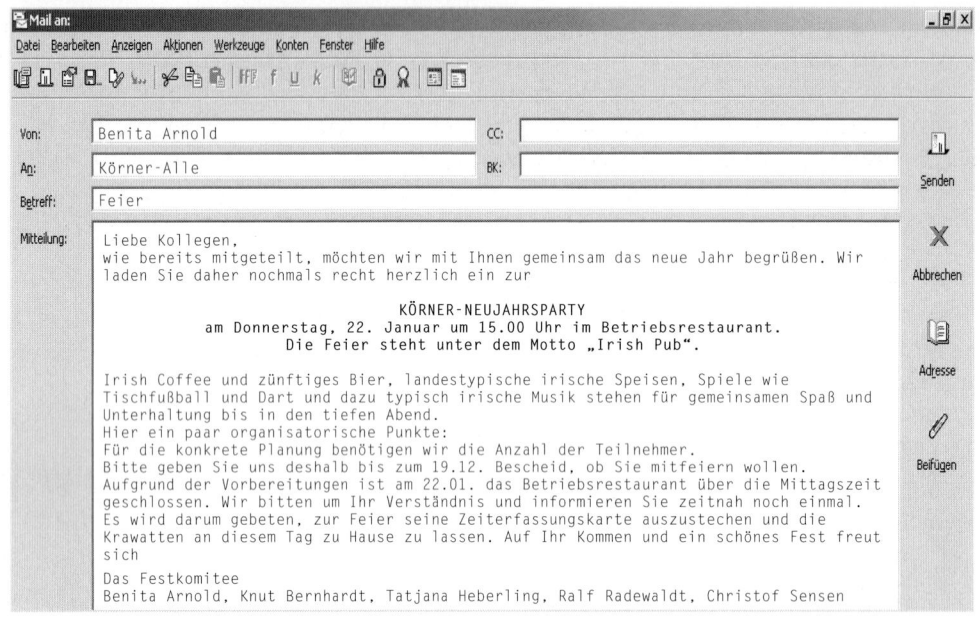

```
Mail an:
Datei  Bearbeiten  Anzeigen  Aktionen  Werkzeuge  Konten  Fenster  Hilfe

Von:      Benita Arnold                    CC:
An:       Körner-Alle                      BK:
Betreff:  Feier

Mitteilung:
          Liebe Kollegen,
          wie bereits mitgeteilt, möchten wir mit Ihnen gemeinsam das neue Jahr begrüßen. Wir
          laden Sie daher nochmals recht herzlich ein zur
                                KÖRNER-NEUJAHRSPARTY
                am Donnerstag, 22. Januar um 15.00 Uhr im Betriebsrestaurant.
                       Die Feier steht unter dem Motto „Irish Pub".
          Irish Coffee und zünftiges Bier, landestypische irische Speisen, Spiele wie
          Tischfußball und Dart und dazu typisch irische Musik stehen für gemeinsamen Spaß und
          Unterhaltung bis in den tiefen Abend.
          Hier ein paar organisatorische Punkte:
          Für die konkrete Planung benötigen wir die Anzahl der Teilnehmer.
          Bitte geben Sie uns deshalb bis zum 19.12. Bescheid, ob Sie mitfeiern wollen.
          Aufgrund der Vorbereitungen ist am 22.01. das Betriebsrestaurant über die Mittagszeit
          geschlossen. Wir bitten um Ihr Verständnis und informieren Sie zeitnah noch einmal.
          Es wird darum gebeten, zur Feier seine Zeiterfassungskarte auszustechen und die
          Krawatten an diesem Tag zu Hause zu lassen. Auf Ihr Kommen und ein schönes Fest freut
          sich
          Das Festkomitee
          Benita Arnold, Knut Bernhardt, Tatjana Heberling, Ralf Radewaldt, Christof Sensen
```

1 Die E-Mail ist eine Einladung zu:
- [ ] a) einer betrieblichen Geburtstagsfeier
- [X] b) einer Feier zum neuen Jahr
- [ ] c) einer Weihnachtsfeier

2 Die Kollegen:
- [ ] a) wissen noch nichts von der Einladung
- [ ] b) hoffen, dass es eine Feier gibt
- [ ] c) sind schon informiert

3 Die Feier findet:
- [ ] a) in der Kantine statt
- [ ] b) in einem irischen Restaurant statt
- [ ] c) in einem Restaurant in der Nähe statt

4 Die Feier ist:
- [ ] a) am 19.12.
- [ ] b) am 15.01.
- [ ] c) am 22.01.

5 Es gibt:
- [ ] a) etwas zu essen und zu trinken
- [ ] b) nur etwas zu trinken
- [ ] c) nur kleine Süßigkeiten zu essen und etwas zu trinken

6 Was muss man bis zum 19.12. machen?
- [ ] a) Einen Beitrag bezahlen.
- [ ] b) Anderen Kollegen Bescheid sagen.
- [ ] c) Die Teilnahme bestätigen.

7 Wie soll man sich anziehen?
- [ ] a) sehr elegant
- [ ] b) normal
- [ ] c) schlecht

8 Wer lädt ein?
- [ ] a) eine Gruppe von Kollegen
- [ ] b) die Geschäftsführung
- [ ] c) das Restaurant

2
2 + 2
2 + 2
2 + 2

☐ 14

2 Schreiben

Sie haben von einer Kollegin per E-Mail eine Einladung zu ihrer Geburtstagsfeier morgen Nachmittag um 16.00 Uhr bekommen. Schreiben Sie eine kurze Antwort mit folgenden Punkten:

- Dank
- Gratulation
- Entschuldigung: Sie können nicht kommen (Dienstreise).

3
3
3

☐ 9

_____
_____
_____
_____

KAPITEL 9 UND 10

Name: _____

3 Redeintentionen

Was sagt man in welcher Situation? Ordnen Sie zu.

1	Sie glauben, dass man das kaputte Gerät reparieren kann.	a)	Gute Erholung! Schreiben Sie uns mal eine Ansichtskarte!	1	_e)_	
2	Morgen ist Weihnachten.	b)	Das macht nichts!	2	___	1
3	Ihre Kollegin wird Abteilungsleiterin.	c)	Kein Grund zur Aufregung.	3	___	1
4	Heute ist der 31. Dezember.	d)	Gutes neues Jahr!	4	___	1
5	Ihre Kollegin hat heute Geburtstag.	e)	Das geht bestimmt!	5	___	1
6	Ihr Besucher hat Verspätung und sagt, dass es ihm leid tut.	f)	Herzlichen Glückwunsch zum Nachwuchs.	6	___	1
7	Ein Kollege verlässt die Firma.	g)	Ich wünsche Ihnen schöne Feiertage!	7	___	1
8	Ihr Chef fährt in Urlaub.	h)	Herzlichen Glückwunsch zur Beförderung!	8	___	1
9	Die Frau Ihres Kollegen hat ein Kind bekommen.	i)	Ich möchte Ihnen ganz herzlich gratulieren!	9	___	1
10	Der Chef ruft Ihre neue Kollegin zu einem Gespräch.	j)	Ich wünsche Ihnen alles Gute im neuen Job!	10	___	1

☐ 9

4 Wortschatz

Was passt? Kreuzen Sie an: a), b) oder c).

> Lieber Herr Jähnicke,
> wir haben Ihr Notebook (1) _____ und (2) _____, dass das Display
> (3) _____ ist. (4) _____ können wir nicht (5) _____. Man muss das Display
> komplett (6) _____.
> Sie haben auf das Gerät noch (7) _____. Deshalb ist die Reparatur (8) _____.
> Sie können Ihr Gerät ab morgen (9) _____. Wir (10) _____ den Schaden.
> Mit freundlichen Grüßen
> Götz Altmann

	a)	b)	c)	
1	☐ behoben	☐ repariert	☒ überprüft	
2	☐ festgestellt	☐ bestätigt	☐ gedacht	1
3	☐ defekt	☐ gestört	☐ in Ordnung	1
4	☐ Diesen Unfall	☐ Diese Störung	☐ Diesen Schaden	1
5	☐ austauschen	☐ beheben	☐ installieren	1
6	☐ reparieren	☐ austauschen	☐ beheben	1
7	☐ Reklamation	☐ Garantieschein	☐ Garantie	1
8	☐ leicht	☐ kostenlos	☐ richtig	1
9	☐ abholen	☐ austauschen	☐ bringen	1
10	☐ tut uns leid	☐ freuen	☐ bedauern	1

☐ 9

5 Grammatik

Ergänzen Sie *dass*, *weil* oder *deshalb*.

1 Der Drucker druckt nicht, _weil_ er kein Papier hat.
2 Ich vermute, _____ du nicht den richtigen Treiber installiert hast.   1,5
3 Das Bildschirmkabel ist nicht angeschlossen, _____ zeigt der Monitor kein Bild.   1,5
4 Frau Boss sagt, _____ Sie Geburtstag haben. Stimmt das?   1,5
5 Ich habe sehr viel zu tun, _____ morgen mein Seminar anfängt.   1,5
6 Die Arbeit bei Brunata ist sehr interessant. _____ möchte Frau Müller dort arbeiten.   1,5
7 Frau Brünnler ruft ihren Mann an, _____ er sie am Abend von der Arbeit abholen soll.   1,5

☐ 9
☐ 50

Lösungen

Kapitel 1
Erster Kontakt
Guten Tag!

1   2 Guten Tag! Ich heiße Nicole Bellac. Ich komme aus Grenoble. 3 Guten Tag! Ich heiße Roberto Prado. Ich komme aus Granada. 4 Guten Tag! Ich heiße Petra Nowak. Ich komme aus Graz. 5 Guten Tag! Ich heiße Dorothea Weinberger. Ich komme aus Bern.
2   2 ein Land 3 ein Vorname 4 ein Land 5 ein Familienname 6 eine Stadt 7 ein Familienname 8 ein Vorname 9 ein Familienname 10 ein Vorname 11 eine Stadt 12 ein Land
3   2 Herr • Sein Vorname ist Klaus. 3 Ihr Familienname ist Bellini. 4 Sein Familienname ist Waldner. 5 Ihr Familienname ist Bellac. 6 Herr • Sein Familienname ist Willem. 7 Frau • Ihr Vorname ist Petra. 8 Frau • Ihr Vorname ist Dorothea.
4   2 lang 3 kurz 4 kurz 5 kurz 6 lang 7 kurz 8 kurz 9 lang 10 lang
5   1 in • ihr 2 kommt • ist • ist 3 Grenoble • Frankreich • Familienname
6   2 Brasilien 3 Italien 4 Thailand 5 Kanada 6 Polen 7 Ukraine 8 Schweiz 9 Niederlande 10 Österreich 11 Türkei
7   **waagerecht:** 1 und • **senkrecht:** 1 Land 2 der 3 u 4 ist 5 sein 6 Bellac 7 Herr 8 Vokal 9 auf 10 bin 11 sind

Familie und Beruf

1   2 Informatikstudent • Informatikstudentin 3 Hotelkauffrau • Hotelkaufmann 4 Marketingmanager • Marketingmanagerin 5 Bankkauffrau • Bankkaufmann 6 Industriekauffrau • Industriekaufmann 7 Sprachkurs 8 Ausspracheübung
2   2 Wer 3 Das 4 Was 5 Wer 6 das 7 Was 8 Wer
3   a) 4 • 3 • 6 • 7 • 5 • 2 • 1 • 10 • 9 • 8
4   a) 2 Ja, ich bin Bankkaufmann von Beruf. 3 Ja, ich habe Kinder. 4 Ja, ich wohne in München. 5 Ja, ich komme aus der Schweiz. 6 Ja, das glaube ich.
    b) 2 Ach, Sie sind Bankkaufmann von Beruf. 3 Ach, Sie haben zwei Kinder. 4 Ach, Sie wohnen in München. 5 Ach, Sie kommen aus der Schweiz. 6 Ach, das glauben Sie.
5   2 Städte 3 Waldner 4 ledig 5 schreiben 6 Kinder 7 verheiratet 8 Nowak
6   2 Wer kommt aus Spanien? 3 Wie ist der Name auf der Liste? 4 Was fragt Herr de Boor? 5 Woher schreibt Roberto Prado? 6 Wie viele Damen und Herren sind da? 7 Wo wohnt Herr Sikora? 8 Wer kommt nicht? 9 Wie heißt die Dame? 10 Wie viele Kinder hat Frau Sörensen? 11 Woher kommt die Dame? 12 Wo wohnt Amelia Kalias?

Die Gruppe Allianz

1   2 Nein, das ist falsch: Vier und drei ist sieben. 3 Ja, das ist richtig: Zwei und vier ist sechs. 4 Nein, das ist falsch: Acht und eins ist neun. 5 Nein, das ist falsch: Fünf und zwei ist sieben. 6 Nein, das ist falsch: Sechs und fünf ist elf. 7 Ja, das ist richtig: Zwei und fünf ist sieben.
2   a) 2f • 3h • 4a • 5c • 6b • 7e • 8g
    b) 2 Nein, das ist falsch. 3 Nein, das ist ein Herr. 4 Nein, sie braucht kein Zimmer. 5 Nein, das *e* in *Herr* ist kurz. 6 Nein, ich brauche ein Doppelzimmer. 7 Nein, Anna ist ledig. 8 Nein, wir brauchen ein Doppelzimmer oder zwei Einzelzimmer.
3   2 Karl wohnt in München, Sandra wohnt auch in München. 3 Anna wohnt nicht in München, aber Sandra wohnt in München. 4 Sandra wohnt in München, aber Marco wohnt nicht in München. 5 Ulrich wohnt nicht in München, Anna wohnt auch nicht in München.
4   2 studiert • München 3 ist • schon • Deutschland 4 Aussprache • nicht 5 schreibt • schon
5   2 ▶Ja, Frau Kerner kommt aus der Schweiz. ▶Und Frau Bellini und Herr Jara? ▶Frau Bellini kommt aus Italien und Herr Jara kommt auch aus Italien.
    3 ▶Entschuldigung, hat Frau Kerner Kinder? ▶Nein, Frau Kerner hat keine Kinder. ▶Und Frau Bellini und Herr Jara? ▶Frau Bellini und Herr Jara haben auch keine Kinder.
    4 ▶Entschuldigung, braucht Frau Kerner ein Doppelzimmer? ▶Ja, Frau Kerner braucht ein Doppelzimmer. ▶Und Frau Bellini und Herr Jara? ▶Frau Bellini braucht ein Einzelzimmer, aber Herr Jara braucht ein Doppelzimmer.
6   ▶Wohnen Sie auch hier in Potsdam? ▶Ja, aber ich arbeite in Berlin. ▶Ich arbeite auch hier in Berlin. ▶Wohnen Sie hier im Hotel Splendide? ▶Nein, ich wohne nicht hier. ▶Oh, da kommt Frau Postleitner. • Frau Postleitner, das ist Herr Hansen.

Karten, Ausweise, Scheine

1   *Mögliche Lösung:* 1 www.maurer-kindler.de 2 Elektro-Müller • Taxi 3 3 Reinhold • Ulli 4 Kindler • Geray 5 6131/939-2 • 089/50803 6 0761/2840 • 0711/3333 7 79100 • 55122 8 06131 • 089 9 4 • 11
2   a) (w=waagerecht , s=senkrecht) 0: w11 • 2: w5 •

s5 • 5: w14 • 7: s11 • 11: w11 • 30: s2 • 50: w16 • 82: w9 • 93: w7 • 120: w1
b) 0: s13 • 2: w5 • s9 • 5: s16 • 10: s3 • s13 • 11: w2 • 12: w12 • 13: w15 • 22: s10 • 44: w6 • 60: s16 • 71: s7 • 80: s12 • 91: s8 • 900: s6
c) 1: w2 • w8 • 3: s4 • 4: s12 • 7: s3 • 9: s14 • 20: w12 • 70: s13

3 2 Seminar 3 Frau 4 guten 5 ist 6 Herr 7 Name 8 Karte 9 aus 10 Firma 11 komme 12 und

4 2 Eintrittskarte 3 Führerschein 4 Firmenausweis 5 Stellkarte 6 Speisekarte 7 Teilnehmerliste 8 Personalausweis 9 Visitenkarte 10 Besucherausweis • 11 Telefonkarte 12 20-Euro-Schein

5 2 Ja, das ist mein Taxi. • Nein, ich glaube, das ist Ihr Taxi. • Nein, ich glaube, das ist nicht mein Taxi.

6 2e • 3d • 4a • 5c • 6a • 7a • 8d • 9f • 10b • 11e • 12c

7 2 Wie viele Seminarteilnehmer kommen aus Spanien? • Wer kommt aus Spanien? • Woher kommen zwei Seminarteilnehmer? 3 Wer Schreibt den Namen *Viren* falsch? • Was schreibt Frau Berger falsch? • Wie schreibt Frau Berger den Namen *Viren*? 4 Was ist lang in *Sprache*? • Wo ist das *a* lang? • Wie ist das *a* in *Sprache*?

Neue Kollegen

1 2 d/m • 3 f/o • 4 b/k • 5 g/p • 6 a/n • 7 i/l • 8 c/h

2 2 Achtzehn Personen kommen. Fünf Personen sind schon da. Dreizehn kommen noch. 3 Vierzehn Personen kommen. Vier Personen sind schon da. Zehn kommen noch. 4 Fünfzehn Personen kommen. Sechs Personen sind schon da. Neun kommen noch. 5 Dreißig Personen kommen. Sechzehn Personen sind schon da. Vierzehn kommen noch.

3 2 Das sind insgesamt sechs Jahre. 3 Das sind insgesamt acht Tage. 4 Das sind insgesamt sechs Wochen. 5 Das sind insgesamt acht Stunden. 6 Das sind insgesamt sechs Jahre. 7 Das sind insgesamt vier Monate. 8 Das sind insgesamt fünfundzwanzig Tage.

4 2 Der Tag hat vierundzwanzig Stunden. 3 Die Woche hat sieben Tage. 4 Das Jahr hat zweiundfünfzig Wochen. 5 Die Stunde hat sechzig Minuten. 6 Der Monat Dezember hat einunddreißig Tage.

5 2 der Termin 3 die Eintrittskarten 4 die Bilder 5 das Land 6 die Besprechung 7 die Städte 8 das Zimmer 9 die Wörter 10 die Hotels 11 der Kunde 12 die Männer 13 das Datenblatt 14 die Firma

6 **waagerecht:** 2 und • Wie • geht 3 aus 5 bin • ich • aber • Sie • Bern 6 sagt • Christian • er • gut 7 oder • Anna 8 mein 9 schon • **senkrecht:** 2 Basel 3 Ludwig 5 das 6 ICE 7 schreibe 8 Ihr 9 in 10 das 12 sein 13 Iran 14 wie • Name 16 viele 17 Soerensen 19 bei 20 habe 21 erst 22 es 23 Frau • Graz 24 auf

Textarbeit

1 a) 2 Text: D • 3 Text: B • 4 Text: A
b) **Preis:** C • D • **Adresse:** B • **Telefonnummer:** B • D • **Daten, Termine, Zahlen:** A • C • D • **Namen:** A • B

KAPITEL 2
BESUCHER KOMMEN
Wie war die Reise?

1 2 Herr Jara und seine Kollegen kommen zu früh. Der Zug war pünktlich. Die Reise war kurz. 3 Herr Kolb kommt pünktlich. Der Zug hatte Verspätung. Die Reise war nicht so angenehm. 4 Roswitha kommt zu spät. Das Flugzeug war sehr voll. Die Reise war lang. 5 Wir kommen pünktlich. Das Flugzeug war nicht sehr voll. Die Reise war angenehm.

2 **der:** Tag • Herr • Ausweis • Termin • **die:** Fahrt • Stunde • Autobahn • Visitenkarte • Zeit • **das:** Flugzeug • Land • Auto • Seminar • Hotel

3 2 Leider kommt ... • Das tut mir leid. 3 Leider sind ... • Das tut mir leid. 4 Leider hatte ... • Das tut mir leid. 5 Glücklicherweise habe ... • Das freut mich. 6 Leider haben ... • Das tut mir leid. 7 Glücklicherweise dauert ... • Das freut mich. 8 Glücklicherweise war ... • Das freut mich. 9 Glücklicherweise waren ... • Das freut mich.

4 2b) Um elf Uhr hatte er Besuch. c) Jetzt hat er einen Termin mit Herrn Direktor Reimer. 3a) Ich hatte heute Morgen eine Besprechung. b) Um elf Uhr hatte ich Besuch. c) Jetzt habe ich einen Termin mit Herrn Direktor Reimer. 4a) Sonja und Lars hatten heute Morgen eine Besprechung. b) Um elf Uhr hatten sie Besuch. c) Jetzt haben sie einen Termin mit Herrn Direktor Reimer.

5 2 Wir hatten eine angenehme Reise. Um fünf Uhr waren wir im Hotel. Wir sind eine Stunde zu früh da, aber das ist nicht schlimm. Wir haben jetzt viel Zeit. 3 Frau Bill hatte eine angenehme Reise. Um fünf Uhr war sie im Hotel. Sie ist eine Stunde zu früh da, aber das ist nicht schlimm. Sie hat jetzt viel Zeit. 4 Die Besucher hatten eine angenehme Reise. Um fünf Uhr waren sie im Hotel. Sie sind eine Stunde zu früh da, aber das ist nicht schlimm. Sie haben jetzt viel Zeit.

6 2 ... oder hat sie zwei Stunden Verspätung? 3 ... oder haben Sie heute zwei Termine? 4 ... oder dauert sie zwei Stunden? 5 ... oder hat er zwei Kinder? 6 ... oder hat er zwei Sekretärinnen? 7 ... oder braucht sie noch zwei Doppelzimmer? 8 ... oder hatte er zwei Besprechungen? 9 ... oder ist es für zwei Personen?

Herzlich Willkommen!

1 2 Frau Däubler 3 Herr Santoni 4 Willkommen 5 Reinhard 6 Augsburg 7 Dank 8 hat 9 Däubler 10 Gespräch 11 Kunden 12 das 13 von 14 Herr

LÖSUNGEN

Santoni 15 Gespräch 16 dauert 17 eine 18 Stunde
19 Kaffee 20 Kaffee 21 möchten 22 Produkte
23 Firma 24 Ja 25 Sie 26 Platz 27 Vielen

2 9.30–11.30 Gespräch mit der Konstruktion •
11.30–12.30 Führung durch den Betrieb • 12.30–
13.15 Mittagessen in der Kantine • 13.15–15.45
Gespräch mit den Damen und Herren von
der Firma Daubert • 14.30–15.00 Kaffeepause
• 16.00 Fahrt ins Hotel • 16.00–19.00: frei
(Stadtbesichtigung?) • 19.00 Abendessen im
Hotelrestaurant.

3 Hier oder da? • Ein Mineralwasser, bitte. • Das
freut mich. • Ah, gut! Wie geht es Herrn Kogel?
• Oh, das tut mir leid.

4 1 Donnerstag • Freitag • Samstag • Sonntag
2 Donnerstag • Mittwoch • Dienstag • Montag
3 Sonntag • Dienstag • Donnerstag • Samstag
4 Mittwoch • Montag • Samstag • Donnerstag
5 Sonntag • Mittwoch • Samstag • Dienstag

5 2 Gestern Mittag waren ... 3 Gestern Nachmittag
war ... • hatte 4 Gestern Abend war ... 5 Heute
Morgen war ... • war 6 habe/mache 7 Heute
Nachmittag fahre ... 8 Heute Abend wohne ... •
habe 9 Morgen früh kommt ... 10 Morgen Mittag
fahre ... 11 Morgen Nachmittag habe ... 12 Morgen
Abend habe ...

Die Leute sind da!

1 2 ein Kunde • ein Gast • ein Besucher • ein
Bankkaufmann • eine Person 3 Kundinnen •
Gäste • Besucherinnen • Bankkauffrauen •
Personen 4 Kunden • Gäste • Besucher •
Bankkaufleute • Personen 5 Kunden • Gäste •
Besucher • Bankkaufleute • Personen

2 2 ist 3 hat 4 sie 5 um 6 mich 7 eine 8 Gut 9 auf
10 das 11 kein 12 Vielen

3 2 Das freut mich! 3 Das ist nicht so schlimm.
4 Das freut mich! 5 Das ist nicht so schlimm.
6 Das tut mir leid.

4 2 Er kommt aus Griechenland und spricht
Griechisch. 3 Sie kommt aus Italien und spricht
Italienisch. 4 Sie kommt aus Österreich und
spricht Deutsch/Österreichisch. 5 Er kommt
aus Polen und spricht Polnisch. 6 Er kommt aus
Spanien und spricht Spanisch.

5 **die ...ung, -en**: die Besprechungen, besprechen •
die Anmeldung, anmelden • die Wohnung,
die Wohnungen • **die ..., -en**: die Antworten,
antworten • die Arbeit, die Arbeiten • die Fahrt,
fahren • **die ...e, -n**: die Reisen, reisen • die
Sprache, sprechen • die Frage, die Fragen •
der ..., ⸚e: der Besuch, die Besuche • der Bericht,
berichten • die Flüge, fliegen

6 2a • 3a • 4c • 5c • 6b • 7a • 8b

7 2 Das Seminar beginnt am 17. März. Es dauert
drei Tage und ist am 19. März zu Ende. 3 Die
Arbeit beginnt am Morgen. Sie dauert einen Tag
und ist am Abend zu Ende. 4 Der Messebesuch
beginnt um 14.00 Uhr. Er dauert vier Stunden
und ist um 18.00 Uhr zu Ende.

Wer sind die Leute?

1 2 Schon hundert. • Erst drei. 3 Noch viele Jahre.
• Nur noch eine Woche. 4 Noch 46. • Nur noch
fünf. 5 Schon morgen. • Erst in vier Wochen.
6 Erst drei. • Schon 27. 7 Noch 32. • Nur noch
vier. 8 Noch drei Wochen. • Nur noch drei Tage.

2 a) 2 Wo 3 Was 4 Wie viele 5 Wie lange 6 Wie
7 Wann
b) 2 Was 3 wie viel 4 Wie viel 5 Wie lange
6 Wann 7 Wer

3 2 Ich hatte 15 Minuten Verspätung. 3 Nicole
Bellac hatte zwei Stunden Verspätung. 4 Roberto
und Petra hatten 45 Minuten Verspätung. 5 Der
Zug hatte 26 Minuten Verspätung.

4 2 Die Besucher aus Italien haben am 3. März
von acht bis neun Uhr eine Betriebsführung.
3 Wir haben heute Nachmittag zwei Stunden
lang Besuch. 4 Herr Waldner hat heute den
ganzen Tag Besprechungen. 5 Sie haben morgen
Nachmittag bis etwa 17 Uhr eine Führung. 6 Die
Besuchergruppe aus Prag hatte am Montag von
14 bis 18 Uhr einen Messebesuch.

5 a) 2 -notiz 3 -karte 4 -nummer 5 -kontakt
6 -interview 8 -name 9 -besuch 10 -auto
11 -adresse 12 -mitarbeiter
b) 2 Urlaubs- 3 Arbeits- 4 Flug- 5 Fahr- 6 Uhr-
8 Informations- 9 Mitarbeiter- 10 Kunden-
11 Pausen- 12 Messe-

Kate Carlson beginnt ihr Praktikum

1 2 ... sind drei Abteilungen. 3 ... ist der
Empfang. 4 ... ist der Vertrieb. 5 ... ist
die Konstruktionsabteilung. 6 ... ist die
Serviceabteilung.

2 1 Jetzt fahren wir mit dem Taxi ins Hotel. •
Ins Hotel fahren wir jetzt mit dem Taxi. •
Mit dem Taxi fahren wir jetzt ins Hotel. 2 Am
Donnerstag korrigiert Kate Carlson im Vertrieb
Prospekte. • Im Vertrieb korrigiert Kate
Carlson am Donnerstag Prospekte. • Prospekte
korrigiert Kate Carlson am Donnerstag im
Vertrieb. 3 Morgen braucht Herr Waldner ein
Doppelzimmer für Familie Weinberger. •
Ein Doppelzimmer braucht Herr Waldner
morgen für Familie Weinberger. • Für Familie
Weinberger braucht Herr Waldner morgen ein
Doppelzimmer. 4 Gestern war der Zug auf der
Fahrt nach Berlin sehr voll. • Auf der Fahrt nach
Berlin war gestern der Zug sehr voll. • Sehr voll
war der Zug gestern auf der Fahrt nach Berlin.

3 a) 2d • 3g • 4h • 5b • 6a • 7f • 8c

4 a) 2 Besprechung 3 Abteilungen 4 Konstruktion
5 Qualitätssicherung 6 Vertrieb 7 Prospekte
8 Pause 9 Firma 10 Service 11 Praktikum 12 Labor
13 Aufträge 14 Kunden
b) Praktikumsplan

Textarbeit

1 a) **Foto links:** Sekretärin **Foto rechts:** Flughafenpersonal
b) **alle Berufe:** 19% • **Informatiker:** 54591 € • 49687 € • 9% • **Marketingleiter:** 69813 € • 55829 € • 20%
c) Eine männliche Bürokraft verdient durchschnittlich 33032 €, eine weibliche Bürokraft 26696. Das ist ein Unterschied von 19%. Eine männliche Laborkraft verdient im Durchschnitt 35631 €, eine weibliche 28355 €. Das ist ein Unterschied von 20%. Männliche Verkäufer und Kundenberater verdienen durchschnittlich 31541 €, weibliche 24292 €. Das ist ein Unterschied von 23%.

Kapitel 3
Leute
Meine Familie

1 a) P • M • P • P • M • M
b) 3 • 6 • 1 • 5 • 2 • 4
2 a) Elvira + Robert Vayhinger
Theresa Vayhinger • Ulla + Jürgen Dörken
Thorsten • Mareike
b) 1 die Mutter • die Schwiegermutter 2 die Schwester • die Tochter • die Tante 3 der Vater • der Mann • der Schwiegersohn 4 der Sohn • der Enkel • der Bruder
c) 1 bin • habe • haben • heißt • ist • ist • Jürgen Dörken 2 habe • habe • Elvira Vayhinger.
d) *Mögliche Lösung:* Ich heiße Mareike. Meine Mutter heißt Ulla und mein Vater heißt Jürgen. Ich habe einen Bruder. Er heißt Thorsten. Ich habe auch eine Großmutter und eine Tante. Mein Großvater ist schon tot.
3 3 nicht verheiratet • 4 kein Besucher • 5 nicht geschieden • 6 nicht groß • 7 nicht arbeiten • 8 nicht gern • 9 keine Familie • 10 kein Bild • 11 keine Töchter • 12 keine Enkel • 13 nicht ledig • 14 kein Bruder
4 1 Ihr • Ihre • Ihre 2 Mein • Meine • Meine • Mein • meine 3 Meine • ihr • ihre • Meine
5 2 Nein, sie hat keinen Bruder. 3 Nein, sie ist ledig. 4 Nein, der Vater von Theresa heißt Robert. 5 Nein, sie ist seine Schwiegermutter. 6 Nein, sie hat eine Tante. 7 Ja. Er hat eine Schwester.
6 a) **Frau Müller:** Sekretärin • verheiratet • 4 Personen: Frau Müller, ihr Mann, 2 Kinder (Erik, 9 J., Sonja, 12 J.) • **Frau Maier:** technische Zeichnerin • geschieden • 2 Personen: Frau Maier und eine Tochter (Lea, 14 J.)
b) technische Zeichnerin • geschieden • Tochter • Tochter • 14 Jahre
c) *Mögliche Lösung:* Frau Müller ist Sekretärin von Beruf. Sie ist verheiratet und hat zwei Kinder. Ihre Kinder sind 9 und 12 Jahre alt.

Auf einem Seminar

1 **Wie? (Figur und Alter):** groß • schlank • sehr alt • ziemlich dick • jung • **Wie? (Charakter):** nett • lustig • langweilig • angenehm • nicht interessant • **Wie? (Farbe):** gelb • grün • blau • weiß • rot **Was? (Kleidung):** der Rock • das Hemd • die Jacke • die Bluse • die Hose • **Was? (Getränk):** der Saft • der Tee • das Wasser • das Bier • der Wein
2 a) **Nr. 8:** trinkt • groß • blau • **Nr. 4:** links • telefoniert • groß • alt • Hemd • **Nr. 3:** links • Tee • liest • schlank • groß • grün
b) *Mögliche Lösung:* **Nr. 5:** Der Herr sitzt hinten in der Mitte und trinkt Kaffee. Sein Anzug ist schwarz. Er ist groß und nicht dick. **Nr. 2:** Die Dame sitzt vorne rechts. Sie trinkt Wein. Ihre Jacke ist rot. Sie ist schlank. **Nr. 1:** Der Herr steht vorne in der Mitte. Er trinkt Wein. Sein Anzug ist grau. Seine Krawatte ist braun, gelb und blau. Er ist ziemlich alt.
3 2 trinken 3 essen 4 sein 5 heißen 6 arbeiten 7 stehen 8 haben 9 lesen 10 begrüßen 11 sehen 12 sprechen
4 2 Das ist kein Hemd. Das ist ein Pullover. 3 Das ist kein Jackett. Das ist eine Bluse. 4 Das ist keine Bluse. Das ist ein Hemd. 5 Das ist kein Pullover. Das ist ein Anzug. 6 Das ist kein Wasser. Das ist Kaffee. 7 Das ist kein Bier. Das ist Wasser. 8 Das ist kein Tee. Das ist Cola. 9 Das ist keine Cola. Das ist Bier. 10 Das ist kein Kaffee. Das ist Tee.
5 2f • 3r • 4f • 5f • 6f • 7r • 8f
6 2 ziemlich 3 alt 4 die Brille 5 stehen 6 schön 7 Zeitung 8 Enkel 9 Hotel
7 6 • 2 • 4 • 3 • 5 • 1

Eine Verabredung

1 2 schreibt 3 macht 4 lernt 5 anstrengend 6 kennt 7 Wörter 8 fragt 9 Restaurant 10 antwortet 11 Zeit
2 1 Christian hat ab Freitag ein Seminar. Er hat erst nächste Woche Zeit. 2 Kate lernt erst drei Wochen Deutsch. Sie spricht nicht sehr gut, aber sie schreibt nicht schlecht.
3 2 Bist du im Stress? 3 Bist du morgen da? 4 Machst du um fünf Uhr Feierabend? 5 Arbeitest du am Abend noch? 6 Isst du morgen Abend im Restaurant? 7 Hast du nächste Woche Zeit?
4 2 Trinkst du oft Tee? 3 Wie viele Kinder haben Sie? 4 Sprichst du Englisch? 5 Wie lange lernst du schon Deutsch? 6 Essen Sie oft im Restaurant? 7 Kochst du gern? 8 Kommst du morgen? 9 Wann haben Sie Mittagspause?
5 2 …, bist du technische Zeichnerin von Beruf? 3 …, arbeitet ihr bei Technet? 4 …, wann bekommst du die Information? 5 …, wie lange bleibt ihr in der Schweiz? 6 …, fährst du oft nach Österreich? 7 …, wann schreibst du den Brief? 8 …, sprichst du Portugiesisch? 9 …, wo studiert ihr?

6 a) 3 • 4 • 7 • 2 • 1 • 6 • 5 • 8
b) **m:** mein • sein • **f:** deine • **n:** mein • dein
7 2 dein 3 euer 4 Unser • unsere 5 Ihre • ihr 6 Sein • seine
8 2 deine 3 meine 4 meine 5 ihre 6 ihr 7 dein 8 seine 9 deine 10 meine 11 mein 12 sein

Freizeit und Hobbys

1 *Mögliche Lösung:* 1 Frau Maier zeichnet am Abend oft Bilder. 2 Sie liest am Wochenende gern Zeitung. 3 Lea hört zu Hause immer Musik. 4 Frau Müller treibt in der Freizeit manchmal Sport.
2 2 freundlich/nett 3 verheiratet 4 interessant 5 vorne 6 alt 7 falsch 8 alt 9 links 10 gern 11 groß 12 privat 13 wenig 14 gut 15 dick 16 oft
3 2 Er joggt immer am Wochenende. 3 Ja, aber sie joggt nur manchmal. 4 Ja, aber nur selten. 5 Sie liest am Wochenende Zeitung. 6 Sie zeichnet gern.
4 2 Hörst du gern Musik? 3 Wann kaufst du ein? 4 Schläfst du am Wochenende lange? 5 Was liest du am Abend? 6 Joggt ihr oft? 7 Treibt ihr Sport? 8 Zeichnest du gern?
5 a) 2 habe 3 bin 4 machst 5 schlafe 6 sind 7 liest 8 lese 9 hast 10 treibe 11 joggst 12 fährst 13 jogge 14 treibst
b) **Andrea:** Sie ist am Abend immer müde. Am Wochenende schläft sie lange und putzt und liest. Sie liest oft Zeitung. Sie treibt keinen Sport. **Thomas:** Thomas treibt viel Sport. Er joggt gern und fährt gern Fahrrad.
6 2 Bilder zeichnen 3 am Computer spielen 4 Spaziergänge machen 5 ins Kino gehen
7 a) 2 Zeichnest 3 Gehen 4 Liest 5 Spielst 6 Machen 7 Fährst 8 Singst
b) 2 Nein, ich zeichne nie. 3 Nein, ich gehe nur manchmal ins Konzert. 4 Ja, ich lese sehr oft/gern Bücher. 5 Nein, ich spiele nicht gern Tennis. 6 Ja, ich mache sehr oft Gartenarbeit. 7 Nein, ich fahre nicht sehr gern Rad. 8 Nein, ich singe nie.
8 a) 2 das • die Bewerbung, das Gespräch 3 der • die Familie, der Name 4 das • die Arbeit, das Buch 5 die • das Büro, die Arbeit 6 das • die Woche, das Ende 7 der • die Klasse, der Raum 8 die • die Ehe, die Frau
b) 2 das Spiel, das Tennis • das Tennisspiel 3 das Buch, deutsch • das Deutschbuch 4 der Tee, schwarz • der Schwarztee 5 das Hotel, die Bar • die Hotelbar 6 das Bier, weiß • das Weißbier 7 die Zeit, frei • die Freizeit 8 der Teilnehmer, das Seminar • der Seminarteilnehmer 9 die Mutter, groß • die Großmutter

An der Pforte

2 a) 2 Buchstabieren 3 Kommen 4 haben 5 Warten 6 dauert 7 zeigen 8 Kennen

Wortschatzarbeit

1 Freizeit • Frucht • früh • Frühstück • fuhr • Führerschein • Funktion • für • furchtbar • Fusion • Fuß
2 a) **kurz:** fu**r**chtbar • f**ü**rchten • F**u**nker • F**u**rcht • **lang:** f**ü**r • funkti**o**nieren • Fusi**o**n • F**u**ß
b) die Furcht (*kein Pl.*) • die Funktion, die Funktionen • der Fuß, die Füße • die Fürsorge (*kein Pl.*) • der Funker, die Funker
c) 1 furchtbar 2 funktional, funktionieren 3 fusionieren 4 fürsorglich
d) 2 furcht-bar 3 funk-ti-o-nie-ren 4 Fu-si-on 5 fürch-ter-lich

Textarbeit

1 a) Musik ist die beliebteste Freizeitbeschäftigung der Deutschen.
b) 1 27% 2 24% 3 13%
c) 1 32 • 2 11 • 13 • 3 20 • 24 • 4 — • 31

KAPITEL 4
BEDARF, BESTELLUNG, KAUF
Wir brauchen einen Drucker

1 2 der • einen 3 die • eine 4 der • einen 5 das • ein 6 der • einen 7 der • einen 8 das • ein
2 a) 3 • 1 • 4 • 2
b) ▶Guten Tag. Hier ist Walter, Bürodiscount Hermes, wir haben billiges Kopierpapier. Brauchen Sie Kopierpapier? ▶Nein, wir haben noch viel Papier. Aber vielen Dank für das Angebot. ▶Alles klar, Herr Graf. Auf Wiederhören. ▶Auf Wiederhören.
3 2 brauche keine 3 habe ich keine mehr 4 brauche 5 habe keinen 6 brauche
4 a) 2a • 3j • 4f • 5o • 6m • 7h • 8n • 9b • 10c • 11e • 12k • 13i • 14d • 15l
b) **-s-:** das Besuchsprogramm • das Bewerbungsgespräch • der Praktikumsplan • das Informationsmaterial • **-(e)n-:** die Firmenbesichtigung • das Kassenbuch • das Kundengespräch • das Wochenende • **-:** der Bildschirm • der Briefumschlag • die Druckerpatrone • das Mittagessen
5 a) 1 250 Stück • sechs Pack • 14 Stühle 2 500 Gramm • zwei Kilo 3 20 cm • zwölf Meter
b) 2 zehn Pack zu 20 Stück 3 zwölf Pakete zu 500 Blatt 4 eine Packung zu 1000 Gramm 5 fünf Stück 6 zwei Stücke
6 **-er/-er:** die Besucher • die Ordner • die Kugelschreiber • die Lehrer • **-/-e:** die Bildschirme • die Faxgeräte • die Pakete • die Regale • **-e/-en:** die Lampen • die Patronen • die Rollen • die Kreditkarten • **a, u/ä, ü ...-e:** die Städte • die Umschläge • die Stühle • die Pässe
7 **Bedarf:** brauchen Druckerpatronen • brauchen wir • Stück • **kein Bedarf:** keine • noch

Kugelschreiber • wir noch • Wir haben noch • Stück

Ich möchte einen Wagen mieten

1 2 Bild: 3 • 3 Bild: 1 • 4 Bild: 2 • 5 Bild: 6 • 6 Bild: 5
2 a) B • D • D • D • B • B • D • B
   b) 6 • 3 • 1 • 5 • 2 • 4 • 7 • 8
3 a) hätte • habe • möchte • möchten • brauche
   b) hätte es • Ich habe hier • Ich möchte aber • Wie lange möchten Sie es • Ich brauche es • Geht das
4 a) **hätt-:** 2 hättest 3 Hätte 4 Hättet 5 hätten 6 hätte 7 hätten • **würd-:** 1 würdest 2 würde 3 würdet 4 würden 5 würden • **möchte-:** 1 möchte 2 möchtest 3 möchte 4 möchten 5 möchtet
   b) 1 ihn besuchen 2 ein Faxgerät • das Gerät sofort bestellen 3 nach Hamburg fahren • eine Auskunft 4 gern ein Mineralwasser • gern Kaffee trinken
5 2 Praktikantin • die Praktikanten, die Praktikantinnen 3 die Studentin • die Studenten, die Studentinnen 4 die Kundin • die Kunden, die Kundinnen 5 die Mitarbeiterin • die Mitarbeiter, die Mitarbeiterinnen 6 die Lehrerin • die Lehrer, die Lehrerinnen 7 die Informatikerin • die Informatiker, die Informatikerinnen 8 die Ingenieurin • die Ingenieure, die Ingenieurinnen 9 die Industriekauffrau • die Industriekaufleute, die Industriekauffrauen 10 die Geschäftsfrau • die Geschäftsleute, die Geschäftsfrauen
6 a) 2d • 3a • 4e • 5b
   b) Er möchte am Mittwoch fahren. • Er braucht unsere Prospekte auf Englisch. • Bitte rufen Sie Frau Henderson an. Vielen Dank!

Das Angebot

1 a) 2 Der Tischkopierer 3 Der Tischkopierer 4 Der Laptop zu 1699 €. 5 Der Laptop zu 1998 €. 6 Die Spiegelreflexkamera 7 Die Digitalkamera
   b) 2 Ich hätte gern ein Kopiergerät. • Wie findest du den Tischkopierer? • Den finde ich klein und handlich. • Welches Kopiergerät nimmst du? • Ich nehme den Tischkopierer. 3 Ich hätte gern eine Kamera. • Wie findest du die Digitalkamera? Die finde ich praktisch und billig • Welche Kamera nimmst du? • Ich nehme die Digitalkamera. 4 Ich hätte gern einen Laptop. • Wie findest du den zu 1998 €? • Den finde ich schnell, aber sehr teuer. • Welchen Laptop nimmst du? • Ich nehme den zu 1699 €.
2 a) 2 das Kind 3 der Mitarbeiter 4 die Musik 5 der Preis 6 die Reise 7 der Kaffee 8 der Fahrschein 9 die Bestellnummer 10 der Tee
   b) 2 teuer 3 spät 4 leicht 5 alt/unmodern 6 pünktlich 7 unpraktisch 8 weiß 9 unelegant 10 unfreundlich 11 unbequem 12 kurz
   c) 2 praktisch • Welches • praktische 3 modern • modern • Welche • moderne 4 groß • Welches • große 5 schön • Welche • schöne 6 spät • Welchen • späten
3 2 Ein Bildschirm zum Preis von fünfhundertsiebenundvierzig Euro. 3 Eine Druckerpatrone zum Preis von siebenundzwanzig Euro sechzig. 4 Eine Lampe zum Preis von vierunddreißig Euro neunundneunzig. 5 Ein Regal zum Preis von sechsundfünfzig Euro achtundachtzig. 6 Ein Fahrschein zum Preis von einhundertzwanzig Euro.
4 *Mögliche Lösung:* **Schreibtisch:** Der Schreibtisch hier ist groß. • Welcher? • Der zu 319,90 Euro. Wie findest du den? • Gut, ich nehme den großen Schreibtisch zu 319,90 Euro. **Lampe:** Die Lampe hier ist praktisch. • Welche? • Die zu 48,39 Euro. Wie findest du die? • Gut, Ich nehme die praktische Lampe zu 48,39 Euro.

Im Tagungshotel

1 a) **waagerecht:** Traube • Banane • Ei • Müsli • Jogurt • Brötchen • Apfel • Orangensaft • Schinken • Weißbrot • **senkrecht:** Graubrot • Tee • Milch • Wurst
   b) **Obst:** die Traube • die Banane • der Apfel • **Aufschnitt:** die Wurst • der Schinken • **Brot:** das Graubrot • das Weißbrot • das Brötchen • **Getränke:** der Tee • die Milch • der Orangensaft • **Anderes:** das Ei • das Müsli • der Jogurt
2 *Mögliche Lösung:* Was nehmen Sie? Brot oder Brötchen? • Ich nehme ein Brötchen • Hier, ein Brötchen für Sie.
3 a) Lieber Herr Bachmann, was machen Sie jetzt? Wie geht es Ihnen? Besuchen Sie in diesem Jahr die Messe in Hannover? Oder bleiben Sie in Wien und arbeiten? Bitte schreiben Sie mir. Oder besuchen Sie mich in München. Mit freundlichen Grüßen Elisabeth Siebert
   b) Liebe Elisabeth, ich höre, du kommst bald nach Wien. Wann und wie lange bist du hier? Bitte ruf mich an. Du hast noch einige Informationsunterlagen. Die brauche ich. Bitte bring sie mit. Das ist nicht so teuer wie mit der Post. Möchtest du hier auch deine Wiener Kollegen sehen? Viele Grüße Christian
4 2 … komm um 16 Uhr. 3 … nimm einen Kaffee. 4 … lies das Buch. 6 … kommen Sie um 16 Uhr. 7 … nehmen Sie einen Kaffee. 8 … lesen Sie das Buch.
5 2 dich 3 mich 4 euch 5 uns 6 Sie 7 mich 8 Sie
6 3 ▶ Für wen ist der Orangensaft? ▶ Für mich. ▶ Aha, für dich. 4 ▶ Wofür ist die Lampe? ▶ Für den Schreibtisch. ▶ Aha, dafür. 5 ▶ Für wen ist das Zimmer? ▶ Für Herrn und Frau Waldner. ▶ Aha, für sie. 6 ▶ Wofür ist das Papier? ▶ Für den Kopierer. ▶ Aha, dafür. 7 ▶ Für wen ist die CD? ▶ Für Roberto. ▶ Aha, für ihn. 8 ▶ Für

LÖSUNGEN

wen ist das Informationsmaterial? ▶ Für die Geschäftsleute. ▶ Aha, für sie. 9 ▶ Für wen ist die E-Mail? ▶ Für die Sekretärin. ▶ Aha, für sie.

Die Dienstreise

1 2 die Socken 3 die Schuhe 4 das Kleid 5 die Jacke 6 das Kostüm 7 der Pullover 8 der Rock 9 die Hose 10 der Anzug

2 2 ein Mantel für den Herrn 3 die Damenhose 4 Kleidung für die Arbeit 5 eine Sommerbluse 6 eine Jacke für den Winter 7 Hausschuhe 8 ein Hemd für die Freizeit 9 Sportschuhe 10 das Reisekostüm

3 2 Dafür brauche ich leichte Sportschuhe. 3 Dafür braucht sie ein dunkles Kleid. 4 Dafür brauchen wir einen warmen Pullover. 5 Dafür braucht er einen großen Koffer.

4 a) 1 das Kopiergerät • der Ordner • die gelbe Bluse 2 Herr Walz • Anna • ich 3 Herrn Müller • dich 4 für Frau Wiese • für uns 5 für die Konferenz • für das Frühstück 6 am 3. August • heute • um 10.00 Uhr 7 interessant • neu 8 15 Jahre 9 drei Stunden • bis Mittwoch • eine Woche • 15 Jahre 10 das zu 30 Euro 11 nicht so viel • 500 Gramm • zwölf Euro 12 sechs Stück • vier Rollen 13 bei der Firma DonauEnergie • in Italien 14 aus Genf • vom Bahnhof
b) *Mögliche Lösung:* 2 Wer möchte einen Kaffee? – Frau Müller möchte einen Kaffee. 3 Wen kennst du? – Ich kenne Herrn Müller 4 Für wen arbeitest du? – Für Frau Wiese 5 Wofür brauchst du die Brötchen? – Für die Konferenz. 6 Wann hast du einen Termin? – Am 3. August. 7 Wie ist die Mitarbeiterin? – Sie ist interessant. 8 Wie alt ist Ihre Tochter? – Meine Tochter ist 15 Jahre alt. 9 Wie lange bist du in Hamburg? – Bis Mittwoch. 10 Welches Regal nimmst du? – Das zu 30 Euro. 11 Wie viel kostet das Buch? – Zwölf Euro. 12 Wie viele Rollen Faxpapier brauchst du? – Ich brauche vier Rollen. 13 Wo wohnst du? – In Italien. 14 Woher kommst du? – Ich komme aus Genf.

5 Ich hätte gern eine Bluse. • Für wen brauchen Sie sie? • Für meine Frau. • Wofür braucht sie sie? • Für den Sommer. • Die hier ist blau, die ist rot. • Ich nehme die rote. • Gut, die zu 48,50 Euro.
Ich hätte gern Papier. • Für wen brauchen Sie es? • Für die Kollegen im Vertrieb. • Und wofür brauchen Sie es? • Für das Kopiergerät und den Drucker. • Das hier ist grau und das ist weiß. • Ich nehme das weiße. • Gut, hier sind zehn Pack zu 500 Blatt.

Wortschatzarbeit

2 *Mögliche Lösung:* bleiben WO • stehen WO • besuchen WEN • sprechen WORÜBER • möchten WAS • heißen WIE • brauchen WAS • kommen WOHER • korrigieren WAS • kosten WIE VIEL • fahren WOHIN • finden WIE • lesen WAS

Textarbeit

1 a) Der Kunde bestellt Büroartikel: Kopierpapier, Briefumschläge, Versandtaschen • Ich muss die Artikel liefern.
b) 1 eine Bestellung 2 drei 3 innerhalb von 24 Stunden
c) Problem: Das Papier in der Qualität 80 g hat die Bestellnummer P 258480. Herr Graf bestellt Papier in der Qualität 80 g. Aber die Bestellnummer ist falsch P 258490. Das ist die Bestellnummer für 90g-Papier. Frage: Was bestellt Herr Graf: 80g- oder 90g-Papier?

KAPITEL 5
IM BÜRO UND UNTERWEGS
Das Praktikantenbüro

1 2 … sitzen vorne am Tisch 3 … steht hinten links. 4 … steht hinten in der Mitte. 5 … liegt vorne am Tisch zwischen der Dame vorne links und dem Herrn vorne rechts rechts. 6 … steht hinten rechts. 7 … steht in der Mitte auf dem Tisch.

2 a) 2L • 3E • 4l (zwischen der Tasse und dem Telefon) • 5S • 6T (rechts neben den Aktenordnern) • 7I (links neben der Zeitung) • 8F • 9T (rechts hinter den Kugelschreibern)
b) Bleistift

3 a) **obere Reihe von links nach rechts:** 5 • 6 • 8 • **mittlere Reihe von links nach rechts:** 2 • 1 • 3 • **untere Reihe von links nach rechts:** 9 • 4 • 7
b) 2 Frank sitzt hinten rechts neben Dorothee und hinter Hans. 3 Isabel sitzt in der Mitte links neben Karel, hinter Nicole und vor Mario. 4 Nicole sitzt vorne links neben Rudi und vor Isabel.

4 Schreibtisch • Kollege • im Urlaub • in Griechenland • Telefon • Computer • E-Mails • Telefongespräche • in Ruhe • im Besprechungsraum

5 2 … das Besprechungszimmer. 3 … liegt links neben dem Büro von Frau Ballauf. 4 Unter dem Konferenzraum liegen der Materialraum, das Büro von Frau Ballauf und das Besprechungszimmer.

Entschuldigung, wie komme ich von hier zum …?

1 1 zur 2 vom • zur 3 von • nach 4 von • zum 5 von • zur 6 vom • zur 7 von der • nach 8 von der • zur

2 in Raum 16 • mit Frau Kötter • im Hotel Splendide • bei der Firma Physmat • in der Konstruktion • mit dem Vertrieb 8 beim Direktor • nach Hannover

140 | einhundertvierzig

3 2 Von der Goethestraße zur Industrieausstellung sind es einundzwanzig Minuten zu Fuß. 3 Vom Messeplatz zum Hotel Splendide sind es sieben Minuten zu Fuß. 4 Vom Hauptbahnhof zur Stadtmitte sind es sechs Minuten zu Fuß. 5 Von der Universität zum Kongresszentrum sind es siebenundzwanzig Minuten zu Fuß. 6 Vom Hotel Splendide zum Restaurant am Markt sind es neun Minuten zu Fuß.

4 3 Steigen ... um 4 Rufen ... an 5 Erklären ... 6 Tragen ... ein 7 Benutzen ... 8 Unterstreichen ...

5 2 Fahren Sie mit dem Bus, Linie 3, in Richtung Messeplatz. Am Busbahnhof steigen Sie in die Linie 1 um und fahren in Richtung Firma Wertmann GmbH. Am Hauptbahnhof steigen Sie aus. 3 Fahren Sie mit dem Bus, Linie 1, in Richtung Seminarhotel. Am Hauptbahnhof steigen Sie in die Linie 2 um und fahren in Richtung Service-Zentrum. Am Karl-Joseph-Platz steigen Sie in die Linie 3 um und fahren Richtung Messeplatz. Am Messeplatz steigen Sie aus. 4 Fahren Sie mit dem Bus, Linie 3, in Richtung Industriegebiet. Am Busbahnhof steigen Sie in die Linie 1 um und fahren in Richtung Seminarhotel. Am Seminarhotel steigen Sie aus.

6 2 ... vierten Stock rechts. 3 ... fünften Stock links. 4 ... dritten Stock rechts. 5 ... ersten Stock rechts. 6 ... zweiten Stock links. 7 im sechsten Stock links.

Und was machen wir mit ...?

1 2r • 3r • 4f • 5f • 6f • 7r • 8r • 9r • 10f • 11r • 12r

2 *Mögliche Lösung:* 2 Der Terminkalender liegt auf dem Schreibtisch rechts neben dem Laptop. 3 Das Bild hängt über dem Regal in der Mitte über der Uhr. 4 Die Tasche steht auf dem Boden rechts neben dem Schreibtisch. 5 Die Aktenordner stehen in dem Regal rechts neben der Uhr / links hinter dem Laptop. 6 Der Bürostuhl steht auf dem Boden in der Mitte vor dem Schreibtisch. 7 Der Prospekt liegt in dem Regal in der Mitte zwischen den Ordnern und der Tasse / unter der Uhr. 8 Die Notizzettel hängen an dem Regal links über dem Schreibtisch. 9 Die Basketballschuhe stehen unter dem Schreibtisch rechts vor dem Papierkorb.

3 2 Der Regenschirm hängt am Fenster. • Hängen Sie ihn bitte an die Garderobe! 3 Die Basketballschuhe liegen auf dem Boden. • Stellen Sie sie bitte in den Schrank! 4 Der Terminkalender liegt auf dem Stuhl. Legen Sie ihn bitte auf den Schreibtisch. 5 Die Tassen stehen auf dem Tisch. Stellen Sie sie bitte in das Regal.

4 2 ... an die Wand. 3 ... ins Regal. 4 ... an die Garderobe. 5 ... in die blaue Tonne 6 ... in die Ecke. 7 ... in den Schrank. 8 ... in den Aktenordner.

5 2 vier Aktenordner 3 ein Papierkorb 4 ein Bild 5 eine Tasse 6 ein Handy 7 ein Kugelschreiber 8 eine Tasche

6 1 auf der • am • auf die 2 bei der • im • bei • bei der 3 in der • in die • zum • am • am 4 ins • in die • in der 5 in den • im • im

Unterwegs zur Firma Rohla

1 2 Herr Ortman biegt vor der Ringallee rechts ab. 3 Die Kölner Straße ist gesperrt. 4 In der Kaiserstraße gibt es einen kleinen Stau. 5 Er kommt nicht zu spät, er ist pünktlich.

2 gesperrt • gegeben • abgebogen • gekommen • gefahren • abgebogen • genommen

3 2 Hat sie die Prospekte korrigiert oder ist sie nach Hause gegangen? 3 Hat sie am Wochenende gearbeitet oder ist sie in Urlaub gefahren? 4 Hat sie „ja" gesagt oder hat sie „nein" gesagt? 5 Ist sie rechts abgebogen oder ist die geradeaus gefahren? 6 Hat sie Peter besucht oder ist sie ins Kino gegangen? 7 Ist sie ausgestiegen oder ist sie weitergefahren? 8 Hat sie angerufen oder hat sie eine Mail geschrieben? 9 Ist sie geblieben oder ist sie abgereist? 10 Ist sie zum Seminar gekommen oder hat sie gefehlt?

4 in • zu • im • ins • im • Vom • in • in • in • von • zur • an • in

5 **Wo:** 2 im 3 bei 4 an der 5 in der 6 am 7 im 8 zu • **Woher:** 2 aus dem 3 von 4 vom 5 von 6 vom 7 aus dem 8 von zu • **Wohin:** 2 ins 3 zu 4 in den 5 nach 6 zur 7 in die 8 nach

6 a) 2 ... bitte bis zur Sandstraße. 3 Steig bitte dort aus. 4 Warte bitte zehn Minuten. 5 Nimm bitte den Bus, Linie 17. 6 Fahre bitte in Richtung Kliniken.
b) 2 ... fährst du bis zur Sandstraße. 3 Dann steigst du dort aus. 4 Dann wartest du zehn Minuten. 5 Dann nimmst du den Bus, Linie 17. 6 Dann fährst du in Richtung Kliniken.
c) 2 Bist du bis zur Sandstraße gefahren? 3 Bist du dort ausgestiegen? 4 Hast du zehn Minuten gewartet? 5 Hast du den Bus, Linie 17, genommen? 6 Bist du in Richtung Kliniken gefahren?

Vor der Messe

1 a) 2 ▶ Ich möchte mit dem Zug nach München fahren. ▶ ... Da musst du bis 11.45 Uhr warten. Um 11.45 Uhr kannst du nach München fahren. 3 ▶ Wir möchten Peter Reisert sprechen. ▶ ... Da müsst ihr bis 9.15 Uhr warten. Dann ist er wieder zurück. 4 ▶ Frau Postleitner möchte in ihr Zimmer. ▶ Ah, sie will in ihr Zimmer. Da muss Sie bis 14.00 Uhr warten.
b) 2 Ich wollte mit dem Zug nach München. Aber ich musste bis 11.45 Uhr warten. Ich konnte erst um 11.45 Uhr nach München fahren. 3 Wir wollten Peter Reisert sprechen.

Aber wir mussten bis 9.15 Uhr warten. Wir konnten erst um 9.15 Uhr mit ihm sprechen. 4 Frau Postleitner wollte in ihr Zimmer. Aber sie musste bis 14 Uhr warten. Sie konnte erst um 14 Uhr in ihr Zimmer.

2 2 Wir wollten durch die Kaiserstraße fahren. Wir konnten aber nicht durch die Kaiserstraße fahren. Denn die Kaiserstraße war gesperrt. Wir mussten also die Ringstraße nehmen.
3 Ich wollte einen Computer kaufen. Ich konnte aber keinen Computer kaufen. Denn ich hatte nicht genug Geld. Ich musste also mit dem Kauf warten. 4 Die Mitarbeiter wollten den Beamer benutzen. Sie konnten aber den Beamer nicht benutzen. Denn der Beamer war nicht frei. Sie mussten also ohne Beamer vortragen.

3 a) 2 An dem Tisch sitzt eine Dame. 3 Unter dem Tisch ist Unordnung. 4 Über dem Tisch hängt eine Lampe. 5 Neben dem Tisch steht ein anderer Tisch.
b) 2 Vor dem Regal sitzt Peter. 3 Unter dem Regal steht ein Papierkorb. 4 Am Regal hängt ein Zettel. 5 Auf dem Regal liegt Büromaterial.

4 a) 2 Der Übersichtsplan hängt an der Pinnwand. 3 Das Telefon steht auf dem Schreibtisch. 4 Die Jacken hängen an der Garderobe. 5 Die Diskette liegt in der Schublade. 6 Die Aktenordner stehen im Regal.
b) 2 Der Übersichtsplan muss an der Pinnwand hängen. 3 Das Telefon muss auf dem Schreibtisch stehen. 4 Die Jacken müssen an der Garderobe hängen. 5 Die Diskette muss in der Schublade liegen. 6 Die Aktenordner müssen im Regal stehen.
c) 2 Hast du das Telefon in die Ecke gestellt? 3 Hast du die Jacken an die Stühle gehängt? 4 Hast du die Notizzettel in die Schublade gelegt? 5 Hast du die Diskette unter das Telefonbuch gelegt? 6 Hast du die Aktenordner auf den Schreibtisch gestellt?
d) 2 Das Telefon habe ich auf den Schreibtisch gestellt. 3 Die Jacken habe ich an die Garderobe gehängt. 4 Die Diskette habe ich in die Schublade gelegt. 6 Die Aktenordner habe ich ins Regal gestellt.

Wortschatzarbeit

1 a) 2 das Büromaterial • die E-Mail 3 der Arbeitsraum • der Parkplatz 4 das Kleidungsstück • der Koffer 5 das Obst • das Brot 6 der Ort • die Besprechung 7 das Gebäude • die Haltestelle 8 das Getränk • das Müsli 9 die Möbel • der Papierkorb 10 das Gerät • die Tür
b) **Monat:** der Juli • der Mai • der Dezember • der Oktober • **Tageszeit:** der Morgen • die Nacht • der Nachmittag • **Daten:** die Adresse • der Name • der Termin • die Zahl • **Text:** der Brief • der Lexikonartikel • der Prospekt • die E-Mail • **schreiben:** eintragen • ausfüllen • abschreiben • notieren • **sprechen:** erklären • telefonieren • vortragen • erzählen

Textarbeit

1 b) **Familie Krüger:** am Nachmittag • Amerika-Halle • Reise durch die USA • **Herr Krüger:** am Vormittag • Vortrag über China • Reise nach China • **Frau Krüger:** am Vormittag • Städtereisen-(Stände) • Europa-Reisen mit Theater-, Ausstellungsbesuchen • **Claudia:** am Vormittag • Ausstellung über Australien • Thema Australien in der Schule
c) *Mögliche Lösung:* Sehr geehrte Frau Weis, am 2. Mai besuche ich von 10 bis 16 Uhr die Firma Tecnet. Ich würde an diesem Tag gern mit Ihnen das neue Computerprogramm besprechen. Könnte ich um 15 Uhr zu Ihnen kommen? Geben Sie mir bitte Bescheid. Mit freundlichen Grüßen ….

KAPITEL 6
NAMEN, ZAHLEN, DATEN, FAKTEN
Das Mercedes-Benz-Kundencenter Bremen

1 a) 2 0761 3 0761/4908100 4 An den Heilquellen 8 5 6 km 6 65 km 7 5 km 8 Freiburg Süd • 9 75,- € 10 45 Minuten • 11 55 bis 67 Minuten • 12 rechts von der Autobahn
b) zum • mit • in • von • in • von

2 3 ein 4 die 5 mit der 6 das 7 mit dem 8 den 9 mit der (grammatikalisch richtig ist auch immer der unbestimmte Artikel, wird nur seltener benutzt)

3 2f • 3e • 4g • 5a • 6c • 7b

4 2 Fahren Sie doch mit der Straßenbahn! • Ach nein, ich fahre lieber mit dem Auto. 3 Fahren Sie doch mit dem Auto! • Ach nein, ich nehme lieber den Zug. 4 Fahren Sie doch mit dem Fahrrad! • Ach nein, ich nehme lieber den Bus. 5 Fahren Sie doch mit der U-Bahn! • Ach nein, ich nehme lieber die Straßenbahn. 6 Fahren Sie doch mit dem Zug! • Ach nein, ich nehme lieber das Flugzeug.

5 a) 2 … müssen Sie an der Ausfahrt Sebaldsbrück verlassen. 3 … müssen Sie in Richtung Zentrum fahren. 4 … müssen Sie rechts in die Herrmann-Koenen-Straße einbiegen.
b) 2 Die A 27 habe ich an der Ausfahrt Sebaldsbrück verlassen. 3 Auf der Osterholzer Heerstraße bin ich in Richtung Zentrum gefahren. 4 Nach ca. 3,5 Kilometern bin ich rechts in die Herrmann-Koenen-Straße eingebogen.

Chrono.data GmbH & Co. KG

1 2 Die Haltestelle und der Parkplatz sind Verkehrseinrichtungen. 3 Der Drucker und der Computer sind Arbeitsgeräte. 4 Die Tabelle und das Datenblatt sind Übersichten. 5 Der Kaffee und der Tee sind Warmgetränke. 6 Die

Montage und der Versand sind Betriebsbereiche. 7 Der Aktenordner und das Klebeband sind Büromaterialien. 8 Die U-Bahn und das Fahrrad sind Verkehrsmittel. 9 Der Pullover und der Mantel sind Kleidungsstücke. 10 Die Telefonnotiz und die Mitteilung sind Informationen.

2 1 Sie können von 12.00 bis 13.00 Uhr in der Kantine zu Mittag essen. • Zu Mittag können Sie von 12.00 bis 13.00 Uhr in der Kantine essen. • In der Kantine können Sie von 12.00 bis 13.00 Uhr zu Mittag essen. 2 Hier darfst du das Handy leider nicht benutzen. • Das Handy darfst du hier leider nicht benutzen. • Du darfst hier das Handy leider nicht benutzen. • Leider darfst du hier das Handy nicht benutzen. 3 In der Regel muss man in der Produktion einen Arbeitsmantel tragen. • Man muss in der Produktion in der Regel einen Arbeitsmantel tragen. • Einen Arbeitsmantel muss man in der Produktion in der Regel tragen. • In der Produktion muss man in der Regel einen Arbeitsmantel tragen.

3 2 dürfen … machen 3 müssen … tragen 4 können … sehen 5 können … lesen 6 müssen … tragen 7 dürfen … mitnehmen 8 dürfen … fahren 9 müssen … warten

4 1 b) … in die Tasche tun? c) … im ganzen Werk nicht rauchen? d) … der Straße parken? 2 a) … den Besucherschein jetzt sofort ausfüllen. b) Nein, Sie müssen den Firmenausweis an der Jacke tragen. c) Nein, Sie dürfen im ganzen Werk nicht rauchen. d) Nein, Sie dürfen nur auf den Besucherparkplätzen parken. 3 a) … den Besucherschein jetzt sofort ausfüllen. b) Nein, du musst den Firmenausweis an der Jacke tragen. c) Nein, du darfst im ganzen Werk nicht rauchen. d) Nein, du darfst nur auf den Besucherparkplätzen parken. 4 a) … den Besucherschein jetzt sofort ausfüllen. b) Nein, ihr müsst den Firmenausweis an der Jacke tragen. c) Nein, ihr dürft im ganzen Werk nicht rauchen. d) Nein, ihr dürft nur auf den Besucherparkplätzen parken. 5 a) … den Besucherschein jetzt sofort ausfüllen. b) Also, wir müssen den Firmenausweis an der Jacke tragen. c) Also, wir dürfen im ganzen Werk nicht rauchen. d) Also, wir dürfen nur auf den Besucherparkplätzen parken.

Die Arbeitsorganisation in der Rückware

1 2 Amina Gök hat in der Zeit vom fünfzehnten. bis sechsundzwanzigsten Februar Urlaub. 3 Mischa Kramnik hat in der Zeit vom zweiten bis dreizehnten Juni Urlaub. 4 Rosa Ünsal hat in der Zeit vom sechzehnten bis siebenundzwanzigsten März Urlaub. 5 Akile Morina hat in der Zeit vom zwölften bis dreißigsten Mai Urlaub.

2 2 … Stunden hat das Team im Oktober gearbeitet. 3 Im Dezember hat das Team siebenhundertsiebenundachtzig Stunden gearbeitet. 4 Fünfhundertzwanzig Stunden hat das Team im November gearbeitet. 5 Im Januar hat das Team siebenhundertsechsundneunzig Stunden gearbeitet. 6 Siebenhundertzehn Stunden hat das Team im Februar gearbeitet.

3 2 Morgen ist Montag, der vierte März. Wir haben zwölf Paletten Rückware. Die Paletten fünf bis neun können wir morgen machen. Aber die Paletten eins bis vier und zehn bis zwölf müssen wir übermorgen machen. 3 Morgen ist Freitag, der vierzehnte September. Wir haben sechs Paletten Rückware. Die Paletten zwei, vier und sechs können wir morgen machen. Aber die Paletten eins und drei müssen wir am Montag machen. Und die Palette fünf müssen wir am Dienstag machen.

4 2 Du darfst im Labor nicht rauchen. Du darfst nur in der Kantine rauchen 3 Sie dürfen nicht alleine einen Auftrag schreiben. Sie müssen vorher mit dem Chef sprechen. 4 Ihr dürft nicht zu spät aus der Mittagspause kommen. Ihr müsst pünktlich kommen. 5 Sie dürfen nicht um 15 Uhr nach Hause gehen. Sie dürfen erst um 16 Uhr nach Hause gehen. 6 Sie dürfen in der Produktionshalle nicht fotografieren. Sie dürfen nur im Empfangsbereich fotografieren.

5 2 … kann ich leider nicht am neuen Prospekt arbeiten. Da habe ich Urlaub. Aber ich kann am Dienstag am neuen Prospekt arbeiten. 3 Am Dienstag kann ich leider keine Kundenbesuche machen. Da muss ich am neuen Prospekt arbeiten. Aber ich kann am Montag Kundenbesuche machen. 4 Am Montag kann ich leider keine Besucher am Messestand beraten. Da muss ich Kundenbesuche machen. Aber am Donnerstag kann ich Besucher am Messestand beraten.

Drucker und Regale

1 2 … muss auch leicht sein. Er darf nicht schwer sein. 3 Der neue Drucker muss auch praktisch sein. Er darf nicht unpraktisch sein. 4 Die Druckerpatronen für den neuen Drucker müssen billig sein. Sie dürfen nicht teuer sein. 5 Der neue Drucker muss schnell sein. Er darf nicht langsam sein. 6 Der neue Drucker muss auch klein sein. Er darf nicht groß sein.

2 2r • 3f • 4r • 5r • 6r • 7r • 8f • 9r • 10r • 11r • 12r • 13f • 14f

3 2 hoch 3 8 Uhr 4 groß 5 spät 6 gut 7 40 km 8 am Bahnhof 9 noch 10 Jahre 10 schwer 11 nach Berlin 12 viel Arbeit

4 2 … kleiner und schlanker als Peter. 3 … jung, klein und schlank wie Susanne. 4 … größer als Britta und Gaby. 5 … alt, groß und schlank wie Gaby. 6 … alt und groß und schlank.

LÖSUNGEN

5 3 Von Berlin nach Leipzig ist es nicht so weit wie von Hamburg nach Köln. 4 Von Hamburg nach Köln ist es genauso weit wie von Hamburg nach Leipzig. 5 Von Hamburg nach Leipzig ist es nicht so weit wie von Köln nach Leipzig. 6 Von Köln nach Leipzig ist es weiter als von Berlin nach Hamburg.

6 2 sehr 3 so 4 sehr 5 so 6 zu 7 zu 8 so 9 zu 10 sehr

Was für ein Typ bin ich?

1 2 exklusiv 3 wichtig 4 flexibel 5 gleich 6 wirtschaftlich 7 hilfsbereit 8 bequem 9 möglich 10 schön 11 genau 12 pünktlich 13 zuverlässig 14 vorsichtig 15 kalt 16 gemütlich 17 sparsam 18 klar 19 freundlich 20 perfekt

2 2 Ihr neuer Termin ist wirklich gut. Ich glaube, wir nehmen keinen anderen. Mit einem anderen Termin bekommen wir nur Probleme. 3 Ihr neues Gerät ist wirklich gut. Ich glaube, wir nehmen kein anderes. Mit einem anderen Gerät bekommen wir nur Probleme. 4 Ihre neue Konstruktion ist wirklich gut. Ich glaube, wir nehmen keine andere. Mit einer anderen Konstruktion bekommen wir nur Probleme. 5 Ihr neuer Vertriebsplan ist wirklich gut. Ich glaube, wir nehmen keinen anderen. Mit einem anderen Vertriebsplan bekommen wir nur Probleme.

3 2 ... ein schönes, großes, nicht zu teures Zimmer. 3 ... eine junge, teamorientierte, ordentliche Mitarbeiterin für die Buchhaltung. 4 ... ein breites, hohes, weißes Regal. 5 ... einen flexiblen, freundlichen, hilfsbereiten, zuverlässigen Pförtner. 6 ... eine kompetente, dynamische, kundenfreundliche Sekretärin.

4 1 elegant • praktisch 2 die Qualität • der Preis 3 die leichte Montage • das Aussehen 4 zuverlässig • schön • sparsam

5 *Mögliche Lösung:* 2 Ge • 3 Bl • 4 Ro • 5 Ro • 6 Gr • 7 Ro • 8 Ge • 9 Bl • 10 Ge • 11 Ro • 12 Bl • 13 Gr • 14 Ge • 15 Bl • 16 Ge • 17 Ro • 18 Ge • 19 Ro • 20 Bl

Wortschatzarbeit

1 a) 2 -kurs/Kurs- 3 -tag/Tages- 4 -zimmer/Zimmer- 5 -karte/Karten- 6 -arbeit/Arbeits- 7 -zeit/Zeit- 8 -tisch/Tisch-

Textarbeit

1 a) 2 Text: G 3 Text: E 4 Text: I 5 Text: F 6 Text: C 7 Text: — 8 Text: D 9 Text: A 10 Text: B
b) 2 Text: G 3 Text: F 4 Text: I 5 Text: E 6 Text: A 7 Text: B 8 Text: C 9 Text: H

KAPITEL 7
AUF STELLENSUCHE
Versicherungen

1 2d • 3a • 4c • 5b

2 2 die Krankenversicherung 3 das Antragsformular 4 das Branchentelefonbuch 5 die Haftpflichtversicherung 6 die Lebensversicherung 7 der Versicherungsbeitrag 8 das Versicherungsschein 9 das Versicherungsunternehmen

3 2 suche 3 finde 4 schicken 5 vergleiche 6 gehe 7 berät 8 stelle 9 erhalte

4 2g • 3b • 4a • 5c • 6e • 7f

5 2 lieber 3 höher 4 Am höchsten 5 mehr 6 Am meisten 7 niedriger 8 interessanter 9 teurer 10 am teuersten

6 2 ein Angebot 3 einen Antrag 4 ein Formular 5 einen Versicherungsschein 6 Beiträge

7 2 der Firmenkunde (die Firma, der Kunde), der Berater 3 neu, der Kunde 4 der Betrieb, die Haftpflichtversicherung (die Haftpflicht, die Versicherung) 5 privat, die Haftpflichtversicherung (die Haftpflicht, die Versicherung) 6 der Außendienst (außen, der Dienst), der Mitarbeiter 7 das Produkt, die Entwicklung 8 die Stelle, das Angebot 9 die Versicherung, die Gruppe 10 das Leben, die Versicherung

8 2 bearbeitet 3 beschaffen 4 bearbeiten 5 erstellt 6 berät 7 berichtet 8 finde 9 berate 10 betreue 11 reisen 12 habe 13 arbeite

Welche Stelle passt?

1 2 Versicherungsunternehmen 3 Privatkundenberatung 4 Firmenwagen • 5 Krankenversicherung 6 Innendienstmitarbeiter

2 a) H • H • F • H • H • F • F • F • H
b) 3 • 5 • 4 • 9 • 1 • 6 • 8 • 2 • 7

3 2 dir 3 mir 4 ihr 5 Ihnen 6 Ihnen 7 ihr 8 mir 9 ihr 10 dir

4 2 Ich finde Firmenkundenberatung interessanter als Privatkundenberatung. 3 Der Bereich Haftpflichtversicherung gefällt mir besser als der Bereich Lebensversicherung. 4 Arbeit im Büro passt besser zu mir als Arbeit zu Hause im Home-Office. 5 Feste Arbeitszeiten finde ich günstiger als flexible Arbeitszeiten. 6 Kürzere Arbeitszeiten gefallen mir natürlich besser als längere Arbeitszeiten.

5 Anzeige A: Ende 20 bis Mitte 40 • sehr gute Kenntnisse im Fachbereich Haftpflicht • viel Erfahrung im Innen- und im Außendienst • sehr gute Englisch- und Französischkenntnisse • können gut verhandeln, sind kontaktfreudig, flexibel, belastbar
Anzeige B: Versicherungskaufmann/frau / •

nicht älter als 35 Jahre • gute Produktkenntnisse im Bereich Lebensversicherung, gute Grundkenntnisse in den Bereichen Kranken- und Haftpflichtversicherung • Berufserfahrung im Bereich Lebensversicherung • Sprachkenntnisse: — • sind einsatzbereit, belastbar, sorgfältig, arbeiten gern im Team

Das Home-Office von Frau Hörbiger

1 2f • 3r • 4r • 5r • 6r • 7f • 8f • 9r

2 2 Von zu Hause. 3 Nach Hause. 4 Zu Hause. 5 von zu Hause 6 nach Hause 7 zu Hause

3 2k: die Arbeitszeit • 3j: die Personalabteilung • 4h: die Kundenorientierung • 5l: der Kundenberater • 6a: die Fahrtkosten • 7g: das Großunternehmen 8f: die Eigenverantwortung 9c: der Fachbereich 10b: die Betriebskosten 11e: die Geschäftsleitung 12d: die Französischkenntnisse

4 **Kundenorientierung:** ... die Firma. • **Motivation:** ... eigenverantwortlich. • ... motiviert • ... Vorteil für die Firma. • **Flexibilität:** ... ist flexibel. • Das ist ein Vorteil für die Mitarbeiter.

5 2 keine 3 eine 4 die 5 die 6 eine 7 die 8 die 9 die 10 die 11 Die 12 welche 13 einen 14 welche 15 Den 16 der 17 der 18 Der 19 Den

6 3 ▶Hier ist ein Aktenvernichter. ▶Ich habe noch keinen. / Ja, ich brauche einen. Welcher gefällt dir? 4 ▶Hier sind Hängeregistraturen. ▶Ich habe schon eine. Ich brauche keine mehr. 5 ▶Hier sind Ordner. ▶Ich habe noch keine. / Ja, ich brauche noch welche. Welche gefallen dir? 6 ▶Hier sind Faxgeräte. ▶Ich habe schon eins. Ich brauche keins mehr. 7 ▶Hier sind Sitzballstühle. ▶Ich habe schon einen. Ich brauche keinen mehr. 8 ▶Hier sind Schreibtischlampen. ▶Ich habe noch keine. / Ja, ich brauche noch eine. Welche gefällt dir? 9 ▶Hier sind Regale. ▶Ich habe noch keins. / Ja, ich brauche noch eins. Welches gefällt dir?

7 *Mögliche Lösung:* 1 ▶DonauEnergie, Brünnler, guten Tag. ▶Müller, guten Tag. Ich möchte gern Frau Pleisteiner sprechen. ▶Tut mir leid, Frau Pleisteiner ist nicht da. Sie kommt in einer Stunde zurück. ▶Dann rufe ich später noch einmal an. ▶Gut, Frau Müller. Auf Wiederhören. ▶Auf Wiederhören.
2 ▶DonauEnergie, Brünnler, guten Tag. ▶Müller, guten Tag. Ich möchte gern Frau Pleisteiner sprechen. Ist sie jetzt da? ▶Ja, sie ist da, aber sie spricht gerade. Frau Pleisteiner kann Sie aber gleich zurückrufen. Geben Sie mir bitte Ihre Telefonnummer. ▶Meine Telefonnummer ist 8826204. ▶Vielen Dank. Frau Pleisteiner ruft Sie gleich zurück. Auf Wiederhören. ▶Auf Wiederhören.

Drei Versicherungen, drei Länder

1 2 Herr Pfaffinger 3 Herr Pfaffinger 4 Herr Löhken 5 Herr Kaegi 6 Herr Löhken

2 2 Er ist Berliner. 3 Sie sind Kölnerinnen. 4 Sie sind Pariser. 5 Sie ist Warschauerin. 6 Wir sind Prager.

3 a) 2 größer • am größten 3 teurer • am teuersten
b) 1 am leichtesten 2 billiger • am billigsten 3 kleiner • am kleinsten
c) 1 am praktischsten 2 günstiger • am günstigsten 3 bequemer • am bequemsten

4 1 kleinsten 2 älter • ältesten 3 lieber • liebsten 4 höher • höchsten 5 schlanker • schlanksten 6 interessanter • interessantesten

5 2 neunhundertvierundfünfzigtausendneunhundertvierunddreißig 3 zwölftausendfünfhundertelf 4 zwei Millionen siebenhundertsiebenundsiebzigtausenddreihundertfünfundfünfzig 5 eintausendzweihundertachtundneunzig 6 vierzehn Millionen sechsundsechzigtausendfünfhundertsechs

6 Colonia-Versicherung • die • Versicherung • haben • Umsatz • und • Kunden • sind • Mitarbeiter • sind • gefällt • mehr • Ich • Meine • jetzt • vor • Die • macht • Computer • Jahren • Datenverarbeitung • Jetzt • oft • für • das • nicht • Tochter • gesagt • nicht • studieren • zu • gehen

Zwei Städte

1 2 f/Z • 3 d/C • 4 e/Z • 5 a/Z • 6 b/C • 7 c/Z

2 2 die New Yorker Börse 3 der Coburger Marktplatz 4 die Schweizer Alpen 5 das Kölner Stadtzentrum 6 die Prager Burg 7 die Frankfurter Würstchen

3 1 wichtigsten • ältesten • modernsten • meisten 2 größten • schönsten • besten

4 a) 2h • 3e • 4a • 5g • 6c • 7f • 8d
b) 2 in Coburg 3 Herrn Breitenhuber 4 Herr Kaegi 5 zwei 6 Herr Kaegi: Theater, Konzerte, Kino, surfen • Herr Breitenhuber: viel mit den Kindern machen 7 1996 8 In Zürich ist immer etwas los.

5 2 ruhigere 3 niedrigeren 4 gemütlicheren 5 kürzeren 6 interessantere 7 größere 8 höheren 9 bessere 10 schickeren

Textarbeit

1 a) 2 sechs 3 436 4 mehr als 140 Milliarden Euro 5 300 000 6 400 000
b) 2r • 3f • 4r • 5f • 6r

KAPITEL 8
TAGESPLAN, WOCHENPLAN
Aufgaben über Aufgaben

1 1 Dann schreibt man die Bewerbung. Dann hat man ein Bewerbungsgespräch. Zum Schluss macht man den Arbeitsvertrag. 2 Zuerst grüßt man. Dann nennt man den Gesprächspartner. Dann füllt man den Besucherschein aus. Zum Schluss bedankt man sich.

2 a) 9.00 Arztbesuch • 10.00 Termin mit Einkauf • 12.30 Anrufe • 13.00 Mittagessen mit Hauser, Bereichsleiter • 14.00 Abfahrt zu C&T • 14.30 Termin bei C&T • 16.00 Bericht, Briefe schreiben • 18.00 Einkäufe • 19.30 Begrüßung Sommer im Hotel
b) *Mögliche Lösung:* Um 10.00 Uhr ruft er bei SysServe an. SysServe muss den neuen PC installieren. Um 10.15 Uhr bereitet er die Unterlagen für seine Reise nach Hamburg vor. Um 12.30 Uhr muss er Herrn Prantl begrüßen. Das dauert eine halbe Stunde. Um 13.00 Uhr isst er mit Frau Nowak und Herrn Zollikofer Mittag. Um 14.00 Uhr bestellt er sein Taxi zum Flughafen. Um 14.45 Uhr fährt er zum Flughafen. Sein Flug geht um 16.17 Uhr. Um 17.25 Uhr kommt er in Hamburg an. Frau Röder kommt um 19.30 Uhr zu einem Gespräch ins Hotel.

3 3 um null/zwölf Uhr fünfundvierzig • um Viertel vor eins 4 um vier/sechzehn Uhr fünfzehn • um Viertel nach vier 5 um sieben/neunzehn Uhr dreißig • um halb acht 6 um zehn/zweiundzwanzig Uhr vierzig • um zwanzig vor elf 7 um ein/dreizehn Uhr • um eins 8 um acht/zwanzig Uhr fünfundfünfzig • um fünf vor neun

4 2 Nach der Besprechung macht er den Anruf bei SysServe. 3 Von Viertel nach zehn bis halb eins bereitet er die Unterlagen für Hamburg vor. 4 Er will um halb eins Herrn Prantl aus Bern begrüßen. 5 Mit Herrn Zollikofer und Frau Nowak isst Herr Sommer um eins zu Mittag. 6 Das Taxi zum Flughafen bestellt er um zwei Uhr. 7 Um 16.17 Uhr fliegt Herr Sommer nach Hamburg ab.

5 *Mögliche Lösung:* Die Begrüßung von Herrn Prantl ist in der alten Planung später als in der neuen Planung. • Die Besprechung im Vertrieb ist in der neuen Planung später als in der alten Planung. • Für das Mittagessen hat Herr Sommer in der alten Planung weniger Zeit als in der neuen Planung. • Die Abfahrt zum Flughafen und der Abflug nach Hamburg sind in der alten Planung früher als in der neuen Planung. • Die Ankunft in Hamburg ist in der alten Planung früher als in der neuen. • Das Gespräch mit Frau Röder ist in der neuen Planung später als in der alten.

Herr Sommer, Sie sollen ...

1 2 sollst 3 sollen 4 soll 5 sollen 6 sollt 7 sollen

2 2 willst 3 kann • muss 4 soll 5 darf 6 Könnt 7 will 8 Muss • kann 9 sollen 10 Darf • darf

3 2 seit 3 Vor 4 von 5 bis 6 Dann 7 In 8 ab

4 4 Ja, er ist im Büro. • Nein, er ist nicht im Büro, sondern in Hamburg. 5 Doch, er ist im Büro. • Nein, er ist nicht im Büro. 6 Richtig, er ist im Büro. • Nein, er ist nicht im Büro. 7 Ja, er kommt um 12.00 Uhr. • Nein, er kommt nicht um 12.00 Uhr, sondern schon um 9.30 Uhr. 8 Doch, er kommt um 12.00 Uhr. • Nein, er kommt nicht um 12.00 Uhr. 9 Richtig, er kommt um 12.00 Uhr. • Nein, er kommt nicht um 12.00 Uhr.

5 a) 2 9.00 Unterlagen vorbereiten • Vorbereitung Unterlagen 3 10.00 Herrn Prantl begrüßen • Begrüßung Herr Prantl 4 11.00 Geräte bestellen • Bestellung Geräte 5 12.00 Räume besichtigen • Besichtigung Räume
b) 17.25 Ankunft Hamburg 3 18.00 Anruf zu Hause 4 19.30 Gespräch mit Frau Röder 5 7.00 Abreise nach München
c) 3 versichern 4 die Anmeldung 5 die Bezahlung 6 die Leistung 7 beraten 8 die Verpackung 9 begrüßen 10 ausstellen

Reiseplanung

1 a) *Mögliche Lösung:* 2 Der Zug um 23.05 Uhr ist billiger als der Zug um 6.09 Uhr. Ich nehme den teureren. 3 Der Zug ist langsamer als das Flugzeug. Ich nehme das schnellere Flugzeug. 4 Der VW Polo ist billiger als der Mercedes C 220. Ich nehme den teureren Mercedes. 5 Der VW Polo Polo ist kleiner als der VW Sharan. Ich nehme den größeren Sharan.

2 a) 3 warum 4 wann 5 warum 6 wann 7 warum 8 warum
b) 2 Ich lese den Text genau, dann verstehe ich alles richtig. 3 Ich lerne die Wörter immer wieder, dann vergesse ich sie nicht. 4 Ich spreche viel, dann verbessere ich meine Aussprache.

3 5 12 Uhr 29 • gegen halb eins • kurz vor halb eins 6 Punkt 17 Uhr • Punkt fünf • genau fünf Uhr 7 19 Uhr 22 • ca. zwanzig nach sieben • kurz nach zwanzig nach sieben 8 11 Uhr vier • kurz nach elf • ca. fünf nach elf 9 11 Uhr 32 • gegen halb zwölf • kurz nach halb zwölf 10 18 Uhr zehn • zehn nach sechs

4 3 Wir kaufen keinen PC, sondern (wir kaufen) einen Drucker. 4 Wir schreiben einen Brief, aber wir schicken ihn per Mail. 5 Biegen Sie nicht links ab, sondern (biegen Sie) rechts (ab). 6 Der Zug kommt nicht um 8.00 Uhr an, sondern (er kommt) um 8.05 (an). 7 Er lernt Deutsch, aber (er lernt) noch nicht lange. 8 Wir machen die Reparatur, aber (wir machen sie) erst morgen.

5 *Mögliche Lösung:* 2 Ja, ich freue mich auch. 3 Also können Sie morgen Vormittag nicht hier sein?

4 Und wann kommen Sie in München an? 5 Gut, ich erwarte Sie morgen früh bei uns. 6 Bis morgen und eine gute Reise. 7 Ja, danke. Auf Wiederhören.

6 **fahren:** 2 abfahren 3 Fahrkarte 4 Fahrtzeit 5 Fahrer • **fliegen:** 1 Flug 2 Abflug 3 Rückflug 4 Flugzeug 5 Flughafen • **sprechen:** 1 besprechen 2 Besprechung 3 Gespräch 4 Sprache 5 Aussprache • **kaufen:** 1 einkaufen 2 Kauf 3 Verkauf 4 Kaufmann 5 Einkauf

Viel zu tun

1 a) *Mögliche Lösung:* 2 Wichtig! Vertriebskonferenz heute schon 10.00. Alle Teilnehmer informieren 3 8.00 Uhr Praktikumsplan an Frau Jaklova (Praktikantin aus Tschechien)
b) *Mögliche Lösung:* 5 Wir dürfen den Geburtstag vom Chef nicht vergessen. Wir müssen Blumen und ein kleines Geschenk kaufen. 6 Ich muss morgen nach Hamburg fahren. Bitte besorgen Sie die Fahrkarte. Ich fahre gegen 14.00 Uhr ab. Vielen Dank! Sommer
c) 2 Als Zweites informiere ich die Teilnehmer an der Vertriebskonferenz. 3 Als Drittes lege ich die Unterlagen für den Termin mit Herrn Moser zurecht. 4 Als Viertes bestelle ich Papier. 5 Als Fünftes besorge ich die Fahrkarte für Herrn Sommer. 6 Als Letztes kaufe ich ein Geburtstagsgeschenk für den Chef.

2 a) 2c • 3f • 4e • 5a • 6b
b) 2 Wir müssen Blumen kaufen, weil der Chef Geburtstag hat. 3 Wir müssen den Besucher persönlich begrüßen, weil er ein wichtiger Kunde ist. 4 Wir müssen etwas essen, weil wir noch nichts gegessen haben. 5 Wir müssen schnell die Briefe schreiben, weil die Post um 18.00 Uhr schließt. 6 Wir müssen den Kundendienst anrufen, weil der PC nicht funktioniert.

3 *Mögliche Lösung:*

> Von: **Fa. Schneider, Hamburg**
> An:
> **Alsco GmbH**
> Herrn Lämmert, Geschäftsführung
> Fax 089-627341
>
> **Betr.: Unser Termin am Montag, 12.05.**
>
> Sehr geehrter Herr Lämmert,
> den o. g. Termin muss ich leider verschieben. Ein wichtiger Partner aus Japan besucht uns an diesem Tag. Das Treffen mit dem Besucher kann ich leider nicht absagen.
>
> Können wir den Termin auf Donnerstag, den 15.05., oder auf Freitag, den 16.05 verschieben, Zeit und Ort wie vereinbart? Bitte geben Sie mir kurz Bescheid. Vielen Dank für Ihr Verständnis.
>
> Mit freundlichen Grüßen
> …

4 Den Termin mit der Werkstatt hat er auf 8.00 Uhr vorgezogen. • Den Termin mit Frau Schwanitz hat er auf nächste Woche verschoben. • Den Termin beim Friseur hat er abgesagt. Er hat Bewerbungsgespräche. • Den Termin mit Dagmar hat er auf 16.00 Uhr verschoben.

5 … weil er Herrn Lechleitner treffen kann. • Er kann Herrn Lechleitner treffen, weil er den Termin mit Frau Schwanitz verschiebt. • Herr Sommer verschiebt den Termin mit Frau Schwanitz, weil er nach München fahren soll. • Herr Sommer soll nach München fahren, weil jemand den Termin von Herrn Fessel übernehmen muss. • Jemand muss den Termin von Herrn Fessel übernehmen, weil Herr Fessel in Urlaub geht.

Ein verrückter Tag – nichts hat geklappt

1 a) 2 weiß 3 weiß 4 weiß 5 wissen 6 wissen 7 wisst 8 weiß 9 wissen 10 weißt
b) **Präsens:** ich weiß • du weißt • Sie wissen • er/sie/es weiß • wir wissen, ihr wisst • Sie wissen • sie wissen • **Perfekt:** ich habe gewusst • du hast gewusst • Sie haben gewusst • er/sie/es hat gewusst • wir haben gewusst • ihr habt gewusst • Sie haben gewusst • sie haben gewusst

2 2 *Mögliche Lösung:* ▶Ich wollte ab 12.00 Uhr die Post erledigen. ▶Hast du das gemacht? ▶Nein, ich hatte keine Zeit. Ich musste einen Kunden besuchen. 3 ▶Was wolltest du heute Abend machen? ▶Am Abend wollte ich ein paar Freunde treffen. ▶Hast du das gemacht? ▶Nein, das hat nicht geklappt. Ich hatte bis 22.00 Uhr in der Firma zu tun. 4 ▶Was wollten Sie heute machen? ▶Ich wollte das Angebot für Herrn Lechleitner schreiben. ▶Haben Sie das gemacht? ▶Nein, das konnte ich nicht. Ich hatte nicht alle Informationen.

3 2 sie • ihr 3 sie • ihnen 4 dich • dir 5 Sie • Ihnen 6 euch • euch

4 2 ihr 3 ihnen 4 mir 5 uns 6 ihnen 7 ihr 8 euch

5 2 Petra schreibt mir einen Brief. 3 Frau Wiese gibt Herrn Sommer die Unterlagen. 4 Wir kaufen uns einen Computer. 5 Der Personalleiter erklärt Frau Carlson den Praktikumsplan.

6 2w • 3f • 4f • 5f • 6w • 7w • 8w • 9f • 10f • 11f • 12w • 13f • 14w • 15f • 16w • 17w • 18f • 19w • 20f

Wortschatzarbeit

1 a) *Mögliche Lösung:* **Nomen + Nomen:** das Computerspiel, -e • die Kaffeemaschine, -n • das Sommerkleid, -er • das Telefonbuch, ⸚er • die Sporthose, -en **Nomen + (e)s + Nomen:** der Arbeitstag, -e • der Besprechungsraum, ⸚e • das Besuchsprogramm, -e • die Betriebsbesichtigung, -en • die Entwicklungsabteilung, -en • das Informationsgespräch, -e • die Urlaubsreise, -n **Nomen + (e)n + Nomen:** die Damenbekleidung *(kein Pl.)* • der Familienname, -n •

der Straßenverkehr *(kein Pl.)* • der Wochenplan, ⸚e
b) *Mögliche Lösung:* Deutschland *(kein Pl.)* • der Rotwein, -e • der Schnellzug, ⸚e • die Kleinstadt, ⸚e • das Großunternehmen, - • die Digitalkamera, -s • die Freizeit *(kein Pl.)* • die Fremdsprache, -n • der Kühlschrank, ⸚e • der Gesamtpreis, -e • das Billigangebot, -e
c) *Mögliche Lösung:* die Fahrkarte, -n • der Kaufmann, ⸚er • der Reitunterricht *(kein Pl.)* • der Schreibtisch, -e • der Sitzplatz, ⸚e • die Tanzmusik *(kein Pl.)*
d) 2 die Hinfahrt 3 der Vorteil 4 der Mitarbeiter 5 der Abflug 6 das Doppelzimmer 7 das Einzelzimmer 8 die Aussprache

Textarbeit

1 b) 1 fünf 2 in Tschechien 3 D-Nacht 4 DB NachtZug

KAPITEL 9
RUND UM DEN COMPUTER
Einweisung für Frau Carlson

1 1 be • an 2 ein • ein • be • aus 3 an • ver • ver • aus 4 ein • an • be • be • aus • be • be

2 2 ▶ Sie haben den Rechner noch nicht eingeschaltet. Sie müssen ihn zuerst einschalten. ▶ Doch, ich habe ihn schon eingeschaltet. Das muss ich nicht mehr machen. 3 ▶ Sie haben das Kennwort noch nicht eingegeben. Sie müssen es zuerst eingeben. ▶ Doch, ich habe es schon eingegeben. Das muss ich nicht mehr machen.

3 a) Zweitens: die Angebote vergleichen • Drittens: das passende Angebot wählen • Viertens: die Bewerbung schreiben • Fünftens: die Einladung zum Bewerbungsgespräch bestätigen • Sechstens: das Bewerbungsgespräch vorbereiten • Siebtens: zum Bewerbungsgespräch gehen • Als Letztes: den Arbeitsvertrag unterschreiben
b) **So:** Als zweites vergleicht man die Angebote. • Als Drittes wählt man das passende Angebot. • Als Viertes schreibt man die Bewerbung. • Als Fünftes bestätigt man die Einladung zum Bewerbungsgespräch • Als Sechstes bereitet man das Bewerbungsgespräch vor. • Als Siebtes geht man zum Bewerbungsgespräch. • Als Letztes unterschreibt man den Arbeitsvertrag. •
Und so: Vergleichen Sie als Zweites die Angebote. • Wählen Sie als Drittes das passende Angebot. • Schreiben Sie als Viertes die Bewerbung. • Bestätigen Sie als Fünftes die Einladung zum Bewerbungsgespräch. • Bereiten Sie als Sechstes das Bewerbungsgespräch vor. • Gehen Sie als Siebtes zum Bewerbungsgespräch. • Unterschreiben Sie als Letztes den Arbeitsvertrag.

4 Ich stecke also das Parallelkabel in den Rechner und in den Scanner. Ist das so richtig? • Wie bitte? Könnten Sie mir das bitte erklären? • Aha, das habe ich verstanden. Und als Nächstes? • Also, den PC starten, dann die CD-Rom einlegen ... • Moment! ... So, jetzt habe ich die Installation gestartet. • Alles klar, Vielen Dank!

5 *Mögliche Lösung:* Als Zweites starten Sie das E-Mail-Programm. Als Drittes klicken Sie auf die Schaltfläche *E-Mail schreiben*. Als Viertes müssen Sie Adresse und Betreff eingeben. Dann schreiben Sie die E-Mail. Zum Schluss klicken Sie auf die Schaltfläche *Senden*.

Was ist da passiert?

1 4 • 7 • 11 • 1 • 3 • 2 • 9 • 10 • 6 • 5 • 8
2 2 zerbrochen 3 undicht 4 besetzt 5 kaputt 6 angeschlossen 7 funktioniert
3 a) 2 der Abflug, die Abflüge 3 die Abreise, die Abreisen 4 die Ankunft, die Ankünfte 5 der Anruf, die Anrufe 6 die Antwort, die Antworten 7 die Arbeit, die Arbeiten 8 der Austausch *(kein Pl.)* 9 der Beginn *(kein Pl.)* 10 der Bericht, die Berichte 11 der Besuch, die Besuche 12 die Bitte, die Bitten 13 die Eingabe, die Eingaben 14 der Einkauf, die Einkäufe 15 der Empfang *(hier kein Pl.)* 16 die Fahrt, die Fahrten 17 das Interesse, die Interessen 18 der Plan, die Pläne 19 der Rechner/die Rechnung, die Rechner/die Rechnungen 20 die Reise, die Reisen 21 die Reparatur, die Reparaturen 22 die Schrift, die Schriften 23 das Gespräch, die Gespräche 24 der Start, die Starts 25 der Vergleich, die Vergleiche 26 der Verkauf, die Verkäufe 27 der Versuch, die Versuche 28 der Vorschlag, die Vorschläge 29 der Wunsch, die Wünsche 30 die Zahl, die Zahlen
b) *Mögliche Lösung:* 2 Der Anruf 3 Der Bericht 4 Die Arbeit 5 Die Schrift 6 Die Zahl 7 Die Reise 8 Die Rechnung 9 Die Eingabe 10 Die Ankunft 11 Die Reise 12 Die Besprechung 13 Die Reparatur 14 Die Sprache 15 Der Austausch 16 Der Vorschlag
4 a) 2 nein 3 nein 4 das defekte Gerät, Garantieschein und Kaufbeleg 5 nein
b) 2d • 3b • 4a
c) 2 Der Käufer hat das Gerät beschädigt. Deshalb behebt der Hersteller den Fehler nicht. 3 Der Käufer wollte das Gerät selbst reparieren. Deshalb hat er den Garantieanspruch verloren. 4 Das Gerät hat einen Materialfehler. Deshalb muss der Käufer es dem Hersteller zusenden.
5 Deshalb soll Herr Sommer nach München fahren und Herrn Lechleitner treffen. Deshalb verschiebt Herr Sommer den Termin mit Frau Schwanitz. Deshalb kann Herr Sommer später über seine Gespräche in München berichten. Deshalb hat die Terminverschiebung auch einen Vorteil.

6 Sie hat lange gut funktioniert. Aber nach vier Jahren war sie kaputt. Frau Wiese hatte keine Garantie mehr. Sie ist zum Verkäufer gegangen. Die Werkstatt hat das Gerät überprüft. Sie hat es repariert. Die Reparatur war billiger als ein neues Gerät. Und es hat nur zwei Tage gedauert.

Hilfe, der Computer spinnt

1 2a • 3i • 4e • 5c • 6g • 7h • 8f • 9b
2 2 …, dass ein falscher Tastaturtreiber installiert ist. 3 …, dass wir keine Verbindung zum Internet haben. 4 …, dass ich keine Garantie mehr habe. 5 …, dass die Schraube zerbrochen ist. 6 …, dass der Zug Verspätung hat. 7 …, dass man zum Schluss den Computer neu starten muss. 8 …, dass es jetzt eine bessere Software gibt.
3 2 dass 3 weil 4 weil 5 weil 6 dass 7 dass 8 dass 9 weil 10 dass 11 weil
4 1 …, dass der Stecker nicht eingesteckt ist. • …, dass die Kaffeemaschine defekt ist. 2 …, dass die Tastatur nicht angeschlossen ist. • …, dass kein Tastaturtreiber installiert ist. • …, dass der Rechner abgestürzt ist. 3 …, dass er einen Kunden besucht. • …, dass er bei Dr. Holm im Labor ist. • …, dass er zur Firma Altmann gefahren ist.
5 Wohn|ort • be|enden • Maschinenbau|ingenieur • Marketing|abteilung • Garantie|anspruch • Sommer|anzug • ein|und|achtzig • zu|ordnen • gerade|aus • zu|erst • ver|ändern • Groß|eltern • ver|einbaren • be|antworten • Haus|aufgabe
6 2 ▶ Es geht ihm nicht gut. • ▶ Es geht ihm gut. ▶Nein, es geht ihm schlecht. 3 ▶Nein, er kommt nicht. ▶Doch, er kommt. • ▶Nein, er kommt heute nicht. ▶Ja, er kommt heute. 4 ▶Heute hat nichts geklappt. ▶Doch, heute hat alles geklappt. • ▶Heute hat alles geklappt. ▶Nein, heute hat nichts geklappt. ▶Ja, heute hat alles geklappt.

Störungen beseitigen, Defekte und Schäden beheben

1 1 lösen 2 beheben 3 reparieren 4 behebt 5 reparieren • beseitigen
2 *Mögliche Lösung*:

> SysServe Systemhaus · Andernacher Str. 23 · 90411 Nürnberg
>
> Firma SCHNEIDEREIT KG
> Frau König
> Ortenburgstr. 16
> 81477 München
>   30.04.20…
>
> **Reparatur Kopiergerät**
> Sehr geehrte Frau König,
>
> wir haben Ihr Kopiergerät überprüft und festgestellt, dass die Eingabetasten defekt sind. Sie reagieren nicht. Wir können das Eingabefeld komplett austauschen. Die Reparatur ist kostenlos, weil Sie noch Garantie haben.
>
> Mit freundlichen Grüßen
> ….

3 2 Das Papier ist ganz schwarz, weil die Druckerpatrone undicht ist. • Die Druckerpatrone ist undicht. Deshalb ist das Papier ganz schwarz! 3 Wir leisten keine Garantie, weil Sie das Glas zerbrochen haben. • Sie haben das Glas zerbrochen. Deshalb leisten wir keine Garantie! 4 Ich habe Verspätung, weil es einen Stau auf der Autobahn gegeben hat. • Es hat einen Stau auf der Autobahn gegeben. Deshalb habe ich Verspätung. 5 Frau Hörbiger kauft Büromöbel, weil sie ihr Home-Office einrichten muss. • Frau Hörbiger muss ihr Home-Office einrichten. Deshalb kauft sie Büromöbel! 6 Die Reparatur bezahlen wir nicht, weil wir Garantie auf das Gerät haben. • Wir haben Garantie auf das Gerät. Deshalb bezahlen wir die Reparatur nicht!
4 2 …, er ist eingesteckt. 3 … Er ist gereinigt. 4 …, er ist aufgeladen. 5 …, sie ist abgedichtet.
5 2 eingeschaltet 3 früh 4 leer 5 niedrig 6 schlecht 7 unregelmäßig 8 unwichtig 9 leicht 10 neu
6 5 Die Kanalstraße ist gesperrt. Deshalb müssen Sie vorher abbiegen. 6 Sie müssen vorher abbiegen, weil die Kanalstraße gesperrt ist. 8 Mein alter Bürostuhl ist kaputt. Deshalb brauche ich einen neuen. 9 Ich brauche einen neuen Bürostuhl, weil mein alter kaputt ist.
7 1 Am Samstag wollte ich ins Kino fahren. Aber die U-Bahn ist nicht gekommen. Ich habe vermutet, dass sie Verspätung hat. Aber das war es nicht. Ich habe festgestellt, dass am Wochenende weniger U-Bahnen fahren. Deshalb bin ich nicht pünktlich angekommen. Am Sonntag versuche ich es noch einmal.
2 Um 9.00 Uhr wollten Heinz und ich etwas besprechen. Aber Heinz ist nicht gekommen. Ich habe vermutet, dass er den Termin vergessen hat. Aber das war es nicht. Ich habe festgestellt, dass er krank ist. Deshalb mussten wir den Termin verschieben. Wir haben einen neuen Termin vereinbart.

Reparatur oder Neukauf?

1 2 Leider mussten wir feststellen, dass Sie den Rechner nun doch repariert haben. 3 Wir haben Sie aber ausdrücklich gebeten, einen neuen Rechner … zu liefern. 4 Diesen Auftrag hat Ihr Mitarbeiter Herr Kramer … entgegengenommen. 5 Diesen Auftrag hat Ihr Mitarbeiter Herr Kramer … bestätigt. 6 Hiermit bestellen wir noch einmal ein neues Gerät. 7 … und bitten um baldige Lieferung.
2 2e • 3a • 4d • 5b • 6c
3 2 …, dass Herr Sommer einen neuen Rechner bestellt hat. Herr Neumann sagt, dass er ein Angebot geschrieben hat, aber dass er keine Bestellung bekommen hat. Im Schreiben vom 7.11. steht, dass Herr Sommer am 29.10. mit Herrn Kramer telefoniert hat. Aber Herr Kramer sagt, dass er am 29.10. krank war. Im Schreiben vom 7.11. steht, dass Herr Kramer die Bestellung

LÖSUNGEN

bestätigt hat. Aber Frau Fröhlich sagt, dass sie keinen Bestellungsauftrag in der EDV gefunden hat. Im Schreiben vom 7.11. steht, dass Herr Sommer keine Reparatur wollte. Frau Fröhlich sagt aber, dass sie das Gerät repariert hat.

4 *Mögliche Lösung:* 2 per Post 3 persönlich 4 persönlich 5 persönlich/per Mail/telefonisch 6 per Mail/per SMS/telefonisch/persönlich 7 telefonisch/persönlich 8 per Post/per Mail/telefonisch 9 per Fax/per Post/per Mail/telefonisch 10 per Fax/per Post/per Mail/telefonisch 11 per Fax/per Post/per Mail 12 per Post/per Mail

5 2 Von Frau Wiese höre ich, dass der Chef Herrn Matthäus sucht, weil er mit ihm sprechen will. Deshalb soll ich Herrn Matthäus anrufen. 3 Der Kundendienst berichtet, dass eine Reklamation von Frau Rot gekommen ist, weil ihr Gerät schon wieder defekt ist. Deshalb tauschen wir das Gerät aus. 4 Herr Sommer schreibt, dass er ein neues Gerät bestellt, weil der defekte Rechner schon alt ist. Deshalb reparieren wir den alten Rechner nicht.

6 2 schalten 3 passen 4 laden 5 schließen 6 warten 7 klicken 8 geben 9 senden 10 suchen 11 laden

7 2 besichtigen 3 beseitigen 4 vermuten 5 tun 6 machen 7 fragen

8 1 …, dass die Mitarbeiter jeden Tag 12 Stunden im Büro sind, weil sie zu viele Aufgaben haben. Deshalb schlage ich vor, dass wir die Planung verbessern und dass wir zwei neue Mitarbeiter einstellen. 2 In der Produktion haben wir das Problem, dass es zu viele Unfälle gibt, weil die Mitarbeiter die Regeln für die Arbeit an den Maschinen nicht beachten. Deshalb schlage ich vor, dass wir den Mitarbeitern Informationsseminare anbieten und dass wir diese Maßnahmen überprüfen.

Textarbeit

1 a) 2 wichtig • Zeile: 8 3 wichtig • Zeile: 15/16 4 wichtig • Zeile: 15–18 • 5 wichtig • Zeile: 19–23 • 6 unwichtig • Zeile: 28
b) 2 Nein, sondern nur bei berechtigten Beanstandungen. 3 Ja. 4 Nein, sondern nur in Deutschland. 5 Ja. 6 Nein, sondern die Reparatur vom Gerät. 7 Ja.

KAPITEL 10
NEU IM BETRIEB
Willkommen bei uns!

1 Sie geht ja leider in den Ruhestand. • Herr Gül übernimmt die Stelle von Frau Wössner. • Herr Gül arbeitet schon lange in unserem Bereich. • Herr Gül war zuletzt in Süddeutschland bei Brunata tätig. • Ich arbeite ihn jetzt noch eine Woche lang ein.

2 2 Stelle 3 Ersatz 4 Team 5 Anfang 6 Geduld 7 Ingenieur 8 Firma 9 Erfahrung

3 2 Firma Körner gibt Herrn Gül die Stelle, weil er viel Erfahrung im Bereich Messtechnik hat. 3 Herr Gül möchte bei der Firma Körner arbeiten, weil er bei einer großen Firma arbeiten möchte. 4 Die Kollegen helfen Herrn Gül, weil er am Anfang noch Probleme hat. 5 Die anderen Kollegen müssen Geduld haben, weil ein neuer Kollege viele Informationen noch nicht hat.

4 *Mögliche Lösung:* Ich möchte Ihnen Frau Wang vorstellen. Sie übernimmt die Stelle von Herrn Württner. Er geht ja leider in den Ruhestand. Frau Wang ist Diplomingenieurin für Elektrotechnik und hat zehn Jahre Erfahrung in unserem Bereich. Sie war zuletzt in Norddeutschland bei der Firma Minol tätig. Wir freuen uns, dass Frau Wang zu uns kommt. Herr Württner macht in den nächsten zwei Wochen noch die Übergabe an Frau Wang. Ich wünsche Frau Wang schon jetzt viel Erfolg.

5 a) 8 • 3 • 7 • 2 • 6 • 1 • 9 • 5 • 4
b) **Sie:** Geben Sie die Adresse „intranet" ein. Geben Sie Ihren Benutzernamen ein: Schreiben Sie den ersten Buchstaben vom Vornamen, dann einen Punkt und dann den Familiennamen. Benutzen Sie keine Umlaute, sondern ae oder oe oder ue. Geben Sie Ihr Passwort ein. Klicken Sie auf „Passwort ändern". Geben Sie Ihr neues Passwort zwei Mal ein. Bestätigen Sie das neue Passwort mit der Eingabetaste.
Du: Gib die Adresse „intranet" ein. Gib deinen Benutzernamen ein: Schreib den ersten Buchstaben vom Vornamen, dann einen Punkt und dann den Familiennamen. Benutze keine Umlaute, sondern ae oder oe oder ue. Gib dein Passwort ein. Klick auf „Passwort ändern". Gib dein neues Passwort zwei Mal ein. Bestätige das neue Passwort mit der Eingabetaste.
c) Dann muss er die Adresse „intranet" eingeben. Danach muss er seinen Benutzernamen eingeben. Er muss den ersten Buchstaben vom Vornamen, dann einen Punkt und dann den Familiennamen schreiben. Er darf keine Umlaute benutzen, sondern ae oder oe oder ue. Dann muss er sein Passwort eingeben. Danach muss er auf „Passwort ändern" klicken. Er muss sein neues Passwort zwei Mal eingeben. Zuletzt muss er das neue Passwort mit der Eingabetaste bestätigen.

6 2 Personalabteilung 3 Zeitungsberichte über die Körner AG 4 Abteilung für Dienstleistungen 5 Was gibt es im Betriebsrestaurant zu essen? 6 Suche 7 Hilfe 8 Telefonverzeichnis

7 a) 2 der 3 der 4 die 5 das 6 das 7 die 8 das 9 der 10 der
b) 2 der Benutzer, der Name 3 der Betrieb, der Bereich 4 der Bildschirm, die Seite 5 die Erstellung, das Datum 6 die Firma, das Logo 7 das Passwort, die Änderung 8 der Raum, das Verzeichnis 9 die Speise, der Plan 10 die Veranstaltung, der Kalender

8 Logo • Symbole • führt • Mausklick • Seite • erste • zweite • Telefonverzeichnis • jeder • gibt • neue • Seite • finden • Beispiel • „Intranet-Inserat" • „Veranstaltungskalender" • führen • verschiedenen • „Personal" • Auf • stehen • Nachrichten • nach • sortiert • Nachrichten • nach • Autor • sortieren

Kleine Feiern

1 a) 2e • 3a • 4b • 5c
b) 2d • 3a • 4c • 5e • 6b
2 1 werden 2 wird • bekommt • ist • hat 3 bin • bekomme 4 wirst
3 a) 2 Warum 3 Was 4 Wen 5 Wie 6 Wo 7 Wann 8 Wer
b) 2 Er hat Geburtstag. 3 Er feiert auch den Neuanfang bei Körner. 4 Er lädt viele Kollegen ein. 5 Das schreibt er nicht. 6 Sie findet in seinem Büro statt. 7 Sie fängt um 9 Uhr an. 8 Herr Gül hat den Kuchen gebacken.
4 Dialog 1: 4 • 1 • 8 • 3 • 6 • 5 • 7 • 2
Dialog 2: 6 • 3 • 2 • 5 • 8 • 1 • 4 • 7
5 2 weil 3 dass 4 weil 5 dass 6 dass 7 weil
6 a) die
b) 2 beraten 3 einladen 4 vermuten 5 hoffen • 6 bearbeiten 7 vorbereiten 8 ändern 9 verschieben 10 begrüßen
c) 2 berät 3 eingeladen 4 vermute 5 hoffen 6 bearbeitet 7 vorbereitet 8 ändern 9 verschoben 10 begrüßt
7 *Mögliche Lösung:* ... und außerdem bin ich seit einem Jahr bei unserer Firma. Deshalb möchte ich mit euch zusammen ein bisschen feiern. Kommt doch einfach nächsten Montag so um 9.00 Uhr bei mir im Büro (Hauptgebäude, 3. Stock, Zi. 311) vorbei. Und macht euch bitte keine Umstände. Ich backe nur Kuchen und es gibt Kaffee. Habt ihr Lust? Ich freue mich auf euch! Euer / Eure ...

Ach, das ist ja interessant ...

1 2a • 3h • 4e • 5g • 6b • 7c • 8d
2 a) 2c • 3g • 4a • 5b • 6f • 7d
b) der b) der c) die d) die f) die g) die
c) a) regnerisch b) windig c) heiß d) sonnig f) kalt g) warm
3 2 Es ist bewölkt. 3 Es ist sonnig. / Die Sonne scheint. 4 Es ist regnerisch.
4 *Mögliche Lösung:* 2 In Berlin ist es bewölkt und kalt. 3 In Stockholm ist es windig und bewölkt. 4 In Madrid scheint die Sonne und es ist heiß. 5 In Bern ist es windig und kühl. 6 In Rom scheint die Sonne und es ist warm
5 2f • 3d • 4e • 5b • 6a
6 a) 2 Frau Junghans kann nicht kommen, weil sie krank ist. 3 Herr Pfaff kommt nicht, weil er eine Dienstreise nach Berlin macht. 4 Frau Müller hat abgesagt, weil sie Urlaub hat. 5 Herr Kienzle kann nicht kommen, weil er um 9.00 Uhr eine Besprechung hat. 6 Herr Zwertschke kommt nicht, weil er einen Arzttermin hat.
b) 2 Frau Junghans ist krank. Deshalb kann sie nicht kommen. 3 Herr Pfaff macht eine Dienstreise nach Berlin. Deshalb kommt er nicht. 4 Frau Müller hat Urlaub. Deshalb hat sie abgesagt. 5 Herr Kienzle hat um 9.00 eine Besprechung. Deshalb kann er nicht kommen. 6 Herr Zwertschke hat einen Arzttermin. Deshalb kommt er nicht.

Das Betriebsrestaurant

1 2r • 3r • 4f • 5f • 6f • 7r
2 1 süßes • Saures • Zucker 2 Salz 3 salzig
3 **Beilagen:** die Kartoffeln *(Pl.)* • die Kartoffelkroketten *(Pl.)* • das Brot **Gemüse:** die Tomaten *(Pl.)* • der Rosenkohl • die Paprika • der Brokkoli • die Karotten *(Pl.)* **Fleisch und Fisch:** das Schweinesteak • das Gulasch • die Bratwurst • das Hähnchen • das Zanderfilet
4 2 der Reis = der Kräuterreis 3 das Salz, die Kartoffel = die Salzkartoffel 4 der Curry, die Wurst = die Currywurst 5 der Salat, das Büfett = das Salatbuffet 6 der Tag, die Suppe = die Tagessuppe 7 die Pute, das Steak = das Putensteak 8 braten, die Kartoffel = die Bratkartoffeln 9 der Tag, das Dessert = das Tagesdessert
6 2 kennen gelernt 3 weiß 4 Weißt 5 Kennst 6 Kannst 7 kenne 8 kennen gelernt 9 weiß 10 kann 11 kennt 12 kennen gelernt

Die Verabschiedung

1 a) 2 der 3 die 4 der 5 der 6 die 7 der 8 der •
a) die b) der c) das d) der f) der g) die h) der
b) 2 der Anfangsstress 3 der Feierabend 4 die Mittagspause 5 der Arbeitsplatzwechsel 6 das Wochenende 7 der Urlaubsbeginn 8 die Dienstreise
2 2 Herr Gül meint, dass seine alte Firma nicht so groß wie die neue war. 3 Er hofft, dass er bei der neuen Firma länger als bei der alten bleibt. 4 Der Abteilungsleiter sagt, dass Frau Wössner ihm viel geholfen hat. 5 Frau Wössner glaubt, dass ihr Ruhestand interessanter als die Arbeit bei Körner wird. 6 Aber sie findet auch, dass ihr Abschied von der Firma nicht leicht ist.
3 a) 1c • 2b
b) 2r • Zeile: 3/4 • 3f • Zeile: 19/20 • 4r • Zeile: 4-6 • 5f • Zeile: 7-9 • 6f • Zeile: 9 • 7f • Zeile: 16/17 • 8r • Zeile: 18
c) 2 Zeile 3: knapp drei Jahrzehnte 3 Zeile 4: ... aber unter dem Strich war es doch eine gute Zeit. 4 Zeile 8/9: Ich freue mich, dass ich meine Aktivitäten im Sportverein ... intensivieren kann. 5 Zeile 10/11: Ich habe mit Herrn Kramer ja einen sehr guten Nachfolger. 6 Zeile 16: ... und hoffe, dass Sie zahlreich kommen.

Wortschatzarbeit

1 a) 2 am**ü**s**a**nt 3 **A**nalphabet**i**n 4 analys**ie**ren 5 **a**nbieten 6 **a**nbinden
b) 2 angebrannt 3 angeboten 4 angebunden 5 amüsiert
c) Angebot

2 a) **aus**steigen • **ein**tragen • **aus**füllen • **durch**führen
b) 2 Pronomen 3 österreichisch 4 etwas 5 Schweizerdeutsch 6 Adjektiv 7 Dativ 8 jemand 9 Präposition 10 Komparativ
c) 2 am**ü**sieren 3 Kon**v**ersation 4 j**ä**hrlich 5 Gesch**ä**ft 6 Konta**k**t 7 Fe**h**ler 8 schmutzi**g**

Test: Kapitel 1 und 2

1 2f • 3r • 4r • 5f • 6f • 7f • 8r

2 2 Am Vormittag 3 ein Gespräch im Vertrieb 4 die Firma besichtigen 5 besuchen 6 von 14.00 bis 16.00 Uhr Zeit 7 brauche ich Prospekte

3 2 gleich 3 Reise 4 voll 5 Mineralwasser 6 Programm 7 begrüßen

4 2b • 3b • 4c • 5a • 6b • 7a • 8c • 9a • 10c • 11c

5 a) 2 Wie ist Ihr Vorname? 3 Woher kommen Sie? 4 Wo wohnen Sie? 5 Sind Sie verheiratet? 6 Was sind Sie von Beruf? 7 Wie geht es Ihnen?
b) 2d • 3e • 4b • 5a • 6c • 7g

Test: Kapitel 3 und 4

1 2b • 3a • 4c • 5a • 6a • 7b • 8b • 9a • 10c • 11a

2 a) 2 langweilig 3 unfreundlich 4 alt 5 gut 6 kurz 7 alt 8 schlank 9 klein 10 wenig
b) 2e • 3a • 4g • 5f • 6c • 7b

3 2 Schreibtische 3 Größe 4 Einzelpreis 5 Bestellnummer 6 Bestellung 7 Büro

4 2 Gehen Sie oft ins Konzert? 3 Hören Sie gern Musik? 4 Wann wandern Sie? 5 Tanzen Sie gern?

5 a) 2 spricht 3 isst 4 liest 5 nimmst
b) 2 Welche • diese 3 Mein • einen 4 kein 5 einen

Test: Kapitel 5 und 6

1 [Karte mit Standort]

2 *Möglich Lösung:* Von der Post gehen Sie nach rechts bis zur zweiten Kreuzung. Dort biegen Sie links ab und gehen immer geradeaus bis zur dritten Kreuzung. Dort biegen Sie rechts ab und gehen geradeaus. An der dritten Straße biegen Sie links ab. Dort sehen Sie schon den Bahnhof, er ist geradeaus vor Ihnen.

3 **Links:** Hier müssen Sie halten. • Hier können Sie telefonieren. • **Rechts:** Hier dürfen Sie Rad fahren. • Hier können Sie parken. • Hier dürfen Sie nicht mit dem Handy telefonieren.

4 2a • 3c • 4a • 5c • 6b • 7a

5 a) 2 kleiner als 3 größer als 4 so groß wie 5 so groß wie 6 klein
b) 2b • 3c • 4a • 5c • 6b • 7b • 8a • 9a • 10c • 11b • 12c

Test: Kapitel 7 und 8

1 2 Versicherungskaufmann 3 drei Jahre 4 verheiratet 5 zwei (ein Sohn, eine Tochter) 6 Zürich 7 fast 20 Jahre 8 Schweiz 9 Kraftfahrzeug-Haftpflichtversicherungen 10 Personen-Haftpflichtversicherungen, Sachversicherungen 11 87 12 3 900 13 2 860 000 14 mehr als eine Milliarde Euro

2 2 Morgen 3 Hamburg 4 Hamburg 5 zehn oder halb elf (22.00 oder 22.30 Uhr) 6 kurz nach sieben (7.00 Uhr) 7 gegen neun (9.00 Uhr)

3 2 Ja, ich finde meine Arbeit sehr interessant. 3 Ja, das habe ich schon gemacht. 4 Ja, die Arbeit bei der Colonia AG gefällt mir gut. 5 Nein, das war nicht möglich, er war nicht im Büro.

4 2c • 3b • 4a • 5b • 6a • 7c • 8b • 9c • 10a • 11a • 12c • 13b

5 2c • 3a • 4b • 5c • 6b • 7c • 8a • 9a • 10b • 11a • 12b • 13c • 14a

Test: Kapitel 9 und 10

1 2c • 3a • 4c • 5a • 6b • 7b • 8a

2 *Mögliche Lösung:* Liebe Frau ..., vielen Dank für die Einladung zu Ihrer Geburtstagsfeier. Ich habe mich sehr gefreut. Leider kann ich aber nicht zu Ihrer Feier kommen, weil ich morgen auf einer Dienstreise bin. Ich wünsche Ihnen schon jetzt alles Gute zum Geburtstag und eine schöne Feier. Liebe Grüße ...

3 2g • 3h • 4d • 5i • 6b • 7j • 8a • 9f • 10c

4 2a • 3a • 4c • 5b • 6b • 7c • 8b • 9a • 10c

5 2 dass 3 deshalb 4 dass 5 weil 6 Deshalb 7 weil

Bewertungsskala für die Tests

46–50	sehr gut
41–45	gut
36–40	befriedigend
31–35	ausreichend
0–30	nicht ausreichend